Oliver Decker, Johannes Kiess, Elmar Brähler
Rechtsextremismus der Mitte

Forschung Psychosozial

Oliver Decker, Johannes Kiess, Elmar Brähler

Rechtsextremismus der Mitte

Eine sozialpsychologische Gegenwartsdiagnose

Unter Mitarbeit von Janine Deppe, Immo Fritsche, Norman Geißler, Andreas Hinz und Roland Imhoff

Psychosozial-Verlag

Bisher erschienene »Mitte«-Studien:

Oliver Decker, Oskar Niedermayer & Elmar Brähler (2003). Rechtsextreme Einstellungen in Deutschland. Ergebnisse einer repräsentativen Erhebung. Zeitschrift für Psychotraumatologie und Psychologische Medizin 1, 65–77.
Oliver Decker & Elmar Brähler (2005). Rechtsextreme Einstellungen in Deutschland. Aus Politik und Zeitgeschehen 42, 8–17.
Oliver Decker, Norman Geißler & Elmar Brähler (2006). Vom Rand zur Mitte. Rechtsextreme Einstellung und ihre Einflussfaktoren in Deutschland. Berlin: FES.
Oliver Decker, Katharina Rothe, Marliese Weißmann, Norman Geißler & Elmar Brähler (2008). Ein Blick in die Mitte. Zur Entstehung rechtsextremer und demokratischer Einstellungen. Unter Mitarbeit von Franziska Göpner & Kathleen Pöge. Berlin: FES.
Oliver Decker & Elmar Brähler (2008). Bewegung in der Mitte. Rechtsextreme Einstellung in Deutschland 2008. Unter Mitarbeit von Johannes Kiess. Berlin: FES.
Oliver Decker, Johannes Kiess, Marliese Weißmann & Elmar Brähler (2010). Die Mitte in der Krise. Springe: zu Klampen (2012).
Oliver Decker, Johannes Kiess & Elmar Brähler (2012). Die Mitte im Umbruch. Rechtsextreme Einstellung in Deutschland 2012. Bonn: Dietz-Verlag.

Bibliografische Information der Deutschen Nationalbibliothek
Die Deutsche Nationalbibliothek verzeichnet diese Publikation
in der Deutschen Nationalbibliografie; detaillierte bibliografische Daten
sind im Internet über http://dnb.d-nb.de abrufbar.

Originalausgabe
© 2013 Psychosozial-Verlag
Walltorstr. 10, D-35390 Gießen
Fon: 0641-969978-18; Fax: 0641-969978-19
E-Mail: info@psychosozial-verlag.de
www.psychosozial-verlag.de
Alle Rechte vorbehalten. Kein Teil des Werkes darf in irgendeiner Form
(durch Fotografie, Mikrofilm oder andere Verfahren) ohne schriftliche Genehmigung
des Verlages reproduziert oder unter Verwendung elektronischer Systeme verarbeitet,
vervielfältigt oder verbreitet werden.
Lektorat: Barbara Handke, Leipzig, www.centralbuero.de
Satz: Barbara Brendel, Leipzig
Umschlagabbildung: Theo van Doesburg: »Kontra-Komposition XX«, vermutlich 1928
Umschlaggestaltung: Hanspeter Ludwig, Wetzlar
www.imaginary-world.de
Printed in Germany
ISBN 978-3-8379-2294-3

INHALT

1	EINLEITUNG	7
2	**MODERNE ZEITEN**	13
2.1	KRISE, WANDEL, UMBRUCH: DIE MODERNE AUF DEN BEGRIFF GEBRACHT	14
2.2	ARBEITEN UND LEBEN IN EINER STETS SICH ÜBERHOLENDEN MODERNE	30
2.3	WO IST DER ORT DER DEMOKRATIE? LEGITIMATION UND PARTIZIPATION	40
2.4	ISLAMFEINDSCHAFT UND FUNDAMENTALISMUS	52
2.5	ZUSAMMENFASSUNG	61
3	**POLITIK UND LEBEN IN DEUTSCHLAND**	65
3.1	DEMOKRATIEAKZEPTANZ UND POLITISCHE TEILNAHME	67
3.2	WIRTSCHAFTLICHE TEILHABE	84
4	**TRADITIONSLINIEN DER MODERNE**	97
4.1	DIE RECHTSEXTREME EINSTELLUNG IN DEUTSCHLAND	99
4.2	ALLTAGSRELIGION: NATIONALISMUS, ANTISEMITISMUS, ISLAMFEINDSCHAFT	127

5	**DIE DEMOKRATISCHE GESELLSCHAFT UND IHRE MITGLIEDER IN EINER STETS SICH ÜBERHOLENDEN MODERNE**	**145**
5.1	VERSCHWÖRUNGSMENTALITÄT ALS WELTBILD	146
5.2	AUSSER KONTROLLE? ETHNOZENTRISCHE REAKTIONEN UND GRUPPENBASIERTE KONTROLLE	161
5.3	WO IST DER ORT DER DEMOKRATIE HEUTE? ÖFFENTLICKEIT UND PARTIZIPATION 2012	174
5.4	BEDROHUNGSERLEBEN UND KONTAKTHYPOTHESE	185
6	**FRAGEBOGEN ZUR RECHTSEXTREMEN EINSTELLUNG – LEIPZIGER FORM (FR-LF)**	**197**
6.1	METHODEN	202
6.2	ERGEBNISSE	206
6.3	VALIDIERUNG	209
6.4	FAZIT	210
LITERATUR		213
AUTORINNEN UND AUTOREN		225

1 Einleitung

»Rechtsextremismus der Mitte – Eine sozialpsychologische Gegenwartsdiagnose« – unser Titel zitiert die einflussreiche Formulierung Seymour Lipsets vom »Extremismus der Mitte«. Diese zunächst paradox anmutende Verbindung zweier Begriffe bringt einen Widerspruch in der Sache selbst zum Vorschein: Das gesellschaftliche Zentrum kann zur Bedrohung der bestehenden Gesellschaftsordnung werden. Weil diese Formulierung lieb gewonnene Irrtümer erschüttert, provoziert sie noch heute. Die gesellschaftliche Mitte ist nicht davor geschützt, selbst zur Bedrohung der demokratisch verfassten Gesellschaft zu werden. Die Demokratie ist kein Sockel, der, einmal errichtet, auf immer stabil bleibt. Im Gegenteil: Fährt der gesellschaftliche Aufzug für die meisten Gesellschaftsmitglieder nach unten statt nach oben, dann verliert auch die Demokratie ihre Integrationskraft. In diesem Moment wird sichtbar, wie wenig sich die Integration in die Gesellschaft durch demokratische Teilnahme vollzieht. Stattdessen zeigt sich, dass die Gegenwartsgesellschaft ihre Legitimation in viel höherem Maße durch ökonomische Teilhabe und sozialisatorische Gewalt sichert. In unseren »Mitte«-Studien haben wir Lipsets Erkenntnisse mit den prominenten ersten Untersuchungen zum Vorurteil des exilierten Frankfurter Instituts für Sozialforschung verbunden. Von den Studien »Autorität und Familie« und »Der autoritäre Charakter« ausgehend, haben wir mit unserer Formulierung vom »Veralten des autoritären Charakters« die Gültigkeit ihrer Annahmen für die heutige Zeit bestätigt. Es findet ein Wechsel statt in der Vergesellschaftung – und es gibt Identisches im

1 Einleitung

Wechsel: die sozialisatorische Gewalt. Uns geht es nicht allein um die antidemokratische Einstellung des Individuums. Wenn die Bedrohung der Gesellschaft thematisiert wird, geht es auch und besonders um die Bedingungen, unter denen diese Einstellung entstehen kann, kurz: Es geht um die Gesellschaft selbst.

Bereits zu Beginn der Untersuchungsreihe zeichnete sich die enge Verknüpfung unseres Themas mit den Grundlinien der europäischen Moderne ab, und dieser Zusammenhang schälte sich bis zur jüngsten »Mitte«-Studie 2012 immer deutlicher heraus. Seit 2002 führen wir im Zweijahres-Rhythmus quantitative Erhebungen zur rechtsextremen Einstellung in Deutschland durch, die wir im Jahr 2008 durch eine Gruppendiskussionsstudie ergänzten, und die zuletzt in die Veröffentlichung »Die Mitte im Umbruch« mündete (Decker, Kiess & Brähler 2012). Nicht alle Ergebnisse lassen sich in einer Veröffentlichung bündeln. Deshalb knüpfen wir mit dem vorliegenden Band »Rechtsextremismus der Mitte« an die letzten Befunde an. 2012 hatten wir den gesellschaftlichen Umbruch als zentrale Bedingung für die Entstehung rechtsextremer Einstellung identifiziert. Der hier ausgeführte theoretische Rahmen (Kap. 2), der bereits unserer letzten Veröffentlichung zugrunde lag, hatte dort nicht den Raum für eine ausführliche Darstellung gefunden.

Der Umbruch der modernen Gesellschaft ist weder ein singuläres Phänomen noch ein periodisches. In der Moderne ist der Umbruch auf Dauer gestellt. Damit ist der deutlichste Unterschied zum Begriff der »Krise« gekennzeichnet. Wir haben es mit einem dauerhaften Umbruch in der Gesellschaft zu tun, der zwar auch durch Krisen zur Erscheinung kommt, aber doch mehr als eine bloße Erschütterung des Tagesgeschäftes ist. Darüber hinaus findet in diesem Begriff auch die Beschleunigung der Gesellschaft ihren Ausdruck. Der Umbruch ist nicht nur beständig, er ist auch expansiv, so dass die gesellschaftlichen Verhältnisse einem immer schnelleren Wandel zu unterliegen scheinen. Wir haben deshalb untersucht, wie beständig die Erschütterungen der gesellschaftlichen Verhältnisse sind, auf denen die Gesellschaft selbst basiert.

Damit ist diese »Mitte«-Studie einer umfassenden und vor allem weitgreifenden sozialpsychologischen Gegenwartsdiagnose gewidmet, denn die Beschleunigung selbst gibt Auskunft über etwas viel Älteres: das Streben hin auf ein messianisches Morgen. Hierin liegt die Ursache für die kontinuierliche Bemühung zu mehr Wachstum und Entwicklung in der modernen Gesellschaft. Das erlösende Morgen muss das unzulängliche Heute rechtfertigen. Die Gegenwart bezieht ihre Legitimation nicht aus sich selbst, sondern aus einer besseren Zukunft. Eine auf Wachstum angelegte Ökonomie birgt damit ein aus dem Christentum stammendes, messianisches Moment. Sie ist in diesem Sinne eine Heilsökonomie. Die von Émile Durkheim beschriebene Anomie, der Verlust einer allgemein verbindlichen Religion, ist also nicht so allumfassend gewesen, wie vermutet. Es war eher eine Verschiebung und Verdichtung – die Säkularisierung wurde gar nicht abgeschlossen. Leben wir aber noch immer in einer versteckt sakralen Gesellschaft, dann erhält der in der Forschung bestätigte Zusammenhang von Anomie und Rechtsextremismus eine neue Rahmung. Nicht zufällig begleiten beide Phänomene – unter wechselnden Bezeichnungen – die Gesellschaften der Moderne von Anfang an.

Der inzwischen omnipräsente Bildschirm – zuerst als Fernseher und Leinwand, nun als Smartphone und Tablet – ist das wirkmächtige Medium der Beschleunigung. Hier zeigt sich der Strukturwandel der Öffentlichkeit deutlich: Informationsleistung und politische Auseinandersetzung sind Kulturindustrie und Werbekanal gewichen. Das hat weitreichende Konsequenzen für den Ort der Demokratie. Die Frage lautet, wo letztlich die Agora, der Ort, an dem Demokratie stattfindet, liegt, wenn der beständige Umbruchimperativ der sich selbst beschleunigenden Moderne hierfür Raum und Zeit verknappt. Dem Verständnis dieser Entwicklungen ist Kapitel 2 gewidmet.

Kapitel 3 ist als beschreibende Annäherung an Politik und Leben in Deutschland 2012 zu verstehen. Fragen der Demokratieakzeptanz, Partizipation und Legitimation der Demokratie werden darin in Bezug zur ökonomischen Verfassung der Gesellschaft und der Erfahrung von Beschleunigung und Anomie betrachtet. Zum einen verweisen die empirischen Ergebnisse auf die vorangestellten theoretischen Überlegungen, zum anderen stellt dieses Kapitel eine Brücke zu den analytischen Kapiteln 4 und 5 dar.

Die rechtsextreme Einstellung wird in Kapitel 4.1 in ihrer zeitlichen Dimension untersucht. Die seit 2002 gesammelten Daten gestatten es zum ersten Mal, die Zustimmung zu den Dimensionen der rechtsextremen Einstellung nach Altersgruppen zu differenzieren. Das fördert Über-

1 Einleitung

raschendes zutage. Im langjährigen Mittel wird sichtbar, dass die rechtsextreme Einstellung bei zwei Gruppen besonders stark ausgeprägt ist: bei jungen Ostdeutschen einerseits und den älteren Westdeutschen andererseits. Wenn wir uns fragen, was diese beiden Gruppen gemeinsam haben, kommen wir auf die Folgen einer autoritären Vergesellschaftung. Mit dem Zusammenbruch von Gemeinschaften, die ihre Mitglieder autoritär integrierten, treten hier wie dort, damals wie heute, dieselben autoritären Aggressionen hervor. Wenn sich diese Interpretation bestätigt, ist die Konsequenz eine Stabilität der rechtsextremen Einstellung bei jüngeren Erwachsenen in Ostdeutschland. Der Zeitverlauf, den wir im Anschluss dokumentieren, spricht für diese Vermutung. Die Zustimmung, die antidemokratische Aussagen finden, schwankt zwischen den Altersgruppen. Aber sie schwankt auch über die Gruppen hinweg mit derselben Tendenz, wenn sich tagespolitische Ereignisse auswirken. In den Altersgruppen scheint die Einstellung dagegen eher durch geteilte sozialisatorische Erfahrungsräume bestimmbar zu sein, als durch gegenwärtige politische Entwicklungen.

Trotz dieser Persistenz des Autoritären deutet sich eine Veränderung im Vorurteil an, dem »Fremde« ausgesetzt sind. Zur autoritären Aggression tritt noch eine weitere Motivation hinzu. In Kapitel 4.2 soll dieser Wechsel verzeichnet werden. Um die These vom religiösen Untergrund der modernen Gesellschaft zu plausibilisieren und gleichzeitig das integrierende Potenzial der Ökonomie zu untersuchen, greifen wir das Konzept der Alltagsreligion von Detlev Claussen auf. Antisemitismus und Islamfeindschaft sind Vorurteile und Ressentiments, die nicht zufällig etwas gemeinsam haben: die Objekte der Projektion sind Angehörige von Religionen. Diese Gemeinsamkeit wird im Vorurteil akzentuiert, und die Differenzen zwischen den Mitgliedern der so konstituierten Gruppe werden, in Verzerrung der Realität, verleugnet. Das sagt mehr über Eigenes aus als über das so beschriebene Fremde, nämlich über den sakralen Glutkern der modernen Gesellschaft. Gleichzeitig wird die Abwertung der Andersgläubigen umso notwendiger, je zweifelhafter die eigene Heilsökonomie erscheint.

In Kapitel 5 wird der Versuch fortgesetzt, die unterschiedlichen Zugänge der Sozialpsychologie in die Analyse der modernen Gesellschaft einzubeziehen. Die Differenz der theoretischen Zugänge lässt sich nicht additiv lösen. Aber: Nicht in der Summe, sondern im Unterschied selbst kommt der Gegenstand zur Sprache. Solange die Gesellschaft disparat und widersprüchlich ist, wird ihre theoretische Erfassung nicht einheitlich sein können. Dasselbe gilt für das Individuum, dessen psychische Struktur sowohl dem Vergesellschaftungsprozess einer in sich widersprüchlichen Gesellschaft geschuldet ist, als auch den Dynamiken von Gruppenprozessen. Die aus unterschiedlichen theoretischen Perspektiven vorgenommenen empirischen Analysen zeitigen interessante Ergebnisse. Die Untersuchung von Verschwörungstheorien mit ROLAND IMHOFF (Kap. 5.1) und ihrer Verbreitung und Ausprägung in der Bevölkerung weist ihre Bedeutung zur Reduktion von Kontingenzerfahrung nach. Dasselbe Motiv liegt dem in Kapitel 5.2 mit IMMO FRITSCHE und JANINE DEPPE analysierten Ethnozentrismus zugrunde. Der Strukturwandel der Öffentlichkeit wird in seiner Wirkung auf die politische Öffentlichkeit und Teilhabe in Kapitel 5.3 beschrieben. Das Unterkapitel 5.4 beschließt die Bestandsaufnahme mit einer Betrachtung der Bedeutung des Bedrohungserlebens und des Kontaktes zu Migrant/innen als Schutzfaktor gegen Vorurteile.

Eine teststatistische Validierung des von uns seit 2002 eingesetzten Fragebogens zur rechtsextremen Einstellung schließt diese »Mitte«-Studie ab (Kap. 6). Damit wird mit ANDREAS HINZ und NORMAN GEISSLER die Güte des Fragebogens dokumentiert und Referenzdaten für den Einsatz des Fragebogens in Untersuchungen anderer Forschungsgruppen benannt.

Frau BARBARA HANDKE, M.A., hat als Lektorin zum Gelingen des Buches wesentlich beigetragen; für ihre kritische Lektüre und wichtigen Anregungen sind wir ihr zu großem Dank verpflichtet. Unser Dank gilt auch bei dieser Studie wieder Frau GABRIELE SCHMUTZER, Dipl.-Mathematikerin, für ihre kompetente und engagierte Unterstützung und Beratung und Frau BARBARA BRENDEL für den aufmerksamen Satz unseres Textes und ihre Geduld. Ferner danken wir Frau SOPHIA GESS, M.A., für das gründliche Korrektorat und Herrn JOEL BAUM für seine schnelle und unkomplizierte Hilfe als studentischer Mitarbeiter. Ohne diese Unterstützung wäre die Veröffentlichung nicht möglich gewesen.

Leipzig, im Februar 2013   *Oliver Decker, Johannes Kiess und*
                                   Elmar Brähler

2 Moderne Zeiten

Oliver Decker & Johannes Kiess

>»Die Maschine hat den Piloten längst abgeworfen;
>sie rast blind in den Raum.
>Im Augenblick ihrer Vollendung ist die Vernunft
>irrational und dumm geworden.«
>(Horkheimer 1947, 93)

Im Jahr 2002 führte unsere Forschungsgruppe an der Universität Leipzig die erste Studie zur rechtsextremen Einstellung durch. Seither haben wir im Rahmen der »Mitte«-Studien zur rechtsextremen Einstellung in Deutschland alle zwei Jahre eine Repräsentativerhebung realisiert. Im Lauf der Zeit hat sich allerdings der thematische Rahmen der Studien sukzessive erweitert. In dem Maße, in dem es uns gelang, rechtsextreme Einstellungen, ihr Vorkommen in der Bevölkerung und ihre Einflussfaktoren zu beschreiben, veränderte sich zwar nicht der Fokus, aber die Tiefenschärfe der Studienreihe. Zusätzlich hat sich auch der allgemeine Wissensstand zum Thema erweitert, und nicht zuletzt durchläuft die Gesellschaft selbst, also der Gegenstand unserer Studien, einen Prozess beschleunigter Veränderung. Die Konsequenzen dieser Entwicklung – fortschreitende Ökonomisierung, Nützlichkeitsorientierung und Entsolidarisierung – stehen bekanntermaßen in direktem Zusammenhang mit rechtsextremen Einstellungen. Deswegen würde es zu kurz greifen, die Ausprägung rechtsextremer und antidemokratischer Einstellungen lediglich zu beschreiben. Dieses theoretische Kapitel ist der Versuch, den empirischen Befunden ein analytisches Verständnis der Gesellschaft an die Seite zu stellen.

Leicht wird übersehen, dass es in den »Mitte«-Studien nicht um die rechtsextreme Einstellung einzelner Gesellschaftsmitglieder geht. Die Gefahr dieses Missverständnisses ist im empirischen Zugang angelegt, denn schließlich werden Individuen befragt, die sich demokratisch oder antidemokratisch zeigen. Das eigentliche Erkenntnisinteresse liegt für uns jedoch auf den gesellschaftlichen Bedingungen dieser Einstellung. Einem solchen Gang in den Grund ist das folgende Kapitel gewidmet, das die Ergebnisse der bisherigen »Mitte«-Studien für die Analyse heranzieht. Vor allem aber will es ein Verständnis des sozialen und historischen Rahmens liefern, in dem rechtsextreme und antidemokratische Einstellungen und Bewegungen gedeihen. Hierfür wird der Begriff »Umbruch«, wie er für unsere letzte Studie von 2012 titelgebend war, in Beziehung zur Moderne gesetzt. Fluchtpunkt der folgenden Überlegungen ist, dass die Moderne selbst eher Prozess ist als Epoche, eine auf Dauer gestellte Umwälzung der Lebensverhältnisse – und sie damit genauso in der Tradition einer christlichen Heilserwartung wie die kapitalistische Ökonomie steht. Diese Erkenntnis bleibt nicht ohne Konsequenzen für die Demokratie und ihre Manifestationen: Demokratische Partizipation und Öffentlichkeit hängen, so unsere These, weit mehr von der Integrationskraft dieses religiösen Untergrunds ab, als man gemeinhin vermuten würde. Wie wenig säkular die Gesellschaft ist, wird spätestens an der Islamfeindschaft und im Antisemitismus deutlich, denn es ist alles andere als zufällig, dass sich die rassistische Konstruktion von »Fremden« an der religiösen Zuordnung entzündet.

2.1 Krise, Wandel, Umbruch: Die Moderne auf den Begriff gebracht

Die Einkommensentwicklung der Deutschen verdient einen genaueren Blick. Angelehnt an die Berechnungen des Sozio-oekonomischen Panels (SOEP), wurden von uns die Einkommensverhältnisse in der Bundesrepublik Deutschland 2002 bis 2012 bestimmt (vgl. Kap. 3.2). Um den Ergebnissen vorzugreifen: Mit diesen wird sichtbar, dass eine Gruppe der Bevölkerung kontinuierlich angewachsen ist – die prekarisierte Unterschicht –, deren Anteil zwischen 2002 und 2010 von 11,3% auf 19,4% (Westdeutschland), beziehungsweise von 26% auf 32,2% (Ostdeutschland) zunahm. Aber nicht nur diese Veränderung fiel auf, sondern über die Jahre nahm auch der Anteil der Mittelschicht entsprechend ab. Auch wenn Schwankungen erkennbar sind und 2012 wieder mehr Befragte in den oberen Einkommensgruppen anzutreffen waren, steigt langfristig der Anteil der Unterschicht auf Kosten der Mittelschicht. Dieser Befund ist alles andere als überraschend. Auch die Daten des SOEP weisen seit Jahren in diese Richtung – die Mittelschicht schrumpft (Grabka & Frick 2008).

Erstaunlich ist etwas anderes: Dieser Entwicklung zum Trotz war die Stimmung 2010 bei den Deutschen gut bis sehr gut. Zumindest was die eigene Einkommenssituation anbelangt, gaben knapp 82% aller Befragten an, zufrieden zu sein. Die eigene wirtschaftliche Lage bewerteten die Befragten im Jahr 2010 sogar besser als vier Jahre zuvor. Und im Gegensatz zum langjährigen statistischen Trend erwarteten gut 68% der Befragten, dass ihre wirtschaftliche Situation auch in Zukunft stabil bliebe. Die übrigen 32% verteilten sich auf die etwa gleich großen Gruppen der Pessimisten und Optimisten.

Die ökonomische Krise selbst bereitete den Deutschen 2010 kein großes Kopfzerbrechen (Decker et al. 2010). Der Sozialwissenschaftler Wilhelm Heitmeyer beschreibt die gesellschaftliche Entwicklung für die ersten zehn Jahre des neuen Jahrtausends zwar als »entsichertes Jahrzehnt«, bei den Bürgern scheint diese Gegenwartsdiagnose allerdings wenig Unruhe auszulösen. Ruft die Entsicherung überhaupt ein Echo hervor, dann eher abgeleitet, indirekt, nämlich im Legitimationsverlust der demokratischen Gesellschaft. Der ohnehin hohe Sockel an nationalistischen, rassistischen und antisemitischen Einstellungen, kurz: der rechtextremen Einstellung, gewinnt weiter an Masse. Mit zunehmender ökonomischer Deprivation äußern die Menschen rechtsextreme Einstellungen offener. Was aber heißt das? Man wundert sich zu wenig darüber, dass die Betroffenen die wirtschaftliche Lage nicht negativ einschätzen, dass aber dafür alle »Mitte«-Studien und auch die im selben Zeitraum durchgeführte Bielefelder Untersuchungsreihe »Deutsche Zustände« unisono zeigen: antidemokratische Einstellungen und wirtschaftliche Regression hängen eng zusammen (Heitmeyer 2010).

Aufgrund unserer Untersuchungsergebnisse zur Auseinandersetzung mit der NS-Vergangenheit haben wir die Bedeutung des wirtschaftlichen Wohlstands bereits an seinem historischen Index festgemacht: Der Aufschwung in Westdeutschland nach 1949 schloss eine Lücke im Selbstwert der (West-)Deutschen. Der hatte nicht nur durch das Scheitern der »Herrenmenschen«-Ideologie schweren Schaden genommen, auch die Scham und die Schuld hätten Raum gebraucht. Stattdessen konnte der spätere bayrische Ministerpräsident Franz-Josef Strauß seinen Landsleuten versichern: »Ein Volk, das ein solches Wirtschaftswunder geschaffen hat, hat ein Recht, nicht ständig an Auschwitz erinnert zu werden« (zit. n. Kölsch 2000, 78). Zur Beschreibung der Herausbildung rechtsextremer Einstellungen unter wirtschaftlich schlechten Bedingungen schlugen wir die Formulierung vom »Wohlstand als narzisstische Plombe« vor (Decker et al. 2008, 392ff.; Decker et al. 2010). Trifft diese Diagnose zu, dann trat an die Stelle des »kollektiven Narzißmus (...), der durch den Zusammenbruch des Hitlerregimes aufs schwerste geschädigt worden (ist), (...) der wirtschaftliche Aufschwung, das Bewußtsein, wie tüchtig wir sind (...)« (Adorno 1959, 563f.). Das erleichterte zwar die Akzeptanz der Demokratie in der frühen Bundesrepublik, »weil es einstweilen unter der Demokratie zu gut geht« (ebd., 559), allerdings wurde sie weder gelebt noch vorgelebt. Diese Legitimation der Demokratie funktioniert, hat aber eine enorme Schwachstelle: Ökonomische Krisen führen zu Verwerfungen im Selbstverständnis der Gesellschaft.

Crisis? What Crisis? (Supertramp)

Wenn sich die Wirtschaft in einer krisenhaften Situation befindet, dann zeigen die Reaktionen vor allem Risse im Selbstwert des Einzelnen an (Decker et al. eingereicht), so wie auch die Fremdgruppenabwertung Folge eines Bemühens um ein positives Selbstbild und der damit einhergehenden Aufwertung der eigenen Gruppe ist (Tajfel & Turner 1979; Zick 1996). Nur: Alleine aus dem Wunsch nach höherem Selbstwert und stabiler Gruppen-Identität hätte die Wirtschaft nach dem Krieg nicht innerhalb kürzester Zeit in die Funktion kommen können, genau dieses positive Selbstbild auch abzusichern. Etwas anderes, vorgängiges musste hinzugetreten sein. Womit man sich identifiziert, ist eben nicht nur die bewusste Entscheidung des Einzelnen, meistens ist sie das sogar zuallerletzt. Keinesfalls ist es ein Einzelschicksal, auch keines einer einzelnen Gruppe, sondern ein gesellschaftlicher und geschichtlicher Prozess. Die Zugehörigkeit zu einer sozialen Gruppe ist genauso historisch gewachsen, wie das Ideal der Gruppe. Es scheint nur als gesichert gelten zu können, dass Menschen ihren Selbstwert aus der Identifikation mit einem Gruppen-Ideal beziehen (Freud 1921; Habermas 1973, 13; Tajfel & Turner 1979). Das sagt noch nicht so viel darüber aus, wie etwas überhaupt in die Position kommen kann, als Ideal von vielen gewählt zu werden und diese Funktion auszufüllen. Nur eines wird deutlich: Ideale sind Prothesen, Hilfskonstrukte zur Bewältigung einer verunsichernden, weil unkontrollierbar und kontingent erfahrenen Umwelt. Nicht immer müssen Andere gefunden und abgewertet werden, auch Autorität kann solche »Prothesen-Sicherheit« vermitteln (Fromm 1936, 179) wie auch der Reichtum des »Kapitalismus« (Marcuse 1963, 69). Prothesen aber, der Begriff verrät es schon, sind immer nur ein Ersatz für etwas anderes, was verloren gegeben werden musste. Sie erinnern an den Verlust und sind selbst nicht das Eigentliche, was sie ersetzen. Das schafft eine Ambivalenz, denn zusammen mit der Stütze erinnert die Prothese auch an den Mangel (Decker 2004). Stützt diese Prothese aber nicht mehr, droht der Verlust dieser Prothesensicherheit, und etwas anderes muss her, was den Selbstwert stabilisiert, und zur ökonomischen Regression gesellt sich die psychische.

Der Begriff der Krise ist für einen drohenden Prothesen-Verlust nicht unpassend. Nur muss eine soziale Krise von den Individuen überhaupt als solche wahrgenommen werden. »Erst wenn die Gesellschaftsmitglieder Strukturwandlungen als bestandskritisch erfahren und ihre soziale Identität bedroht fühlen, können wir von Krise sprechen« (Habermas 1973, 12). Selbst objektive Krisen vermitteln sich nur durch Subjekte. Wo eine Krise wahrgenommen wird, ist nicht vorausbestimmt. Sie kann an ganz anderer Stelle in Erscheinung treten oder auch gar nicht bemerkt werden. Wenn die ökonomische Krise nicht als Krise wahrgenommen wird, aber zu einer Krise der Demokratie führt, dann ist das Problem klar: Es geht zum einen darum, herauszufinden, warum und wie ökonomischer Wohlstand diese Prothesenfunktion erfüllen kann, und zum anderen darum, zu klären, warum ökonomische Krisenprozesse zum Legitimationsverlust der Demokratie führen. Das hat natürlich mit der Gesellschaft zu tun, in der die Individuen leben und in die sie in einem langen Sozialisationsprozess hineingewachsen sind. Wenn Menschen sozialisiert werden, heißt das aber nicht, dass sie – im Sinne eines Reiz-Reaktions-Schemas – auf gesellschaftliche Anforderungen einfach nur reagieren. Die Sache ist komplizierter. Individuen bilden eine paradoxe »innere Umwelt« (ebd., 19), sind selbst Ergebnis gesellschaftlicher Prozesse, die sie gleichzeitig hervorbringen. Damit sind ihre Reaktionen, selbst wenn sie sich gegen die Gesellschaft richten, Seismografen für Bewegungen am gesellschaftlichen Fundament. Durch diese Reaktionen wird unvermittelt sichtbar, wenn ein Ideal, eine Prothese nicht mehr trägt, aber auch, dass das, worüber sie hinweg tragen soll, eine solche Prothese dringend notwendig macht (Decker 2004).

Es geht um mehr, als nur um die Kaufkraft, wenn eine wirtschaftliche Krise als Legitimationskrise der Demokratie in Erscheinung tritt. Es geht um das Selbstverständnis einer Gesellschaft im Umbruch. Im Unterschied zu der Studie »Die Mitte in der Krise« aus dem Jahre 2010 wollten wir in der Untersuchung von 2012 nicht von einer Krise sprechen. Damit ist keinesfalls gemeint, dass ökonomische oder gesellschaftliche Krisenphänomene in anderem Maße als zuvor zu beobachten waren. Es ging uns vielmehr darum, einen Unterschied auf der analytischen Ebene zu markieren. Während in unserer Veröffentlichung aus dem Jahr 2010 ausdrücklich auf eine ökonomische Krise und die narzisstische Plombenfunktion Bezug genommen wurde, wollten wir 2012 einen längeren historischen Prozess in den Blick nehmen. Mit dem Begriff der Krise hatten wir metaphorisch Anleihe am Vokabular der Medizin genommen: Die Krise ist die Phase des Krankheitsverlaufs, die darüber entscheidet, ob die Selbstheilungskräfte des Patienten ausreichen, die Krankheit durchzustehen. Das Ende dieses Zustandes ist dabei mitgedacht – als Ende des Lebens oder als Befreiung von der Erkrankung. Im Gegensatz dazu ist der gesellschaftliche Prozess, den wir untersuchen, ohne Höhe- oder Endpunkte, auch wenn er Krisen hervorbringt. Von einem Umbruch zu sprechen, bedeutet – und das ist im Folgenden zu plausibilisieren – das Fundament der gegenwärtigen Gesellschaftsformation zu bezeichnen; eine Formation, die ihren Anfang im langen 19. Jahrhundert nahm und ihr Ende weder im kurzen 20. Jahrhundert gefunden hat, noch im anstehenden 21. zu finden scheint.

Die Krise gehört zur kapitalistischen Gesellschaft wie der Winter zu den Jahreszeiten. Krisen kommen sogar mit derselben zyklischen »Naturgewalt« über die Gesellschaft wie die Jahreszeiten und sind doch alles andere als Natur. Die von Karl Marx aufgezeigte Verlaufsgesetzlichkeit des kapitalistischen Wirtschaftens, die private Verfügung über die Produktivkräfte sowie die Notwendigkeit zur Abschöpfung des Mehrwertes zur Akkumulation von Kapital, das alles sind Eigenheiten dieser Gesellschaft. Es sind Eigenheiten, die mehr mit der Funktion der Wirtschaft als narzisstischer Plombe zu tun haben, als am Anfang zu erkennen ist. Der erste Blick gab die Selbstwert stabilisierende Funktion frei. Auf den zweiten fällt auf, dass die fortgesetzte private Aneignung des erzeugten Mehrwertes nicht nur als Erkennungsmerkmal dieser Gesellschaft fungiert und nicht nur Ursache für ihre Widersprüchlichkeit ist, sondern auch die Voraussetzung für die Plombenfunktion. Etwas an der Akkumulation von Kapital – einfacher gesagt: das Aufschichten von Reichtümern – macht den Kapitalismus zur Rückversicherung für die einzelnen Individuen. Das unablässige Wachstum ist für diese Akkumulation die notwendige Voraussetzung.

Allerdings: Mit dem Zwang zum Wachstum und dem Wunsch ihrer Mitglieder, möglichst viel Kapital privat anzueignen, bringt die Gesellschaft die Krisen hervor, die ihren Bestand bedrohen. Trotzdem braucht sie beides – die Krisen und die private Aneignung. Es fällt schon bei oberflächlicher Betrachtung auf, dass eine Krise, wie die derzeitige Überproduktionskrise in der Automobilindustrie, nur die notwendige Vorbereitung eines neuen Wachstums ist. Vom nächsten Innovationsfeld, zum Beispiel dem Gesundheitsmarkt und der Biotechnologie, wird eine Überkompensation der anstehenden Verluste aus anderen Industriezweigen erwartet und gepredigt. Auf die Stahl- und Eisenbahnindustrie folgten die Chemie- und Elektroindustrie, die wiederum von der informationstechnologischen Leitindustrie abgelöst wurden. Aber auch mit dieser neuen »langen Welle« (Mandel 1972, 101) expansiven Wachstums ist das Grundproblem nicht behoben. Für den Kapitalismus gilt: Nach der Krise ist vor der Krise. Er befindet sich in einer »permanenten Krise« (Offe 1972, 17), wenn sie auch nicht immer als solche bewusst wird. In jedem Fall wird sie sich gerade wegen des Zwangs zur schieren Größe und zum Wachstum immer wieder neu äußern. Die Krise ist angelegt, denn die »Leitvariable des wirtschaftlichen Wachstums« limitiert die »Potentiale zur Verarbeitung ökonomischer, sozialer und politischer Probleme (...)« (ebd., 17). Was privat als Gewinn und immer mehr Gewinn akkumuliert wird, kann nicht allgemein der Gesellschaft zur Verfügung stehen.

Dieser absolute Zwang zum Wachstum ist der Zwilling des anderen Elements: der privaten Aneignung des durch ihn produzierten Reichtums. Auch wenn ein Unternehmer investiert, sein Gewinn wird keinesfalls einfach vom Geld selbst ausgeschwitzt. Obwohl eine große deutsche Privatkundenbank 2011 auf den nicht sehr originellen Werbeslogan verfiel »Lassen Sie Ihr Geld für sich arbeiten«, muss man doch feststellen, dass Geld nicht arbeitet. Es arbeiten nur Menschen, und etwas von dem, was sie produzieren, fließt, wenn es gut geht, zurück auf das Konto desjenigen, der sich von dieser Werbung hat anziehen lassen. Damit ist ein weiteres Grundproblem bezeichnet: Kapitalakkumulation ist »(...) an die Aneignung von Mehrwert gebunden; das bedeutet, dass wirtschaftliches Wachstum über einen Mechanismus geregelt wird, der zugleich ein Gewaltverhältnis etabliert (...)« (Habermas 1973, 46). Also geht die private Aneignung mit dem Zwang zum Wachstum einher und mit Beidem bringt so die Gesellschaft die zyklisch auftretenden ökonomischen Krisen immer wieder selbst hervor. Aber warum so schwer davon zu lassen ist, ist damit noch lange nicht erklärt.

Nicht nur in Deutschland wurde aus dieser Krisenanfälligkeit die Konsequenz gezogen, die Parlamente als Orte der Aushandlung unterschiedlicher Interessen zu etablieren und den Staat zum Vermittler zwischen den Interessen zu machen. Selbst der Markt wäre ja ohne regulierende Eingriffe durch einen Mittler dem Untergang geweiht, denn welcher Anbieter hätte schon ein Interesse an seinen Konkurrenten? Für den einzelnen Warenproduzenten wäre es am besten, die Beantwortung der Nachfrage einfach zu monopolisieren.

Dieses Modell der Interessensvermittlung wird seit einigen Jahrzehnten infrage gestellt, denn zur Finanzierung der staatlichen Vermittlungsbemühungen muss auf einen Teil des produzierten Wertes zugegriffen werden: Der Staat erhebt Steuern. Das bleibt nicht ohne Widerspruch, »(d)enn vom Standpunkt des Einzelkapitals aus gesehen, stellt sich (das) als ein beständiges Ärgernis und als parasitäre Verschwendung dar« (Offe 1972, 33). Hinzu kommt, dass bis in die 1980er-Jahre ganze Bereiche der Gesellschaft aus der Marktlogik herausgehalten wurden. Bildung etwa oder Gesundheit waren lange keine Waren im eigentlichen Sinne, sie waren »de-kommodifiziert« (Lenhardt & Offe 1977). Selbst wenn etwa der Arzt oder die Hochschullehrerin ein Gehalt bezog, das von ihnen angebotene Gut – Bildung oder Gesundheit – zielte nicht darauf ab, am Ende mehr Geld auf dem Konto zu haben, als vorher investiert worden ist. Dass diese Bereiche nicht in den Markt eingebettet waren (Polanyi 1944), bedeutete zum einen, dass sie mit an anderer Stelle erwirtschaftetem gesellschaftlichen Reichtum finanziert wurden, und zum anderen, dass mit Gesundheit und Bildung kein Profit erwirtschaftet werden konnte. Der Entzug von Bereichen aus der Marktlogik wirkt de facto als eine Wachstumsbeschränkung, limitiert also die Möglichkeiten der Akkumulation von Kapital. In einer auf Wirtschaftswachstum und die Erschließung neuer Märkte angewiesenen Gesellschaft muss eine solche Beschränkung als Problem erscheinen. So erklärt sich das Bemühen, diese Bereiche wieder einer »Warenform« zuzuführen, doppelt. Es zielt nicht allein darauf, durch Reformen im Sozialsystem Geld zu sparen, das sonst von dem in der Gesellschaft produzierten Reichtum eingezogen werden müsste, sondern auch, um das dort veräußerte Geld zumindest potenziell als privaten Gewinn einstreichen zu können (Decker 2011). Das ist es, was auch mit der Ökonomisierung aller gesellschaftlichen Bereiche gemeint ist: die Vermittlung verschiedener Interessen in der Gesellschaft wird zugunsten der privaten Aneignung von Reichtum aufgegeben.

Allerdings handelt sich die Gesellschaft damit ein handfestes Problem ein. Ihre demokratische Organisation verliert in dem Maße an Legitimation, wie die Versuche zur Vermittlung verschiedener Interessen nachlassen. Interessanterweise erstreckt sich der Legitimationsverlust nicht etwa auf die Art und Weise des Wirtschaftens, sondern auf jene Institutionen, welche eigentlich die Aufgabe der Vermittlung übernehmen sollten, etwa Parlamente. Das die Legitimation des Marktes von seinen Krisen nicht berührt wird, sollte beim weiteren Gang der Argumentation im Hinterkopf behalten werden.

Die Institutionen der Interessensvermittlung zu schwächen, birgt großes soziales Konfliktpotenzial. Zwar kann dann noch immer großer gesellschaftlicher Reichtum produziert werden, aber er wird auch sofort privatisiert, steht also den staatlichen Institutionen nicht zur Verfügung. Dennoch sollen die Institutionen den Bestand der Gesellschaft sicherstellen. Im Grunde befand sich die staatliche Organisation des Marktes und der Gesellschaft mit der – ja weiterhin privaten – Aneignung der erzielten Gewinne schon immer in einem Konflikt. Um diesen Konflikt nicht offen zutage treten zu lassen, wurden die Entscheidungen des Parlaments von denen einer zunehmend vom Parlament unabhängig agierenden Verwaltung getrennt (Habermas 1973, 51). Mehr und mehr Entscheidungen wurden so den Prozessen der demokratischen Willensbildung der Parlamente entzogen, wohingegen die Verwaltung immer autonomer gestaltet wurde (ebd., 54). Wer an der Reichweite dieser Entwicklung zweifelt, muss sich die Wirkung vor Augen führen, die die in jüngster Zeit oft behauptete »Alternativlosigkeit« von politischen Entscheidungen haben muss. Diese scheinen tatsächlich unhintergehbar. Heute muss jeder, auch der Parlamentarier und die Parlamentarierin, gegenüber der Verwaltung die Legitimität und Bezahlbarkeit eines politischen Vorschlags nachweisen. Wer das nicht kann, offenbart in den politischen Debatten der Gegenwart seine Blauäugigkeit. Die demokratische Aushandlung unterschiedlicher Interessen sähe allerdings anders aus. Hierzu passt die gegenwärtige Entwicklung der »Euro-Krise« – ganz gleich, ob es um die Auslagerung der Entscheidungskompetenz über den sogenannten Rettungsschirm oder die Ablehnung einer Volksabstimmung in Griechenland geht. Beide Beispiele illustrieren, dass die demokratische Willensbildung weitgehend entkernt ist. Der Verdacht kommt auf, es handele sich bei der Demokratie um einen Altbau, dessen Fassade aufgrund ästhetischer Vorlieben erhalten geblieben ist, während das Innere des Gebäudes neu errichtet wird.

Dass diese Entwicklung nicht vom Himmel fiel, sondern vorausgesagt wurde, ändert offensichtlich wenig an ihrem Verlauf. Jürgen Habermas und Claus Offe prognostizierten schon Anfang der 1970er-Jahre die Verlagerung der Entscheidungskompetenzen in die Administration. Das Desinteresse an der demokratischen Gesellschaft gerade aufseiten ihrer Mitglieder ist allerdings erstaunlich. Denn auch wenn das Parlament als Vermittlungsinstanz unterschiedlicher Interessen geschwächt ist, bestehen die formaldemokratischen Einrichtungen und Prozeduren weiter und könnten genutzt werden. Versammlungsfreiheit, Meinungsfreiheit, Pressefreiheit – was zu einer freiheitlich-demokratischen Grundordnung gehört, ist garantiert. Verstörend ist das Ergebnis unserer »Mitte«-Studien, dass die Befragten einerseits ihren geringen Einfluss beklagen, andererseits aber ihre Einflussmöglichkeiten nicht wahrnehmen. Auch wenn es zu kurzfristigen politischen Bewegungen wie »Stuttgart 21« kommt, die Regel politischer Willensbildung ist eine andere. Sie wird über »generalisierte Motive, d.h. inhaltliche diffuse Massenloyalität beschafft, aber Partizipation (vermieden)« (Habermas 1973, 55). Damit hat der Nestor der deutschen Sozialphilosophie, Jürgen Habermas, der Demokratie etwas ins Stammbuch geschrieben, was so niemand lesen wollte. Ein Wahlkampfslogan, der wie Habermas Buch aus den frühen 1970er-Jahren stammt, müsste heute eigentlich brandaktuell sein: »Mehr Demokratie wagen«.

Das ist aber nicht der Fall, und noch schlimmer: Das Bemühen um Demokratie findet ausgerechnet bei jenen seine Grenze, denen es gilt. Die Bürger/innen selbst sehen und nutzen die demokratischen Gestaltungsmöglichkeiten – besonders über die Wahl hinaus – nicht. Warum, das bleibt eine offene Frage. Einen ersten Hinweis auf ihre Beantwortung liefert nochmals Habermas mit seiner Beobachtung aus der Zeit nach dem Zweiten Weltkrieg: »(D)er Legitimationsbedarf (schrumpft) auf zwei residuale Bedürfnisse«, nämlich »Erwartung auf angemessene systemkonforme Entschädigung (in Form von Geld, arbeitsfreier Zeit und Sicherheit)« und »wohlfahrtsstaatliche Ersatzprogrammatik« (ebd., 55f.). Das entspricht im Grunde der Prothesenfunktion von Wohlstand. So muss die Frage neu gestellt werden: Was wird eigentlich prothetisiert?

Genauso immanent wie der Zwang zum Wachstum ist der kapitalistischen Wirtschaftsweise ihr Fortschrittsglaube. Der institutionalisierte, dauernde Umbruch wird mit erhöhter Geschwindigkeit verfolgt. Schon Karl Marx stellte fest, dass die gesellschaftliche Entwicklung in der kapitalistischen Zeit Fahrt aufgenommen hatte: »Die fortwährende Umwälzung der Produktion, die ununterbrochene Erschütterung aller gesellschaftlichen Zustände, die ewige Unsicherheit und Bewegung zeichnet die Bourgeoisieepoche vor allen früheren aus.« Karl Marx stellte mit seinem Co-Autor Friedrich Engels in der Brandschrift »Das Kommunistische Manifest« ebenfalls fest, was bis zu dieser Bestandsaufnahme schon alles aus dem Weg geräumt worden war: »Alle festen eingerosteten Verhältnisse mit ihrem Gefolge von altehrwürdigen Vorstellungen und Anschauungen werden aufgelöst, alle Neugebildeten veralten, ehe sie verknöchern können. Alles Ständische und Stehende verdampft, alles Heilige wird entweiht und die Menschen sind nun endlich gezwungen, ihre Lebensstellung mit nüchternen Augen anzusehen« (Marx & Engels 1848, 465). Diese Emphase war nicht nur dem Charakter der Schrift geschuldet, aus der das Zitat stammt. Sie sollte natürlich ein Weckruf sein. Aber Marx formulierte hier auch das Lebensgefühl seiner Zeitgenossen – und das der Gegenwart wohl erst recht. Unsicherheit, Bewegung, Erschütterung, das kommt uns seltsam vertraut vor. Nicht umsonst wurde die Eisenbahn zum Chiffre für die europäische Entwicklung des 19. Jahrhunderts (vgl. Kaschuba 2004). Das Eisenbahnnetz war gewissermaßen das Kommunikationsnetz dieses Jahrhunderts, ein Netz der Warenzirkulation und der Beschleunigung, wie ein anderer Zeitgenosse, nämlich Heinrich Heine bemerkte: »Durch die Eisenbahn wird der Raum getötet, und es bleibt uns nur noch die Zeit übrig« (zit. n. Bergeron, Furet & Koselleck 1969, 303). Das Stampfen der Eisenbahn bestimmte den Takt und damit das Zeitgefühl einer Epoche. Ein Zeitgefühl, das uns Nachgeborenen im Angesicht der den Raum in Sekundenbruchteilen überspringenden elektronischen Medien rührend anmutet. Aber zu leicht übersieht man dabei, dass der Lebensrhythmus des 19. Jahrhunderts nur uns gemächlich vorkommen kann. Auf die Zeitgenossen Heines wirkte die Beschleunigung schockhaft, so schockhaft wie auf uns die digitale Revolution. Die Beschleunigung wurde damals wie heute vom Imperativ des wirtschaftlichen Wachstums diktiert. Sucht man nach den tektonischen Bewegungen im Untergrund der warenproduzierenden Gesellschaft, dann könnte man hier fündig werden. Die Geschwindigkeit steht in einer Beziehung zu den kapitalistischen Verhältnissen, sehr wahrscheinlich in einer kausalen. Aber immer mehr kommt der Verdacht auf, es könnte sich beim Kapitalismus selbst um ein Phänomen an der Oberfläche handeln, der Oberfläche desselben historischen Prozesses, der auch den Zwang zur Geschwindigkeit hervorgebracht hat.

Was, wenn sich die permanenten Krisen des Kapitalismus in eine andere, umfassendere Entwicklungslinie (nur zu gut) einfügen? Eine, die lange vor der Entfaltung des Kapitals im 18. und 19. Jahrhundert ihren Ausgang genommen hat? Dann stünde das spannungsvolle Verhältnis der demokratischen Gesellschaft zu den durch sie immer wieder hervorgebrachten, sie selbst bedrohenden Bestandteilen unter einem neuen Vorzeichen. Dann wäre die aufgeklärte, kapitalistische Gesellschaft mit jener Epoche verbunden, die ihr immer als ihr krasses Gegenteil erschienen ist.

Dass die Grenzlinie zwischen aufgeklärter Gesellschaft und Mittelalter nie einfach zu ziehen war, wusste auch der Sozialökonom Ernest Mandel: »(...) die modernen Produktionsweisen entwickelten sich (...) nur da, wo sich die Bedingungen dafür innerhalb des Mittelalters erzeugt haben« (Mandel 1972, 42). Dass nicht nur das Wie des Wirtschaftens, sondern auch das Warum mit Blick auf das Mittelalter beantwortet werden kann, das wollten lange Zeit weder die bürgerliche Gesellschaft noch ihre Kritiker wahrhaben.

Moderne und Mittelalter stehen auch bei Mandel – versteckt in einem Adjektiv und einem Nebensatz – in chronologischer Reihenfolge. Aber in einer Chronologie lassen sie sich nicht auflösen. Die Moderne war schon Gegenstand der Reflexion, bevor ihr ihre eigene Todesnachricht durch die Autoren der Postmoderne überbracht wurde (Jean-Francois Lyotard). Später erhielt sie noch die Mitteilung, eigentlich nie existiert zu haben (Bruno Latour). Wo soviel Unsicherheit über den Zustand des Adressaten besteht, kann man sich des Gefühls nicht erwehren, dass gar nicht recht verstanden wurde, was die Moderne ist – wie soll da eine Veränderung in ihr erfasst werden?

So stark die Zukunftsorientierung der Moderne auch ist, ihr Kraftspender liegt im Vergangenen. Sie trägt ein »Erbe aus präkapitalistischer Zeit« mit sich (Dubiel 1986, 273). Vergangenheit ist nie, was der Begriff behauptet: vergangen. Sie »verschwindet nur dem Anschein nach, weil sie im Unbewußten zu existieren fortfährt« (Giddens 1994, 124). Was aber solcherart sein Dasein fristet, wie soll das zum Gegenstand einer Untersuchung werden? Wie soll es Auskunft geben über das Warum unserer gesellschaftlichen Entwicklung, über demokratische und antidemokratische Einstellungen, Ökonomie und Umbruch? Der Ansatz ist dennoch nicht so abwegig, wie es scheint. Der Königsweg zum scheinbar Vergangenen, zum Unbewussten, ist nie geradlinig. In der Psychotherapie führt er über Träume, Zwänge und Wiederholung, die auch erst interpretiert werden müssen, denn von selbst offenbaren sie ihre Bedeutung nicht. Überhaupt: Wenn jedes Phänomen sich schon von selbst verstünde, bräuchte es keine Wissenschaft. Nur selten, fast nie, sind Erscheinung und Wesen identisch, und so geht es auch der Moderne. Aus diesem Grund hat Ulrich Beck das therapeutische Instrumentarium der Psychoanalyse »Erinnern, Wiederholen, Durcharbeiten« als soziologisches – wir mögen ergänzen: sozialpsychologisches – Forschungsprogramm ausgerufen (Beck 1996, 65). Es geht um das Einholen der Vergangenheit in die Gegenwart, oder, um es mit Ernst Bloch zu formulieren, um »ein durch Vergangenheit und Zukunft hindurchgehendes Korrelat von ›Gegenwart‹ als unentschiedene, nämlich unerledigte *Aktualität* und in der Haltung zu ihr immer wieder – Vergegenwärtigung« (Bloch 1975, 103).

Il faut être absolument moderne (Arthur Rimbaud)

Das Verständnis der Moderne als permanenter Wandel und Umbruch ist an und für sich nicht neu. Seit dem 19. Jahrhundert leben Menschen im »Zwiespalt einer stets sich überholenden Modernität« (Bergeron, Furet & Koselleck 1969, 297). Schon allein das Paradox einer sich ständig selbst überholenden Modernität ist ein guter Grund, sich mit gesellschaftlichem Umbruch zu beschäftigen. Wenn es einen Ansatzpunkt für die unerledigte Vergangenheit gibt, dann diesen: Eine ständige Wiederholung – und sei es ein zwanghaftes Über-sich-hinauswachsen-Müssen – ist Kennzeichen der Moderne und ihres symptomatischen, auf Dauer gestellten Umbruchs.

Beginnen wir mit der Aufgabe der Sozialwissenschaft *sui generis*, der Begriffsarbeit. Beide Termini, Umbruch und Moderne, sind Zeitbegriffe, denn sie kennen ein Vorher und ein Nachher. Die Bedeutungsmöglichkeit von »modern« schließt zudem Gegensatzpaare ein: gegenwärtig und vorherig, neu und alt, vorübergehend und ewig (Gumbrecht 1978, 96). Darin gleichen sich Umbruch und Moderne – mit beiden wird ein lineares, chronologisches Verhältnis bezeichnet. Es gibt ein Zuvor, ein Danach und ein Durchgangsstadium. Die Zeit zu untersuchen, gehört lange nicht zu den Kerngeschäften der Sozialwissenschaft (vgl. Luhmann 1973, 87). Dabei sind weder die physikalische, noch die psychische und soziale Zeit selbstverständlich. Wie jedes Bewusstsein, so musste auch das Zeitbewusstsein erst entstehen, erst recht das Zeitbewusstsein einer Gegenwart, die sich rein auf die Zukunft ausrichtet: auf das Wachstum, welches die gegenwärtige Handlung – und damit die Gegenwart selbst – rechtfertigt. Beides, der bloße Durchgangscharakter des historischen Augenblicks und die Radikalisierung der Zukunftsvorstellungen, kennzeichnet das Zeiterleben zum Ausgang des 18. und zu Beginn des 19. Jahrhunderts. Ein Kristallisationspunkt dieser neuen Zeiterfahrung war die Französische Revolution, deren Protagonisten vom »Bewußtsein einer absoluten Verpflichtung zum Fortschritt« getragen waren (Gumbrecht 1978, 101, 103). In der »absolute(n) Verpflichtung zum Fortschritt« klingt schon der Zwang an. Ganz so neu war dieses Zeitgefühl nicht, ein Verhältnis von Vergangenheit/Gegenwart/Zukunft gab es bereits in der mittelalterlichen Theologie (Luhmann 1973, 91). Schon das Zeitgefühl des christlichen Mittelalters war geprägt vom Streben auf eine Zukunft hin, in der das Gegenwärtige endlich überwunden sein sollte (vgl. Kaufmann 1986, 298). Es war eine eschatologische, eine im engeren Sinne religiöse Heils- und Zeitvorstellung, eine Vorstellung der geschichtlichen Entwicklung hin auf ein besseres, höheres Ziel. Dieses Ziel war ein jenseitiges, genau genommen das ersehnte Reich des Herrn, welches das Reich der Notwendigkeit ablösen würde. Dies ist eines der Erbteile, das die Moderne vom christlichen Mittelalter empfangen hat. Allerdings wurde dieses mittelalterliche Zeiterleben noch nicht zwanghaft wiederholt, es war, im wahrsten Sinne des Wortes, Gott ergeben.

Die Zukunftserwartung radikalisierte sich erst mit der Moderne, wurde erst dann zu einer zwanghaften Wiederholung. War die Geschichte einmal in die Regie des Menschen genommen, war Gott obsolet, nicht aber die Heilserwartung. Hatte der Mensch es erst einmal selbst in der Hand, musste die Gegenwart so schnell wie möglich zugunsten einer besseren Zukunft verlassen werden. Nicht mehr Gott, sondern der Mensch selbst verstand sich nun als »Vollender einer historischen Entwicklung« (Gumbrecht 1978, 100), und die Gegenwart wurde vor allem anderen zur Voraussetzung ihrer Überbietung in der Zukunft (ebd., 100). Heinrich Heine war einer der Ersten, die feststellten, dass an seiner Zeit das Empfinden des *Vergehens* von Zeit neu war. Auch Charles Baudelaire beschrieb dann 1863 den Charakter der neuen Epoche: »La modernité, c'est le transitoire, le fugitif, le contingent« (zit. n. ebd., 110). Das möglichst schnelle Durchschreiten der Zeit wurde zu einem Imperativ, dessen Umsetzung nun zwanghaft verfolgt wurde. So schleppt sich nicht nur der Zeitbegriff des Mittelalters in die Moderne, sondern auch dessen Beweggrund: der heilsgeschichtliche Charakter dringt sprichwörtlich durch jede Sekunde. »Beschleunigung als Strategie (...) wird so zu einem säkularen Ewigkeitsersatz, zu einem funktionalen Äquivalent religiöser Vorstellung vom ewigen Leben und damit zur modernen Antwort auf den Tod« (Rosa 2005, 474).

Alles andere als unerheblich ist, ob es sich hierbei um ein »funktionales Äquivalent« handelt, wie Hartmut Rosa vermutet. Haben wir es mit altem Wein in neuen Schläuchen zu tun? Ist das Motiv hinter dem Zwang, der Wunsch nach einer erlösenden Zukunft, erkannt, wird die Beantwortung dieser Frage essenziell. Wäre der Wein tatsächlich alt, die religiöse Heilserwartung also noch immer real und keine Metapher (*wie* eine Heilserwartung), dann könnte man nur schwer eine »Radikalisierung der Moderne« zur »Zweiten Moderne« oder »Reflexiven Moderne« fordern (Beck 1996, 45). Dann wäre sie nämlich nie eine »Moderne« gewesen und ließe sich nicht über sich selbst hinaustreiben. Deswegen die von Claus Offe gestellte Frage, »(...) ob die Rede von der ›modernen Gesellschaft‹ nicht eher ein illegitimer Euphemismus ist (...)« (Offe 1986, 106). Zwar können Teilsysteme, wie Offe feststellt, zum Beispiel das Kommunikationswesen oder die Gerichtsbarkeit, »modern« sein, die Gesellschaft als Ganzes ist es nicht. Total ist in dieser Gesellschaft nur die Ökonomie und mit ihr der alles vermittelnde Markt. Unsere These ist, dass diese Ökonomie, dieser Markt das Gegenteil von dem ist, was seine neoliberalen Verfechter glauben – nicht modern, rational und aufgeklärt, sondern ein religiös aufgeladenes Zwangssystem.

»Modern« wäre damit weniger ein Epochenbegriff als eine Gesetzmäßigkeit des Umbruchs. »Il faut être absolument moderne« – treffender, als mit diesem Satz von Arthur Rimbaud hätte der Leipziger Künstler Falk Haberkorn die moderne Zeit nicht auf den Begriff bringen können. Im Jahr 2009 begab er sich in das Neue Museum Weimar, dessen Preis er erhalten hatte, und brachte in einer endlosen Schleife Rimbauds Imperativ zu Papier. Nicht nur den Imperativ der Moderne hat Haberkorn damit erfasst – auch der Wiederholungs- und Suchtcharakter, mit der diese Gesetzmäßigkeit erfüllt wird, kommt in der sich wiederholenden Schreibbewegung zum Ausdruck.

Mit dem auf Dauer gestellten Umbruch ist der Wunsch verbunden, Erlösung oder doch zumindest Trost zu finden. Nimmt man die Zukunft in die eigene Hand, kann man hoffen, »endlich Herr über die Naturgewalten zu werden«; an den technisch-industriellen Prozess »knüpfen sich jene utopischen Hoffnungen, die mit zunehmender Geschwindigkeit das vermeintliche Ziel der Geschichte, den ewigen Frieden, zu erreichen trachten« (Bergeron, Furet & Koselleck 1969, 303). In den ökonomischen Krisen wird sichtbar, dass genau das nicht gelingt, denn sie bringen im Gegenteil das »hilflose Erleben blinder Fatalität« mit sich (Offe 1986, 106). Je mehr die Zukunft »kolonialisiert« wird, je mehr sie zum eigentlichen Ort des Daseins wird, gegen den die Gegenwart zum Durchgangsstadium verkommt, »desto wahrscheinlicher ist es, daß sie mit Überraschungen auf uns wartet« (Giddens 1994, 116).

Die zwanghafte Wiederholung bis zur Überspannung tut sich aber niemand umsonst an. In dem Moment, in dem die Rechnung unbeglichen bleibt, will sagen: wenn sich das Heilsversprechen wie bei jeder anderen

Religion als Illusion erweist, schlägt der Zwang in Regression um. In den Ressentiments Einzelner, seien es auch sehr viele, kommt die Irrationalität des ökonomischen Strebens zum Vorschein.

Noch einmal: Die narzisstische Plombe

Das wirtschaftliche Wachstum ist nicht nur narzisstische Plombe, weil es den Deutschen nach dem Krieg die Identifikation mit einem Größen-Selbst gestattete. Es gibt noch einen anderen Grund. Wirtschaftlicher Wohlstand war seit der Moderne – ganz unabhängig von der deutschen Geschichte – mit etwas verbunden, was nach dem Krieg als Selbstwertregulation in Erscheinung trat. Wie das psychisch funktionierte, lässt sich vielleicht am besten idealtypisch beschreiben. Würden »präkapitalistische Menschen« durch einen Zufall in die Gegenwart verschlagen werden, könnten sie sich, Max Weber zufolge, nur wundern: »Daß jemand zum Zweck seiner Lebensarbeit ausschließlich den Gedanken machen könne, dereinst mit hohem materiellen Gewicht an Geld und Gut belastet ins Grab zu sinken, scheint ihm nur als Produkt perverser Triebe: der ›auri sacra fames‹ erklärlich« (Weber 1920, 55). Der Idealtyp des modernen Menschen, »(d)er Kapitalist ist (...) gespannt auf ständige Wiederholung eingestellt« (Giddens 1994, 135).

Weber wusste allerdings auch, dass die zwanghafte Akkumulation von Kapital in direktem Zusammenhang mit einer religiösen Sehnsucht stand, nämlich der Rückversicherung der Gnadenwahl durch Gott. Diesen Nachweis führte er in seiner Schrift »Die protestantische Ethik und der Geist des Kapitalismus«, aus welcher das obige Zitat stammt. Waren und akkumuliertes Kapital sind damit Relikte vergangener Zeit, »Gedächtnisspuren«, die als solche ernst zu nehmen sind. »Als Reliquien waren (und sind) bestimmte Relikte in religiöser Tradition weit verbreitet; doch dort hatten sie eine andere Bedeutung, (...) die Reliquien (hatten) an der Sphäre des Heiligen Anteil« (Giddens 1994, 187). Diesen Hinweis kann man gar nicht ernst genug nehmen. Schon vor der Moderne »akkumulierten« die europäischen Menschen Heilsgüter, von denen sie sich Beistand im Jenseits und Hilfe im Hier und Jetzt erhofften (vgl. Kap. 2.4 in diesem Band und Decker 2011). Die Heilsgüter dienten ihnen als Surrogate der erwarteten Erlösung und als Trostmittel für die Dauer des langen Marsches. In unserer Studie von 2010 folgerten wir: »Wie ein Drogenabhängiger an der Nadel, so hängen die Gesellschaftsmitglieder an den Waren. Bei Entzug kann für nichts mehr garantiert werden« (Decker 2010a, 52). Das hat mit dem religiösen Erbe des Kapitalismus zu tun, mit dem Heilsversprechen, das er gibt, und mit dem Trostcharakter der Waren bis zur Einlösung des Versprechens. Der Wiederholungszwang des Kapitalisten gibt den Suchtcharakter frei, mit dem die Warengesellschaft geschlagen ist.

Im Prozess der Moderne wollte sich der Mensch von der Abhängigkeit von Gott emanzipieren – allerdings ohne die Sehnsucht nach Erlösung aufzugeben oder auf Trostmittel zu verzichten. Zwar ist die Erfüllung des Versprechens nun in die technisch-industrielle Eigenregie übergegangen, aber der Glaube an die Einlösung schwächelt. Auf Dauer büßt das Versprechen so seine gesellschaftliche Integrationskraft ein. Die warenproduzierende Gesellschaft liefert die Surrogate, die bis zur Erreichung des Ziels über die Unvollkommenheit der Gegenwart hinwegtrösten sollen. »Der zwanghafte (oder auch: suchthafte, die Autoren) Charakter der Moderne bleibt so lange weitgehend verborgen, wie der prometheische Impuls anhält (...)« (Giddens 1994, 167). In der Zwischenzeit wird der Fortschrittsglaube intensiviert, das »Wirtschaftswachstum bejubelt« und auf das »Pathos der Nation« (Beck 1996, 22) gesetzt. Wenn es sein muss, auch auf Kosten der demokratischen Verfasstheit der Gesellschaft.

2.2 Arbeiten und Leben in einer stets sich überholenden Moderne

Was in der Gegenwart als Deregulierung erfahren wird, hat einen gewissen Vorlauf. Nachdem die als »Fordismus« bezeichnete kapitalistische Gesellschafts- und Produktionsform der 1950er- und 1960er-Jahre in eine Krise geraten war, wurden seit den frühen 1970er-Jahren die Arbeits- und Produktionsbedingungen einmal mehr umgewälzt. Dass davon auch die Lebensbedingungen der Menschen erfasst wurden, konnte nicht ausbleiben. In der Sprache der Regulationstheoretiker war der Fordismus ein »Akkumulationsregime« (vgl. Liepitz 1991), das die Massenproduktion mit dem Massenkonsum (inklusive stetiger Erhöhung der Kaufkraft) aufs Engste verband. Das Ergebnis war ein spezifisches System von »Regulationsweisen«, ergo von Spielregeln in einem »gesellschaftlichen Kompromiß« von Arbeit und Kapital, die Ralf Dahrendorf (1957) durchaus treffend als »Institutionalisierung des Klassenkonflikts« charakterisiert hat. Das heißt, dass der oben beschriebene Gegensatz von Interessen zwar nicht auf Dauer gelöst, aber doch zumindest integriert wurde. Was den Fordismus jedoch primär auszeichnete, ist gleichzeitig der Grund dafür, dass sowohl das »Akkumulationsregime« als auch der »gesellschaftliche Kompromiß« infrage gestellt sind.

Der Fordismus war mehr als ein allgemeines Modell der Arbeitsorganisation, das von Fabrikarbeit und Fließbandproduktion bestimmt war (oder wissenschaftlich: von Taylorismus und Mechanisierung). Die mit dem Ende der 1970er-Jahre eintretende Krise resultierte daraus, dass diese Art der Produktion nicht mehr gewährleisten konnte, weshalb im Kapitalismus überhaupt produziert wird: Sie hörte auf, Quelle stabiler oder gar steigender Profitraten zu sein (Hirsch & Roth 1986, 88). Die Gründe dafür waren vielfältig. Ernest Mandel datiert den Eintritt in diese »zweite, durch verlangsamte Kapitalakkumulation gekennzeichnete Phase der ›langen Welle‹, die mit dem Zweiten Weltkrieg entstand«, auf die erste deutsche Nachkriegskrise 1966/67 (Mandel 1972, 125). Nicht ganz zufällig fiel dieses Datum mit den ersten Wahlerfolgen der NPD in westdeutschen Landtagen zusammen. Lange bevor die Krise als solche sichtbar wurde, zeichneten sich die Probleme bereits ab: Der Konsum verschaffte zwar der Demokratie – als Teilhabe an den Trostmitteln – Legitimation, ging jedoch auf Kosten des möglichen Profits. Unter dem Imperativ beständigen Wachstums war diese Situation hoch problematisch, nicht nur aus Sicht desjenigen, von dessen Gewinn der Massenkonsum abging, denn die Identifikation mit einer »starken« Wirtschaft wirkte systemintegrierend. Just als eines oder gar beide Momente der Systemintegration gefährdet waren, zog erstmals eine rechtsextreme Partei in die bundesdeutschen Parlamente ein.[1]

Für die Ökonomie standen verschiedene Lösungen des wirtschaftlichen Problems zur Verfügung, die aber die politischen Probleme verschärften. Einige betrafen sie direkt, etwa die Rekonstruktion der Reservearmee,

---

1   1966 in Bayern und Hessen sowie 1967 in Bremen, Rheinland-Pfalz, Niedersachsen und Schleswig-Hostein.

der Kapitalexport beziehungsweise die Drosselung der Investitionen im Inneren oder die Automation (ebd., 169). Andere betreffen die bis dahin geltende gesellschaftliche Übereinkunft des »Regulationsregimes«. Seit den frühen 1970er-Jahren zeigen zum Beispiel die Daten des Bundesamtes für Statistik eine steigende und vor allem strukturell gewordene Arbeitslosigkeit (so suchten 2011 nach Angaben des Statistischen Bundesamtes in der Pressemitteilung Nr. 279 etwa 7,4 Mio. Menschen Arbeit) und die Stagnation der Reallöhne (Schulten 2011). Die Verknüpfung von Massenproduktion und -konsum war nicht länger durchzuhalten, und mit dieser Schwierigkeit begann auch der gesellschaftliche Kompromiss zu bröckeln.

Das postfordistische Zeitalter mit seinen zahlreichen Strukturkrisen ist schwer zu charakterisieren (Hirsch & Roth 1986; Liepitz 1991; Wissel 2007; Hirsch & Wissel 2010). Fest steht, das die »trinitarische« kapitalistische Friedensformel aus Fordismus, Keynesianismus, Korporatismus (Müller-Jentsch 2006) durch den »neuen Dreiklang: ›Deregulierung, Privatisierung, Flexibilisierung!« abgelöst wurde (Willke 1999, 33). Dieser sollte nun Antworten auf die veränderten Bedingungen in der »nachindustriellen Gesellschaft« liefern, die geprägt war durch den Übergang von der Güterproduktion zu Dienstleistungen, durch den Vorrang professionalisierter, hoch qualifizierter Berufe, durch die Zentralität theoretischen Wissens, die Steuerung des technischen Fortschritts und die Schaffung informationsverarbeitender Technologien (Kern 1976; Bell 1985, 32ff.).

In diesem Dreiklang fällt die Deregulierung am meisten ins Auge, wobei der Teufel wie immer im Detail steckt. Denn eigentlich handelt es sich nicht um eine Deregulierung, sondern um eine »neoliberale Form der Regulierung, eine marktorientierte Regulierung. Sie ist ein anderer Modus der Regulierung; anstelle organisatorischer und politischer Steuerung tritt die Regulierung durch Marktkräfte, anstelle kollektiver treten individualvertragliche Regelungen. An die Stelle des Wohlfahrtsstaates tritt der Wettbewerbsstaat« (Müller-Jentsch 2007, 73). Hier sind auch die Versuche zu finden, politische Probleme der gesellschaftlichen Integration bei nachlassender Legitimation durch ökonomische Teilhabe sicherzustellen. Keinesfalls ist der gegenwärtige Staat ein Nachtwächterstaat, wie man denken könnte, wenn Gegner und Verfechter der neoliberalen Regulierung aufeinanderstoßen. Eher »zerfasert« die »Staatskonstellation des Goldenen Zeitalters«, als dass sie einfach verschwindet (Leibfried & Zürn 2006, 13). Was sich heute zeigt, ist also »kein ›desorganisierter Kapitalismus‹« (Beck 1997, H.i.O.; Lash & Urry 1987), sondern ein »*anders* organisierter bzw. regulierter Kapitalismus« (Bröckling, Krasmann & Lemke 2000, 25). Der Staat ist durch die Krise des Fordismus durchaus nicht in seiner Auflösung begriffen; also muss man sich auch nicht vom Verschwinden des Staates verunsichern lassen. Viel beunruhigender sollte etwas anderes sein: »Nicht mehr oder weniger oder dieser oder jener Staat steht ins Haus, sondern eine neue *Herrschaftstechnik*« (Fach 2000, 113, H.i.O). Im Zweifelsfall besteht »die Regierungskunst (...) darin (...), ›allen‹ dadurch zu helfen, dass sie ›Einzelne‹ opfert« (ebd., 114). Schließlich prophezeite der Politikwissenschaftler Joachim Hirsch schon früh eine »Verhärtung und repressive Modifizierung des sozialdemokratischen ›Modells Deutschland‹« (Hirsch 1980, 59), die politisch in der Hartz-IV-Gesetzgebung ihr Symbol und in der zunehmenden Stigmatisierung von Arbeitslosen als »Sozialschmarotzer« (nicht zu sprechen von der Sündenbockfunktion »der Ausländer«) ihre soziale Resonanz haben. Kein Wunder, dass die Stigmadrohung allgemein geworden ist (Decker et al. 2008). Diese Entwicklung wird von einer Gemeinschaftsrhetorik begleitet, die darauf pocht, dass »wir« doch letztlich alle im gleichen Boot säßen (vgl. Vobruba 1983), und dass die zu bringenden Opfer (nur am unteren Ende der Gesellschaftspyramide) unausweichlich, aber doch im Sinne des Gemeinwohls wären. Ähnlich wie in der Logik der Standort-Debatte, findet hier eine dem Chauvinismus vergangener Tage sehr verwandte Diskursverschiebung statt.

Die Deregulierung, die Öffnung der Finanzmärkte und die Globalisierung gehen mit einer verstärkten internationalen Arbeitsteilung einher. Die Transnationalisierung hat direkte Auswirkungen auf die Strukturen des institutionalisierten Interessensausgleichs. Durch die Verlagerung der Konflikt- und Entscheidungssphäre auf die transnationale Ebene verliert »das innerstaatlich funktionierende ›korporatistische Dreieck‹ an Gewicht« und muss »sich einem supranational operierenden ›korporatistischen Duett‹ von wirtschaftlichen und politischen Akteuren« unterordnen (Kreckel 1998, 44). Ob die ökonomische Krise so allerdings (nachhaltig) gelöst werden kann, ist genauso fraglich wie die von Habermas prognostizierte Zuspitzung gesellschaftlicher Interessensgegensätze. Es muss sich erst noch zeigen, ob die Antagonismen deutlicher hervortreten, wenn die Orte ihrer bisherigen Vermittlung schrittweise durch die

Delegation von Entscheidungen an die Verwaltung delegitimiert worden sind.

Prekarisierung und prekäre Legitimität

Zum Teil jedenfalls zeigen sich die Legitimationsprobleme deutlich. Mit der Krise des Akkumulationsregimes gerät zunehmend auch der Sozialstaat und das lohnarbeitszentrierte System sozialer Sicherung in Bedrängnis (Castel 2000). Es darf nicht verwundern, dass die Lage nicht komfortabler wird, sondern dass die Probleme durch die Unsicherheit der Einnahmequellen infolge der Erosion des Normalarbeitsverhältnisses befeuert werden (Vobruba 1990; Vobruba 2006). Auch wenn schließlich »der krisenhafte Übergang vom Fordismus zum Postfordismus als Ursache neuer Klassenformierung« (Dangschat 1998, 75) wirken sollte, überrascht das nicht. Unsere Studie »Die Mitte in der Krise« (Decker et al. 2010) nahm diese Diskussion bereits auf. In der Gesellschaft zeichnen sich Prekarisierungs- und Spaltungsprozesse ab, die zur Gefahr des sozialen Zusammenhalts werden können und als »neue soziale Frage« (Castel 2000; Castel & Dörre 2009) diskutiert werden.

Das hat eine objektiv-gesellschaftliche Seite: Erwerbsverhältnisse sind dann prekär, »wenn die Beschäftigten aufgrund ihrer Tätigkeit deutlich unter ein Einkommens-, Schutz- und soziales Integrationsniveau sinken, das in der Gegenwartsgesellschaft als Standard definiert wird« (Brinkmann et al. 2006, 17). Es sind also nicht nur direkte Armut oder Arbeitslosigkeit selbst, die die wachsende Prekarisierung kennzeichnen als »eine gesellschaftliche Tendenz zur Verallgemeinerung sozialer Ungleichheit, deren Ursprung vornehmlich im ökonomischen und im Erwerbssystem der Gesellschaft zu verorten ist« (Dörre 2010, 45). Außerdem gibt es eine sozialpsychologische Komponente, denn »(...) es ist Sinn und Zweck jeder Ware, verkauft zu werden, nur daß allein die menschliche empfindet, ob sie ihn erfüllt oder verfehlt. Einer Arbeitskraft bedeutet unverkäuflich zu sein so viel wie sinnlos, will sagen mittellos und unbeachtet dahinzuvegitieren – ein Zustand, der die Betroffenen gewöhnlich auch dann recht schnell zu dekomponieren beginnt, wenn, wie in reichen Ländern, ein soziales Netz sie halbwegs auffängt« (Türcke 2002, 187).

Ein Blick auf die Entwicklung der Beschäftigung macht die Brisanz deutlich. Zwar ist die offizielle Arbeitslosigkeit in Deutschland seit 2006 gesunken (wobei fraglich ist, wie lange sich dieser Sonderweg in Europa aufrechterhalten lässt), doch nie waren hierzulande mehr Menschen befristet und in Teilzeit beschäftigt als heute (Lancker 2012). Das hat Auswirkungen auf die Arbeitsplatzsicherheit und auf die langfristige Absicherung, zum Beispiel im Alter. »So lügen sich viele darüber hinweg, daß mit jeder Krise die Suppe der Erwerbsarbeit immer dünner wird« (Beck 1996, 82) – und dass das nicht nur die Suppe der »Arbeitsplätzchen« (ebd.) betrifft, wirft Probleme auf. Gleichzeitig lässt sich einfach nachvollziehen, dass Prekarisierung und Arbeitslosigkeit die logische Konsequenz aus dem Umbau und der dauerhaften Umstrukturierung der Beschäftigung sind. Sie sind »der Schatten (der) auf sehr viele Menschen« fällt (Castel 2000, 350). Die Ausbreitung prekärer Beschäftigungsverhältnisse bei gleichzeitiger Verschärfung des gesellschaftlichen Drucks zur Erwerbsarbeit bedeutet eine Forcierung der Arbeitsgesellschaft (Weißmann, Bergelt & Krüger 2010). Gleichzeitig wird es für die Menschen in der Mitte und am Rand der Gesellschaft immer schwieriger, alternative und über die Erwerbsarbeit hinausgehende Lebensziele nach eigenen Vorstellungen zu verfolgen. Familie, Ehrenamt oder persönliche Selbstverwirklichung erfahren wie alle unbezahlten Tätigkeiten nur geringe gesellschaftliche Anerkennung (vgl. ebd.). Diese Entwicklungen sorgen dafür, dass ein prekäres gesamtgesellschaftliches Klima und gesellschaftlich prekäre Lagen bestehen bleiben und sich weiter ausdehnen.

Vom Fliessband zur Ich-AG

Der Wandel vom Fordismus zum Toyotismus, der Wandel von der Industriegesellschaft zur Dienstleistungsgesellschaft, ist aber nicht nur eine Frage der Wirtschaftsform und der veränderten Beziehungen zwischen Betriebsrat und Management. Die Individualisierungs- und Flexibilisierungsprozesse der Moderne (Beck 1986, 206), die in allen Lebensbereichen erfahrbar sind (von der schichtspezifischen Kultur zur Subkultur, vom Lebensgefährten zum Lebensabschnittspartner), gehen mit einem Wandel der Arbeitswelt einher, der über den Verlust des Normalarbeitsverhältnisses und die wachsende Prekarisierung hinausgeht. Dass aus dem Arbeitnehmer ein »Unternehmerisches Selbst« werden soll und zu einem nicht geringen Teil schon geworden ist (Bröckling 2007), das selbstständig in das eigene Humankapital investiert und dieses zusätzlich zur Arbeitskraft auf dem Markt anbietet, hat ebenfalls mit einer Entwicklung zu tun, die in den 1970er-Jahren begann – ohne hier freilich ihren Ursprung zu haben. Das betrifft nicht nur einzelne Individuen – die Deregulierung wirbelt alle Bereiche der Gesellschaft durcheinander: »(D)ie Firma (ist) das Bild, nach dem sie (alle Bereiche der Gesellschaft, d. Autoren) zukünftig zu gestalten und zu messen sind« (Türcke 2002, 21), aber der »Unruhestifter (...) war nicht irgendeine soziale Bewegung, sondern das ›Wunder‹ im kalifornischen Silicon Valley: die Entwicklung einer atemberaubenden neuen Technologie, der schon im Frühstadium deutlich anzumerken war, daß sie in Kürze flächendeckend in Produktion, Verwaltung und Dienstleistung eine Unmenge von Arbeitskräften durch ungleich leistungsfähigere Computer ersetzen würde« (ebd., 19). Die digitale Revolution bringt die Beschleunigung der Moderne auf neue Höhen und wirkt sich doppelt auf die Individuen aus: Einerseits verändert sie die Produktion, andererseits erfasst sie weit mehr als nur den Arbeitsplatz. Die folgenden Überlegungen gelten der ersten Wirkung, im Kapitel 2.3 geht es um die zweite.

Die Erschütterungen, die von den Computern ausgehen, halten bis heute an und prägen die »Neustrukturierung der kapitalistischen Produktionsweise« (Castells 2001, 5). Dabei ist es nicht die schiere Masse an Informationen und Wissen, die zunächst den Wandel auslöste, sondern vermutlich ihre konsequente Nutzung als Rohstoff, die das Informationszeitalter von der Industriegesellschaft unterscheidet. Damit einher geht die für die Netzwerkgesellschaft typische beschleunigte Rückkopplung von Technologie und sozialem Wandel (Nollmann 2011, 638). Die Beschleunigung hin auf das eigentlich gemeinte Morgen hat einen neuen Schub bekommen – und der Rückstoß ist enorm. In dieser Phase der Moderne sind unsere Gesellschaften zu informationellen Gesellschaften geworden. Gesellschaftliche Produktionsprozesse von Wissen, Gütern, militärischer Stärke und medialer Kommunikation sind bereits vollständig »durch das informationelle Paradigma transformiert« (Castells 2001, 21) worden. Dieses Paradigma reicht sogar in die Bereiche weit hinein, die informationsverarbeitenden Systemen noch äußerlich sind. Produktionsprozesse lieferten schon immer die Bilder zu den gesellschaftlichen Prozessen, die sie angestoßen haben. Das Fordsche Fließband, zum Beispiel, hat sich tief in das kulturelle Gedächtnis eingebrannt. Ähnlich wird es den aktuellen Formen ergehen: »Cisco und Dell sind Prototypen für die Netzwerkökonomie: Man produziert selbst (fast) gar nichts, sondern koordiniert nur global, regional und lokal unter dem Dach des Produktnamens« (Nollmann 2011, 639). Die fortschreitende Vernetzung geht mithin über das Internet, das als ihr wichtigster Bestandteil eine für alle erfahrbare Chiffre ist, hinaus.

Damit verändern sich die Organigramme von Konzernen ebenso wie zwischenmenschliche und Umweltverhältnisse. Schon im Jugendalter wird mit dem minütlichen Blick auf das Handy oder Smartphone ständige Erreichbarkeit eingeübt. Technischer Wandel »birgt immer schon eine Tendenz zur Veränderung der objektiven, der sozialen und darüber vermittelt auch der subjektiven Welt, weil sie latent unsere Beziehungen zu den Dingen (d.h. zu den materialen Strukturen der Umwelt), zu den Mitmenschen, zum Raum und zur Zeit und deshalb auch die Form unseres Selbstverständnisses transformiert und damit die Art und Weise unseres *In-der-Welt-Seins* verändert« (Rosa 2005, 466). Die Verheißung der Beschleunigung ist der Motor unseres Lebenstempos (ebd., 309) und wird dafür sorgen, dass wir auch künftig nicht zur Ruhe kommen. Die Beschleunigung macht sich bereits von Anfang an in ihren negativen Auswirkungen auf die physische und psychische Gesundheit bemerkbar. Nicht umsonst widmeten sich die ersten psychotherapeutischen Versuche Ende des 19. Jahrhunderts den sogenannten Neurasthenien, »nervösen Leiden«: Das Nervenkostüm begann durch die Anspannung der modernen Gesellschaft selbst überspannt zu sein. Heute wird es zu einem gesellschaftlichen Problem, unter dem nicht nur die Betroffenen leiden, sondern auch Unternehmen und das Krankenversicherungssystem, wie der sogenannte Fehlzeitenreport 2012 berichtet (Badura et al. 2012). Gesundheit ist nicht (mehr) nur ein Wert an sich, sondern Produktionsfaktor und knappes Gut. Generell stehen soziale Ungleichheit, Bildung, Prekarisierung und Gesundheit in einem engen Zusammenhang (Brähler et al. 2012). Die Arbeitsbelastung, Lebenszufriedenheit und psychische Gesundheit zeigt, wie ambivalent die Flexibilisierung ist: Pendeln und Überstunden verschlechtern zum Beispiel die Bilanz, frei eingeteilte Arbeitszeit verbessert sie dagegen (Zok & Dammasch 2012). Nur dass das damit installierte »unternehmerische Selbst« (Bröckling 2007) immer Gefahr läuft, als »erschöpftes Selbst« zu enden (Ehrenberg 1998).

Die Zwiespältigkeit der Flexibilisierung durch Individualisierungsprozesse ist offensichtlich. In einer sich stets selbst überholenden Moderne sind es »die hoffnungsvollen und die gefährlichen Seiten der ungeheuren Vermehrung, Beschleunigung, Verdichtung und Globalisierung von Kommunikation unserer Tage« (Münch 1991, 17), die diese Ambivalenzen zu Tage fördern. Einerseits entstehen Freiheitsgewinne, wenn wir nicht mehr durch traditionelle Familien- und Milieustrukturen in unserem Alltag eingeschränkt werden. »Empowerment« (vgl. Bröckling 2004) ist gleichsam emanzipatorisch zu verstehen, als Selbstbefähigung, ein eigenes, »besseres Leben« zu führen. Andererseits sind wir aber zunehmend selbst für unsere Misserfolge »verantwortlich«; die Arbeitsagentur fördert nicht nur, sie fordert auch – zum Beispiel die Annahme jeder Arbeit. Wer das nicht will (oder kann), fällt heraus. »Der jetzige Kapitalismus wendet eine wesentlich schlauere, komplexere und zynischere Verwertungsmethode an, als jene, der der Fließbandarbeiter ausgeliefert war, und zwar ›das Abschöpfen von prinzipiell grenzenloser Selbstausbeutung‹« (Fach 2000, 116). Empowerment soll aus dieser Perspektive vor allem den Aufwand zur Aufrechterhaltung von Herrschafts- und Produktionsprozessen reduzieren, wenn die Integration durch den Konsum nicht mehr gelingt. Ob die Integration durch Empowerment erfolgreich sein wird, ist noch nicht ausgemacht.

Risikogesellschaft und Sicherheitsregime

Nicht ganz zufällig ist der Begriff der Sicherheit in Deutschland ein zentraler. Was die Goldenen Jahre des Wirtschaftswunders versprachen, waren Sicherheit des Arbeitsplatzes, der Lebensplanung, selbst des Weltbildes. Doch mit den Individualisierungsprozessen der Deregulierung werden die zuvor gesellschaftlich abgesicherten Lebensentwürfe zu individuellen Projekten. Im Grunde muss sich jeder Einzelne die Gegenwart durch einen individuellen Entwurf seiner Zukunft selbst transzendieren. So erreicht der Imperativ der Moderne die Individuen in größerem Ausmaß als bisher – und die geforderte Individualität verkehrt sich in ihr Gegenteil, in eine »*neue Art der sozialen Einbindung*« (Beck 1986, 206, H.i.O.). Das bringt auch einen veränderten Sicherheitsbegriff mit sich. In der »Dialektik der Freiheit« gehen die Freiheitsversprechen der Globalisierung und die neue Kontrollkultur eine seltsame Verbindung ein (Garland 2001). Die spezifische Gesellschaftsorganisation« der gegenwärtigen modernen Gesellschaft und die marktwirtschaftliche, sozial-konservative Politik bilden den Hintergrund für eine veränderte Verbrechenskontrolle, die die Eingriffsschwelle immer mehr ins Vorfeld der Kriminalität verlagert. Devianz von vornherein zu verhindern, ist das Ziel. Die Präventionskonzepte werden dabei immer komplexer bis hin zur »Kriminalprävention durch Umweltgestaltung« (Stummvoll 2003, 12). Für Deutschland bildet sich eine eigene »Kultur der Kontrolle« heraus (Groenemeyer 2010, 11ff.): Sie beginnt mit der angenommenen Allgegenwart von Bedrohungen, das heißt, mit dem permanenten Risiko, man könne überall und zu jeder Zeit in Gefahr sein, auch dann, wenn die Wahrscheinlichkeit dafür verschwindend gering ist. Von der Sicherheit als gesellschaftliche Querschnittsaufgabe zu reden, hat zur Folge, dass längst nicht mehr nur Justiz und Polizei für die Sicherheit verantwortlich sind. Neben der Entprofessionalisierung der Sicherheitsaufgaben ist auch tendenziell jede/r, zu jeder Zeit, mit der Überwachung der Sicherheit beauftragt. Dass die öffentlichen Räume durch Privatisierung und Technisierung umfassende soziale Kontrolle gewährleisten, ist daher eine fast zwingende Konsequenz. Die Logik eines solchen Sicherheitsbegriffs setzt präventiv auf die Einhaltung der Regeln und die Kontrolle der Abweichung, indem, sinnbildlich gesprochen, vor jede Tür ein Polizist gestellt wird. Gleichzeitig wird eine hoch projektiv aufgeladene Bedrohung konstruiert. Diese wird seit einigen Jahren im Islam verortet, entweder als Gefahr von außen in Form eines islamischen Terrorismus oder als kulturelle Überfremdung durch Zuwanderung (vgl. Kap. 2.4). Auf die daraus resultierenden Sicherheitsbedürfnisse reagierend, werden die sicherheitspolitische Instrumente geschärft (Scherr 1999, 24). Einen Eindruck dieser Konstruktion vom bedrohlichen Fremden gewährt die Bezeichnung »Ausländerextremismus« in den Berichten der Verfassungsschutzämter. Migranten und Migrantinnen tauchen hier nicht wie autochthone Deutsche als rechts- oder linksextrem, also irgendwie als politisch motivierte Gewalttäter auf, sondern qua Begriff als ausländisch motivierte Gewalttäter. Vor diesem Hintergrund kann die verzerrte mediale Wahrnehmung des NSU-Terrors als »Döner-Morde« auch nicht verwundern.

Die Sicherheitsgesellschaft antwortet damit auf die durch die Entgrenzung und Beschleunigung der Moderne produzierten Bedürfnisse – im festen Glauben daran, dass dies und nicht die herkömmliche sozialpolitische Einhegung das effizientere Mittel ist. Gleichzeitig reproduziert sie dabei diese Bedürfnisse und schafft die Notwendigkeit neuer Probleme.

2.3 Wo ist der Ort der Demokratie?
Legitimation und Partizipation

Am 21. Juni 2012 berichtete die FRANKFURTER ALLGEMEINE ZEITUNG über ein Urteil des Bundesverfassungsgerichts. Von Angehörigen des Bundestages angerufen, weil sie sich bei der Entscheidungsfindung während der europäischen Staatsschuldenkrise übergangen sahen, stellte das Gericht fest: »Der Bundestag sei (...) immer wieder um seine Mitwirkungsrechte gebracht worden und vor vollendete Tatsachen gestellt worden« (FAZ vom 21.6.2012, 29). Wenn Habermas Anfang der 1970er-Jahre bündig bemerkte, »(...) daß die Entscheidungen der Administration weitgehend unabhängig von bestimmten Motiven der Staatsbürger gefällt werden können«, dann ist jetzt wohl zu ergänzen: die Entscheidungen sind auch unabhängig von den Motiven der Parlamentsvertreter. Aber ein demokratischer Staat kann natürlich nicht vollständig auf die Legitimierung von Entscheidungen verzichten. Daher müssen andere Wege gefunden werden – und sie haben sich gefunden. Legitimation wird durch »inhaltlich diffuse Massenloyalität beschafft, aber Partizipation (vermieden).« In der »entpolitisierten Öffentlichkeit« (alle Zitate: Habermas 1973, 55) fände sich Legitimation durch Teilhabe am Konsum und an wirtschaftlicher Größe.

Die Performanz der Demokratie

Selbst wenn die Legitimation nicht mehr über Konsum beschafft werden kann, bleibt die Absicherung durch demokratische Prozesse aus. Grundsätzlich wären zwei demokratische Wege zur Legitimationssicherung möglich: input- und output-orientierte Legitimation (Scharpf 1999). Legitimation wird in dieser »empirischen« Lesart von Demokratie abhängig von ihrer Performanz, nicht von ihrer formalen Korrektheit und normativen Erwünschtheit analysiert (Buchstein 2011, 204). Einerseits müssen Regierungen für die Input-Legitimation in einer (möglichst plausiblen) Form den Willen der Bevölkerung umsetzen. Damit legitimieren die gewählten Vertreter/innen nicht nur ihre Wiederwahl, sondern auch das politische System selbst. Andererseits werden Politiker/innen in der Output-Dimension für die (ihnen zugeschriebenen) Ergebnisse ihrer Politik verantwortlich gemacht, obwohl diese meist aus der Verwaltung stammen. Das konnte lange gut gehen, weil für Output gesorgt war, und zwar in Form von Teilhabe an der wirtschaftlichen Macht: identifikatorisch durch Zugehörigkeit zur Nation und konkret durch Konsummöglichkeiten. Zwar zeichnete sich auch schon mit dem Ende des Fordismus ab, dass die Output-Legitimation nicht alle Menschen auf Dauer und in gleichem Maße integrieren kann, aber die in mehrfachem Sinne konservativen 1980er-Jahre der Regierung Kohl bauten weiter auf diese Basis. Das wurde ihr durch entsprechende Wahlerfolge gedankt. Dass die gegenwärtige Gesellschaft diese Art von Legitimation nicht (mehr) in ausreichendem Maße erbringen kann und dabei nur noch formal funktionsfähig ist, normativ und empirisch jedoch versagt, war schon absehbar: »(...) (D)ie eklatante Brüchigkeit ehemals funktionierender Legitimationsideologien (Wachstum und ›Wohlstand für alle‹) erzeugen (...) eine grundlegende, strukturelle Labilität des gesamten Herrschaftssystems (...)« (Hirsch 1980, 27). Heute ist das Problem manifest. Die nationalen Regierungen schaffen es aufgrund der transnationalen politischen und wirtschaftlichen Verflechtungen kaum noch, Input-Legitimation herzustellen. Sinkende Steuereinnahmen und stagnierende Löhne machen es zudem schwieriger, einen wenigstens zufriedenstellenden Output zu erzeugen. Das ist das Dilemma der Demokratien nicht nur in Griechenland und Spanien.

Die Abbildung dieser Entwicklung mündet in die Beschreibung einer »postdemokratischen Gesellschaft«. Den Anlass für den Begriff »Postdemokratie« liefert die bereits referierte Beobachtung, dass die grundsätzlichen Versprechen der Demokratie nicht mehr eingelöst werden – weder die Partizipationsgleichheit, noch die Effektivität der Beteiligung (Jörke 2006). Es werden zwar Wahlen abgehalten, die aber laufen nach dem immer gleichen Muster hoch professionell veranstalteter Spektakel ab. PR-Teams lancieren die Themen öffentlicher Debatten, die von den Bürger/innen dann passiv konsumiert werden (Crouch 2008, 10). Auch wenn das sehr zugespitzt erscheint, falsch ist es nicht. Das beschriebene Phänomen ist allerdings nicht neu. Auch griffe es zu kurz, hierfür sinistere Hinterzimmer verantwortlich zu machen, denn mit großer Wahrscheinlichkeit haben selbst die professionellsten PR-Teams die Dynamik des Spektakels nicht wirklich unter Kontrolle. Für Guy Debord war auch die Verwandlung der Partizipation in ihr Surrogat, nämlich in ein Spektakel, absehbar (Debord 1967). Und er ahnte, dass die Systemlegitimation nach dem Ende des Konsums eine paradoxe Konsequenz haben würde: Sie machte den

Konsum total. Eine »Gesellschaft des Spektakels« sei eine Gesellschaft der vergötzten Wirtschaft, auch wenn der Konsum nicht mehr allen offen steht. Was auch immer im Einzelnen von seinen Verweisen auf einen Götzendienst und religiöse Kulte zu halten ist, eines ist unzweifelhaft: Die modernen Medien sind in eine Ökonomie eingebunden, die der gesellschaftlichen Öffentlichkeit an den Lebensnerv geht. Bedenkt man, wie ähnlich sich Werbung und Wahlkampfpropaganda sind, wird die Entpolitisierung, die zeitgleich stattfindet, zumindest in den parteipolitischen Auseinandersetzungen deutlich (Hirsch 1980, 29).

Bevor wir auf die mediale Öffentlichkeit zurückkommen, soll es zunächst um die demokratische Performance gehen. Alles andere als irrelevant ist nämlich, dass die »Möglichkeit, daß sich Politisierungsimpulse außerhalb der politischen Apparate des bürgerlichen Staates entfalten«, weiterhin besteht (ebd.). Nur wird diese Möglichkeit selten genutzt. Der »unpolitische« Zustand der Wahlkämpfe findet seine Entsprechung in der sogenannten Politikverdrossenheit der Bevölkerung. Erstaunlich ist, dass sich die Legitimationskrise eher als diffuse Abwendung von der Demokratie äußert, insbesondere bestimmter Schichten und Milieus (z.B. abhängig vom Bildungsgrad, vgl. Hadjar & Becker 2009), und nicht als Protest gegen diese Art, regiert zu werden. In den bisherigen »Mitte«-Studien hat sich wiederholt gezeigt, dass die Demokratie von einem großen Teil der Bevölkerung nicht gelebt und nicht als Teil der eigenen Lebensrealität verstanden wird. Vielmehr wird das »Unwissen darüber sichtbar, dass eine Teilhabe an der gesellschaftlichen Entscheidungsfindung integraler Bestandteil der Demokratie ist und möglich wäre« (Decker et al. 2008, 315f.). Diese eher demokratieferne als demokratiefeindliche Einstellung geht oft mit vulgären Elitetheorien bis hin zum Wunsch nach einem »starken Führer« einher.

Im ersten Moment stehen diesem Befund die Neuen Sozialen Bewegungen der 1980er-Jahre entgegen, die ja sogar einen expansiven Politikbegriff implizieren (Offe 1995). Auch das durchaus vorhandene politische Engagement in den politischen und wirtschaftlichen Krisen der letzten Jahre spricht dagegen, wenngleich es in New York, Madrid und Tel Aviv sichtbarer geworden ist als in den urbanen Zentren der Bundesrepublik. Doch auch hier belegen Stuttgart 21, der Atomausstieg oder die Aufsplitterung der Parteienlandschaft den Partizipationswillen zumindest von Teilen der Bevölkerung. Immer wieder entstehen Wellen der Politisierung, und der Ruf nach mehr politischen Partizipations*möglichkeiten* ist periodisch vernehmbar. Diese Möglichkeiten allein machen aber noch keine Demokratie. Wie alle »Verdrossenheits-Begriffe« bezeichnet die Formulierung von der Politikverdrossenheit der Bürger lediglich »negative Einstellungen der Bürger gegenüber politischen Objekten und Handlungen« (Arzheimer 2002, 177), mehr aber auch nicht. Deshalb ist bei Gegenmaßnahmen Vorsicht geboten. Die Rede von der Politikverdrossenheit, die sowohl die Unzufriedenen, die politisch Aktiven als auch die entpolitisierte Öffentlichkeit in einen Topf wirft, und die Forderung nach mehr Beteiligungsmöglichkeiten sind beide gleichermaßen unscharf.

Klären wir zunächst die Bedeutung des Wortes Partizipation: Es schließt die passive Teilhabe (wir können dies im Sinne der Output-Legitimation verstehen) genauso mit ein wie die aktive Teilnahme (Input-Legitimation) (Fach 2004, 197). Partizipation wird meist als »Mitbestimmen«, also aktive Teilnahme verstanden. Insofern ersetzt die Teilhabe, besonders wenn sie nicht ausreichend gewährleistet werden kann, die Teilnahme nur bis zu einem gewissen Grad. Neue Mitbestimmungsformen haben oft eine konträre Wirkung. Vielleicht versteht man sie besser, wenn sie als neue Regierungsstile beschrieben werden: »Die direkte, lineare (›autoritative‹) Verhaltenssteuerung weicht einer indirekten, komplexen (›suggestiven‹), deren Ideal *Empowerment* heißt« (ebd., 201). Zahllose Runde Tische, Beteiligungsforen und E-Petitionen bleiben subjektiv (die politische Deprivation hält an) und objektiv (die tatsächlichen Einflussmöglichkeiten bleiben begrenzt) hinter den Erwartungen zurück, die sich hinsichtlich der Mobilisierung zivilgesellschaftlichen Engagements und der weiteren Demokratisierung des politischen Systems daran knüpfen. Dennoch ist es völlig richtig, auf mangelnde Partizipationsmöglichkeiten und undemokratische Entscheidungswege hinzuweisen und auf ihre Demokratisierung zu drängen, denn allzu oft gilt: »Die Bürgerrechte müssen an der Garderobe zum Arbeitsplatz abgegeben werden und bleiben insofern ›leer‹« (Beck 1986, 81). Dasselbe gilt für Schulen, Universitäten oder Krankenhäuser. Wo auch immer die Menschen ihr Leben verbringen, demokratisch verfasst im Sinne einer aktiven Teilnahme oder Teilhabe sind diese Einrichtungen üblicherweise nicht.

Das Problem wäre durch die Steigerung von Partizipationsmöglichkeiten allein nicht zu lösen, vor allem müssten die bestehenden demokratischen

Elemente selbst und der dahinter stehende Politikbegriff überprüft werden. »Die Verfahren der Wahl bleiben wie das Plebiszit der homogenisierenden Logik des Kollektivs zugehörig und können dem Dissens als Teil einer pluralen Politik keinen Eigensinn geben« (Meyer 2011, 29). Der solcherart ermittelte allgemeine Wille der Mehrheitsdemokratie läuft immer Gefahr, »despotisch« als ›gemeiner‹ Wille die »Autonomie des Individuums« zu bedrohen (Beck 1996, 77). Demokratisierung muss sich am Individuum orientieren, vielleicht mit einer »republikanischen Staatsform«, die nicht von einer »Einheit aus(geht), sondern von einer unaufhebbaren Vielfalt« (Beck 1996, 77), vielleicht mit einer »dialogischen Demokratie«, die mit der »Anerkennung der Authentizität des anderen« und mit der »Bereitschaft, dessen Ansichten und Ideen in einem wechselseitigen Prozeß anzuhören und zu diskutieren« einhergeht (Giddens 1994, 193). Auch wenn das grundsätzlich zu begrüßen wäre, ist wieder eine Problemanzeige geboten: Voraussetzung für eine »dialogische Demokratie« ist eine demokratische Öffentlichkeit, um die es womöglich nicht gut bestellt ist.

Strukturwandel der Öffentlichkeit

Die aktive Willens- und Meinungsbildung gehört zur Demokratie wie die Luft zum Atmen. So wie der menschliche Körper auf die Zufuhr von Sauerstoff, ist die demokratische Gesellschaft zuallererst auf die Aufmerksamkeit ihrer Mitglieder angewiesen. Für den menschlichen Organismus gilt: Wird die Luft knapp, droht dem Organismus der Tod. Sowohl das Parlament als auch die Justiz brauchen Ventilation, sprich Aufmerksamkeit oder »Kontrolle durch öffentliche Meinung« (Habermas 1962, 154f.). Die Öffentlichkeit ist das Lebenselixier der demokratischen Gesellschaft. Das war der Grund, weswegen die Väter und Mütter des Grundgesetzes den Organen der öffentlichen Meinung mit der Pressefreiheit Verfassungsrang gegeben haben. Wohlgemerkt, die demokratische Öffentlichkeit ist nicht identisch mit der medialen Öffentlichkeit, also mit Zeitungen, Zeitschriften, Fernsehen und Rundfunk; erstere hat in den letzteren ihr Organ, in denen sie zu sich selbst kommen kann. Aber eine Zeitung macht so wenig eine demokratische Öffentlichkeit wie die sprichwörtliche Schwalbe einen Sommer.

Durch die Französischen Revolution zog erstmals eine Form der Öffentlichkeit in die europäischen Gesellschaften ein. Mit der sich etablierenden »bürgerlichen Öffentlichkeit« wurde die »Wissensstreuung und Wissensvermittlung ein Politikum« (Bergeron, Furet & Koselleck 1969, 299). Es war ein einschneidender Wechsel, als sich das Organisationsprinzip des demokratischen Staates an der hellenischen Agora zu orientieren begann. Dort hatte sich Öffentlichkeit im »gemeinsamen Gespräch konstituiert« und das »gemeinsame Tun« war hier vorbereitet worden (Habermas 1962, 56). Zweifellos ist dieses Ideal bürgerlicher Gesellschaft immer wieder an der Realität gescheitert. Dasselbe passiert heute immer dann, wenn sich partikulare Interessen auf Kosten der demokratischen Meinungsbildung durchsetzen, weil Macht und Wille zusammenkommen. Ganz klassisch wird damit aus der Meinung der Herrschenden die herrschende Meinung. Das aber ist nicht das hier zu verhandelnde Problem, auch wenn es sich durch die Konzentration im Medienmarkt aufdrängt. Viel wichtiger ist uns die veränderte Funktion von Öffentlichkeit in der gegenwärtigen Gesellschaft. Die Demokratie leidet sozusagen unter mangelnder Sauerstoffversorgung. Die spärliche Wirkung der Öffentlichkeit aber geht nicht allein auf die partikularen Interessen zurück, die als allgemeine ausgegeben werden, sondern vielmehr auf mangelnde Aufmerksamkeit. »(W)ährend sich ihre Sphäre immer großartiger erweitert, wird ihre Funktion immer kraftloser« (ebd., 57).

Die Öffentlichkeit kann als schwindsüchtig und gleichzeitig hypertroph charakterisiert werden. Bis vor einigen Jahren galt das Fernsehen als Ursache für diesen Zustand und der Verlust des lesenden, informierten Publikums als Folge. Aber, wie es bei Habermas heißt, »(d)er Strukturwandel der Öffentlichkeit (ist) eingebettet in die Transformation von Staat und Ökonomie« (Habermas 1990, 21). Möglicherweise hat er noch in einem ganz anderen, unbeabsichtigten Sinne recht, denn wenn die kapitalistische Entwicklungslogik selbst der Dynamik einer sich überholenden Moderne geschuldet ist, dann hängt der Strukturwandel der Öffentlichkeit am selben Faden wie die Transformation der Ökonomie und des Staates. Das lässt sich am besten an der weiteren Entwicklung des Mediums zeigen, dessen Wirkung auf die Öffentlichkeit Habermas nach der ersten Hälfte des 20. Jahrhunderts beschrieb: das Fernsehen.

Die Einführung des Privatfernsehens in den 1980er-Jahren illustriert eine lange Entwicklung, die heute ihren Höhepunkt erfährt. Bis zu diesem Zeitpunkt war die Anzahl der in Westdeutschland verfügbaren Fernsehprogramme überschaubar, und alle Programme waren öffentlich-rechtlich, also als staatliche Rundfunkanstalten betrieben. In der Ära der Regierung Kohl bekamen sie Konkurrenz, denn mit Beginn der Deregulierung trat das Privatfernsehen seinen Siegeszug an. Privat war es vor allem in einem klassischen Sinne: Die privaten Betreiber waren auf Gewinn orientiert. Während die öffentlich-rechtlichen Rundfunkanstalten einen ausdrücklichen Bildungsauftrag hatten und noch immer haben und dafür aus Gebühren alimentiert werden, sieht die Lage für die Privatsender anders aus. Sie finanzieren ihr Angebot aus Werbeeinnahmen – das ist ihr eigentliches Geschäftsmodell. Möglichst rund um die Uhr werden Filme, Talkshows, Serien und Fußballspiele ausgestrahlt, nur um sie mit Werbung umrahmen zu können. Damit hat sich ein grundlegender Wechsel im Verhältnis zwischen Fernsehzuschauer und Fernsehproduzent vollzogen. Hatten die Rundfunkanstalten bis dahin versucht, die Zuschauer/innen durch Nachrichten, Berichterstattungen oder Unterhaltung an sich zu binden, wurden die Zuschauenden nun zu den Produkten, die verkauft werden. Präziser muss man wohl sagen: Die Aufmerksamkeit der Fernsehzuschauer ist das Produkt, das die privaten Fernsehsender verkaufen. Möglichst viel Aufmerksamkeit zu binden, darauf zielt das Programm um die Werbung herum. Dass die Werbung das Geschäftsfeld ist und die Zuschauer das angebotene Gut, kann aber am Sendeinhalt nicht spurlos vorbeigehen.

Erstaunlich daran ist, dass dieser Wandel kaum ins Bewusstsein der Teilnehmenden gedrungen ist. Schließlich sind es nicht nur die Fernsehzuschauer, auch die Zeitungsleser werden als Produkt am Kiosk verkauft. Während sich Nachfrager und Anbieter zumindest idealiter auf einem Markt als gleichberechtigte Vertragspartner begegnen, trifft das auf ein Medium, welches um die Aufmerksamkeit für die Werbung buhlt, nicht mehr zu. Deswegen wird »für die Maximierung ihres Absatzes mit einer Entpolitisierung des Inhalts bezahlt« (Habermas 1962, 159), was der Überbringung einer Todesnachricht gleicht. »Das klassische Konfliktmuster der industriellen Moderne, die Auseinandersetzung zwischen mehr oder weniger stabilen Interessensgruppen, wird abgelöst durch eine themenzentrierte, an der massenmedialen Öffentlichkeit orientierte, vagabundierende Konfliktbereitschaft« (Lau 1991, 374). Das mag zu »psychologischer Erleichterung« führen, aber die Konsequenz ist letztlich die »Destruktion der Öffentlichkeit«; viel hat das mit der Übersetzung von Schrift in Bild und Ton zu tun (Habermas 1962, 258f.), wenig aber mit dem Wohlfühlfaktor solcherart daherkommender Medienereignisse. Vielleicht können sie die Aufmerksamkeit gerade deshalb binden, weil sie schockhaft einbrechen (Türcke 2002), so wie die Moderne als Prozess schockhaft ist.

Schon von Anfang der modernen Gesellschaft an ist das Buhlen um Aufmerksamkeit zur Vergrößerung von Marktanteilen keinesfalls fremd. Die Organe der bürgerlichen Öffentlichkeit, etwa Bücher und Enzyklopädien, Zeitungen und Zeitschriften, waren ja längst marktgebunden. Hohe Auflagen garantierten hohe Einnahmen, auch als es das Fernsehen noch nicht gab. Mehr noch, seit die bürgerliche Öffentlichkeit in Erscheinung trat, tat sie dies als Teil eines Marktgeschehens. Noch bevor überhaupt von Zeitungen die Rede sein konnte, entwickelten sich ihre Vorläufer als Zutat des Tauschs. Die Nachrichtendepeschen waren zunächst integraler Bestandteil des Handels; als Kaufmannsbriefe zwischen den Kontoren waren sie Ingrediens und Voraussetzung des Warenverkehrs des frühkapitalistischen Fernhandels (ebd., 70). Mit der Ausdehnung des Handels wurde es für die Kaufleute in den Städten essenziell, auch über weit entfernte Ereignisse informiert zu sein. Aus diesem Grunde begannen die »großen Handelsstädte (...) zugleich Zentren des Nachrichtenverkehrs« zu werden (ebd., 71). Was allerdings fehlte, war die Öffentlichkeit, denn diese Nachrichten wurden nicht im heutigen Sinne *publiziert*. Sie waren eine Privatangelegenheit wie alles im Hause des Kaufmanns – also gerade *nicht publik* – und dienten der Absicherung des Warenverkehrs im Fernhandel. Da diese Nachrichten aber nicht nur für einen, sondern für viele von Interesse waren, lag der Schritt nahe, sie zu bündeln und zu veröffentlichen.

Einmal an die Öffentlichkeit getreten, mussten die Zeitungen vor allem eines verkaufen: Nachrichten. Jetzt waren sie nicht mehr bloße Bedingung des Handels, sondern selbst ein Handelsgut und doch mussten sie denselben Zweck erfüllen wie vorher die Depesche zwischen den Kontoren. Unterrichtete eine Quelle gut – gemessen am Bedarf des Nachfragers – wurde sie gekauft. Die Nachrichten wurden zur Ware, die von den Zeitungen einer Öffentlichkeit angeboten wurde, die sich dadurch erst konstituierte. Das Publikum der Zeitungen begann nämlich damit, die Informationen nicht nur zur Absicherung der Geschäfte nachzufragen, vielmehr wurde das neue Medium als Möglichkeit der Verständigung zwischen den Untertanen und der Obrigkeit wahrgenommen (ebd., 82). Zugleich ließ es die Idee entstehen, dass »eine politische Wahrheit nur partiell sein könne« und rief damit die »Parteiungen« ins Leben (Bergeron, Furet & Koselleck

1969, 300), die nicht mehr ein (fiktives) nationales Interesse, sondern unterschiedliche Interessen im Gemeinwesen vertraten.

Mit der Expansion der Medien tat sich bereits im 19. Jahrhundert ein Problem auf. Es ging schon hier »mit der Demokratisierung des Empfängerkreises (...) auch eine Kommerzialisierung einher« (ebd., 299). Je breiter die Masse des Publikums, das angesprochen werden konnte, desto höher die Auflage und der Gewinn der Unternehmung. So begannen die Zeitungen bald, die Meinungsbildung zu verstärken und zu beschränken.

Noch etwas anderes kam hinzu. Neben der gesteigerten Kommodifikation spielte sich eine andere grundlegende Veränderung ab. Hierbei handelt es sich um eine tatsächlich sozialpsychologische Dimension, die sich am ehesten erschließt, wenn man berücksichtigt, dass zur Öffentlichkeit notwendigerweise ihr Gegenteil, das Private, gehört. Das ist nicht allein im Sinne eines logischen Begriffspaares gemeint, sondern als Voraussetzung. Die Bedingung für eine Öffentlichkeit als demokratische Agora ist, dass die Individuen auf diesem Platz auch als Individuen auftreten. Das ist alles andere als trivial und muss richtig verstanden werden. Denn auch, wenn Individuen seit Jahrhunderten »Ich« sagen, bezeichnet haben sie damit immer etwas anderes. Um »Ich« sagen zu können, ohne zu lügen, also autonom einen Willen zu formulieren, als den eigenen zu benennen und ihn in Relation zu einem anderen setzen zu können, dafür mussten erst die Grundlagen gelegt werden. Erst mit dem Individuum erhält die »dialogische Demokratie« ihre Basis. Dieses Fundament muss bei jedem Menschen durch die Sozialisation aufs Neue gelegt werden. Natürlich wird der Mensch ein ganzes Leben lang vergesellschaftet. Aber dass die ersten Lebensjahre besonders wichtig sind, kann aus guten Gründen angenommen werden. Kinder wurden lange Zeit vornehmlich in der Familie sozialisiert, die damit Gegenpol der Öffentlichkeit und zugleich ihre Voraussetzung wurde (Habermas 1962, 55). Deshalb spielte die Familie eine zentrale Rolle und deshalb wurde bereits früh der Bedeutungsverlust der bürgerlichen Familie beklagt. Niemand wird die miefige, durch patriarchale Verhältnisse gekennzeichnete Familienstruktur des 19. Jahrhunderts vermissen, aber sie gewährleistete immerhin die Erfahrung einer privaten und einer öffentlichen Sphäre, von partikularen und von allgemeinen Interessen – kurz: den Erwerb relativer Autonomie. Die heutige Familienstruktur ist glücklicherweise nicht mehr durch strenge Hierarchien geprägt, doch gleichzeitig ist es für die Kinder schwerer geworden, ein »Ich«

herauszubilden. Die Medien gehören nicht mehr zur Umwelt der Familie, zu der schrittweise Kontakt aufgenommen wird, sondern sie sind selbst Familienmitglieder geworden, wie umgekehrt die Eltern in der Familie nicht mehr autonom agieren, sondern selbst den regulierenden Kräften der Gesellschaft unterworfen sind (Marcuse 1963). So können die gesellschaftlichen Forderungen ganz unmittelbar in die Familie durchschlagen, was sich zum Beispiel an den zunehmenden Überforderungsgefühlen der Kinder zeigt (Decker et al. 2012a).

Die Funktion, welche die Öffentlichkeit wahrgenommen hat – das öffentliche Wägen und Abwägen – setzt private Erfahrungen und das Bewusstsein privater Interessen voraus (Habermas 1962, 87), mit denen die Rationalität politischer Entscheidungen, »die Rationalität politischer Herrschaft«, abgeglichen werden kann (ebd., 273), mit denen also überhaupt erst überprüft werden kann, *wessen* Rationalität hinter einer politischen Entscheidung steht. Noch vor Guy Debord stellte auch Habermas fest, dass Öffentlichkeit vollends in die »Gestalt eines Konsumgutes« verwandelt worden ist (ebd., 252). Es ist nicht von der Hand zu weisen, dass es einen Zusammenhang zwischen den im Kapitel 2.2 dargestellten Legitimationsproblemen und dem Abbau der Öffentlichkeit gibt. Dass nicht mehr von partikularen Interessen, sondern von einem nationalen oder Standortinteresse die Rede ist, das ist auch ein »notwendig falsches Bewußtsein« – Habermas verwendet hier die berühmte Formulierung Marx' – welches den Legitimationsbedarf der politischen Herrschaft auf Residuen der Akklamation beschränkt (ebd., 202). Aber darin geht die Entwicklung nicht auf. So wenig sich die individuelle Psyche allein als Bewusstseinsphänomen verstehen lässt, so wenig gilt dies für ein sozialpsychologisches Verständnis des Geschehens: Es ist nicht nur »notwendig falsches *Bewußtsein*«, sondern auch *Unbewusstes* am Werk.

AUFMERKSAMKEITSÖKONOMIE

Sind unbewusste und verdrängte Inhalte im Individuum wirkmächtig, erkennen wir eine Parallele zum Prozess der Moderne. Das Verdrängte will sich Geltung verschaffen, kommt aber nicht in seiner ureigenen Gestalt zum Vorschein. Stattdessen drängt es zu beständiger Wiederholung, deren Sinn und Zweck dem Individuum selbst nicht so ganz klar werden will. Bei Kollektiven verhält es sich etwas anders. Massen haben keine Psyche.

Aber sie setzen sich aus Einzelindividuen zusammen, die sich miteinander und mit einem gemeinsamen Ideal identifizieren. Diese Massen können dann sehr wohl an ein und demselben unbewussten Wunsch laborieren. Insofern Abgesunkenes aus dem »kollektiven Gedächtnis« (Giddens 1994, 124) wieder aufsteigt, verhält es sich ähnlich wie beim Individuum: Es kommt zu »zwanghafter Wiederholung« (ebd., 132) und »suchthaftem Verhalten« (ebd., 129). Überhaupt zeigt sich der »obsessionelle Charakter der Moderne« in dieser »Zwanghaftigkeit« als »Kehrseite der ›kognitiven Revolution‹« (ebd., 132). Und so wird mehr als nur das Individuelle sichtbar.

Doch was steckt hinter dem Verlust an demokratischer Öffentlichkeit und Aufmerksamkeit? Bekannt ist schon, dass die ökonomischen Zwänge den Wechsel vom »Zurechtmachen von brisanten Ereignissen« zum »Brisantmachen von Ereignissen« geführt haben (Türcke 2002, 15). Die Bildschirme, zunächst die des Fernsehens und dann die tausendfach präsenteren der Computer und Smart-Phones, sind, ihrer Wirkung wegen, eine Zäsur ungeahnten Ausmaßes (ebd., 16). Anders als die Schriftzeichen des Buches oder der Tageszeitung, schießen die Bilder unmittelbar in den Sinnesapparat des Betrachters ein. Welche Faszination bereits von der Fotografie ausgeht, zeigt sich zum Beispiel daran, dass das erste solcherart geschossene Bild aus dem Jahr 1828 im Sommer 2012 in Mannheim ausgestellt wurde. Bei einer Belichtungszeit von mehr als acht Stunden trifft es die Formulierung »schießen« bei diesem ersten chemischen Abbild wohl nicht ganz, aber »Fotos werden geschossen«. Diese umgangssprachliche Wendung gibt etwas von der gewaltvollen Sinnesqualität wieder, selbst eines fast 200 Jahre alten Bildes, auf dem fast nichts zu erkennen ist. Fotos werden also geschossen und sie schießen auch in den Sinnesapparat des Betrachters ein, mit einer viel größeren Wucht und Unmittelbarkeit, als es Schrift je gekonnt hätte. Es ist schwierig, sich der Wirkung von Fotografien zu entziehen. Dieser Imperativ der Bilder wohnte ihnen auch dann noch inne, nachdem sie »laufen lernten«, nachdem sie als bewegte Bilder imponierten, die doch nur die unglaublich beschleunigte Aneinanderreihung von Einzelbildern sind. Der Druck der Moderne, die sich stets selbst überholt, war den Presseerzeugnissen eingeschrieben, und das Fernsehen verriet, dass es in derselben Logik stand. Nun, da die Bildschirme omnipräsent geworden sind – Tablet-PCs und Smart-Phones sind auch mobile Bildschirme – ist der Imperativ des Bildes gewissermaßen genauso auf

Dauer gestellt. »Aber erst, wenn der Nachrichtenhochdruck der Massenmedien in einen Sendezwang aller Individuen übergeht, bekommt sie den Status einer allgemeinen Existenzbedingung« (ebd., 44). Das »unternehmerische Selbst«, mit eigenen Bildschirmen (wie Smart-Phone und Laptop) prothetisiert, sendet und empfängt in der deregulierten Gesellschaft im Dauerbetrieb.

Unter dem »audiovisuellen Trommelfeuer« (ebd., 67) des ständigen Imperatives »Hierher gesehen!« droht der Betrachter abzustumpfen. Nicht mehr nur allein die professionellen Anbieter von Nachrichten versuchen mit dem Dauerruf »Sieh hierher!« Aufmerksamkeit zu erheischen. Im Internet ist das bereits beschriebene Geschäftsmodell in neuer Form wieder aufgelegt worden. Bannerwerbung ist nun schon fast von gestern. Um die Aufmerksamkeit der Nutzer auf sich zu ziehen, bedarf es deutlich mehr, nämlich personalisierte Werbung. »Das-könnte-Ihnen-auch-gefallen«- und »Kunden,-die-dieses-Produkt-gekauft-haben,-kauften-auch«-Hinweise sollen der Abstumpfung begegnen und erhöhen gleichzeitig die Frequenz der Sensationen. Handreichungen von Marketingfachleuten – »Getting the Attention You Need« (Davenport & Beck 2000) – lösen das Problem immer nur kurzzeitig und durch Intensivierung der einstürzenden Reize. Das Trommelfeuer geht an den Adressaten nicht spurlos vorbei. Sie werden selbst unter Sendezwang gestellt, und ihre Freundesliste bei Facebook wird zur Rückversicherung der ihnen zugeteilten Aufmerksamkeit – und damit ihrer eigenen Existenz. Wahrscheinlich deshalb kümmert die Nutzer der Angebote von Facebook der Datenschutz so wenig wie ihre Existenz als Produkt. Das Portal bietet im Gegenzug etwas, was dringend gebraucht wird: die Möglichkeit zu senden und sich der Aufmerksamkeit anderer zu vergewissern (Decker & Grave 2011).

Nachdem nun auch die einzelnen Gesellschaftsmitglieder ihre Existenz daran koppeln, wahrgenommen zu werden (Türcke 2002), ist es nicht falsch, von einer »Aufmerksamkeitsökonomie« zu sprechen und dieser den Status einer neuen Währung zuzubilligen (Franck 1989). Vor allem kommt hier das Bewegungsgesetz der sich stets selbst überholenden Moderne zum Tragen. Um Aufmerksamkeit zu binden, muss entweder die Reizgrenze immer weiter herab- oder aber der Reiz heraufgesetzt werden. Es sind nicht nur die Anbieter, die mit ihren Reizen um Aufmerksamkeit buhlen, sondern auch die Konsumenten, die nach dieser Erregung gieren. Kinder, denen eine Aufmerksamkeitsdefizitstörung attestiert wird, sind wahrscheinlich vor allem Symptomträger einer Moderne, die überreizt ist (Türcke 2012). »Ihr Sieg (der industriellen Revolution, die Autoren) über die vormoderne Gesellschaft könnte kaum gründlicher sein, aber er verdammt sie dazu, immer weiter, immer schneller zu siegen. Ihre eigene Umwälzbewegung wird dadurch zu einem dauerhaften Kreisen in sich, die zwanghafte permanente Erneuerung der technischen Geräte und sozialen Beziehungen zum Wiederholungszwang, zu einem Voranschreiten, das gleichwohl auf der Stelle tritt« (ebd., 202f.). Auch wenn die Kulturtheorie Christoph Türckes hier nicht weiter dargestellt werden kann, bleibt die Unsicherheit darüber festzuhalten, wer für ein dauerhaftes und Konzentration forderndes Projekt »dialogischer Demokratie« eigentlich zur Verfügung steht. Wo ist die Agora heute und welche Teilnehmer finden sich auf ihr ein? Welche Möglichkeiten der Partizipation nutzen sie und auf welche Dauer sind ihre Bindungen gestellt? Nur sollte man nicht allzu optimistisch sein, was das Entstehen einer neuen Öffentlichkeit angeht, denn das Buhlen um Aufmerksamkeit macht sich als ihr genaues Gegenteil, als Konzentrationsstörung, bemerkbar. Kein Wunder, dass das Aufmerksamkeitsdefizitsyndrom, kurz: ADS, neben dem Burn-out zur Störung der Gegenwart wird.

Dass die Moderne paradoxerweise in die Vergangenheit verweist und so nicht nur auf der Stelle tritt, macht diese Entwicklung doppelt brisant. »(D)ie Vorwärtsbewegung der modernen Gesellschaft (ist) zugleich rückläufig, ihre permanente Umwälzung auch in dem Sinne aufrührerisch (...), daß sie längst überwundenes Geglaubtes, Abgelagertes, Uraltes wieder aufrührt (...)« (ebd., 203). Die Wiederkehr des Verdrängten vollzieht sich, wie gesagt, nie an derselben Stelle. Aber die Begegnung mit dem Anderen ist immer eine gute Quelle für Informationen über das Eigene. So verhält es sich auch mit der Ausländerfeindlichkeit im Allgemeinen und der Islamfeindschaft im Speziellen.

2.4 Islamfeindschaft und Fundamentalismus

Für das Individuum ist der Wiederholungszwang ein Versuch der Selbstheilung. Aber auch die heilsgeschichtliche Erwartung, die in der Hoffnung der Moderne auf das Morgen zum Tragen kommt, ist ein solcher Versuch. Wie wenig auf diese religiösen Trostmittel verzichtet werden kann, wusste keiner besser als Karl Marx, der gleichzeitig einer der radikalsten Religionskritiker war. Oft aber wird übersehen, mit welcher Empathie er seine Kritik verband. In der Einleitung von »Zur Kritik der Hegelschen Rechtsphilosophie« steht der viel zitierte Satz: »Religion ist das *Opium* des Volkes« (Marx 1844, 378). Dem ist der Halbsatz vorangestellt: »Religion ist der Seufzer der bedrängten Kreatur (...)« (ebd.). Insofern weist die häufig verwendete, falsche Zitierung vom »Opium *für das* Volk« in die falsche Richtung. Der Suchtstoff mag zugeteilt, rationiert und damit als Herrschaftsinstrument eingesetzt werden, aber die Droge befriedigt ein Bedürfnis, welches nicht erst erzeugt werden muss. »Wer Sorgen hat, hat auch Likör«, fasste es Wilhelm Busch und dachte«dabei durchaus daran, dass das Rauschmittel Alkohol die trübsinnige Realität zumindest phasenweise angenehm zu färben versteht. Doch erst die Moderne war es, so wurde Marx bereits zitiert, in der »die Menschen endlich gezwungen sind, ihre Lebensstellung, ihre gegenseitigen Beziehungen mit nüchternen Augen anzusehen« (Marx & Engels 1848, 465). »Die nüchternen Augen«, mit denen die Menschen in der alles erschütternden Moderne »gezwungen sind«, die eigene Lage zu betrachten, ist möglicherweise zu viel – nicht des Guten, sondern des Schlechten: »Was aber, wenn die Betroffenen diesen Zwang nicht aushalten?« (Türcke 2002, 253).

ANOMIE

Die heilsgeschichtlichen Motive der Moderne sind uns in ihrem Zeitregime begegnet, in der Hoffnung auf ein erlösendes Morgen, und damit an einem Ort, wo sie dem eigenen Selbstverständnis nach nichts verloren haben. Denn die moderne Gesellschaft versteht sich als säkular. Die Religionsfreiheit wird zwar garantiert, allerdings ist der Glaube reine Privatsache. Er bietet keinen allgemeingültigen, für alle verfügbaren Referenzrahmen der Welterklärung und Rückversicherung. Welche Wirkung das haben muss, beschrieb der Religionssoziologe Émile Durkheim mit seinem einprägsamen Begriff der Anomie. Anom, so stellte er fest, sei der Zustand einer Gesellschaft, in der die religiösen Normen und Werte ihre Verbindlichkeit eingebüßt haben. Für dieses Phänomen, das er am Ausgang des 19. Jahrhunderts hier in Europa beobachtete, beschrieb er die individuellen Verrechnungskosten. Demnach ist der Selbstmord für den

Einzelnen die letzte Konsequenz aus der Anomie-Erfahrung (Durkheim 1897). So tragisch diese individuelle Folge der Anomie ist, bleibt sie doch in der Gesellschaft ein Randphänomen. Das gilt nicht für alle Folgen der Anomie, die noch für ganz andere Formen »abweichenden Verhaltens« verantwortlich gemacht wird (Merton 1964), nicht zuletzt für Gruppenbezogene Menschenfeindlichkeit (Hüpping 2006), Rechtsextremismus (Rippl & Seipel 2002), Antisemitismus und die Abwertung von Muslimen (Wohlrab-Sahr 2007; Leibold et al. 2012).

Die beiden letzten Konsequenzen aus der Verlusterfahrung eines allgemeinen religiösen Orientierungssystems sind besonders bemerkenswert. Denn ob Islamfeindschaft oder Antisemitismus: Herabgesetzt werden Minderheiten, die als religiös identifiziert werden. Gleichzeitig wird das Eigene aufgewertet, etwa die »christliche Leitkultur« (Wohlrab-Sahr 2007). Doch es schlummert noch mehr hinter einer solchen Abwertung als nur die Aufwertung des Eigenen. Betrachten wir die aktuelle Islamfeindschaft, zum Beispiel die Aussage: »Die hier lebenden Muslime bedrohen unsere Freiheiten und Rechte«. Sie wurde von der Bielefelder Arbeitsgruppe um Wilhelm Heitmeyer und Andreas Zick ihren Probanden in bundesweiten Repräsentativerhebungen vorgelegt (Leibold et al. 2012, 184) und erfuhr über die Jahre zwischen 20% und 40% Zustimmung. Mit der über die Jahre wachsenden Zustimmung in der Bevölkerung wird deutlich, dass die Moderne nicht ganz so anomisch erfahren wird, wie Durkheim meinte. Die moderne Gesellschaft ist womöglich gar nicht so säkular, dass sie die Bedrohung durch Sakrales nicht zu befürchten hätte. Hier wird, in Türckes Worten, etwas *aufgerührt*.

Wohlgemerkt, die Konfliktlinie verläuft zwischen einem Staatsverständnis, das zwischen Religion und Staat trennt und Religionsfreiheit garantiert, auf der einen Seite und der religiösen Begründung der Gesellschaft und des Zusammenlebens in ihr auf der anderen Seite. Hier stehen nicht zwei Möglichkeiten gleichberechtigt nebeneinander. Die Menschenrechte sind entweder universell oder sie sind es nicht, aber wir können sie nicht zerteilen. Interessanterweise kommt das Problem just in dem Moment auf, in dem die universellen Werte nicht mehr der einzige Grund sind, Religion und die religiöse Durchdringung der Gesellschaft zu kritisieren, sondern wenn eine eigene Not hinzutritt: Um sich nicht mit dem Scheitern der verleugneten eigenen heilsgeschichtlichen Erwartungen zu konfrontieren, wird Fremdes projektiv mit Eigenem aufgeladen.

Zunächst scheint es, als hätte das Problem gar nichts mit dem Eigenen zu tun. Immerhin beklagen mehr als die Hälfte der Befragten in einer Untersuchung derselben Bielefelder Forschungsgruppe: »Der Islam ist eine Religion der Intoleranz«, und sogar drei Viertel von ihnen: »Die muslimischen Ansichten über Frauen widersprechen unseren Werten« (Zick, Küpper & Hövermann 2011). Die Rückständigkeit einer Religion, konkret des Islam, wird zum Skandal. Spätestens mit der Zustimmung zu folgender Aussage kommt das einem leichten Kratzen am Lack der Moderne gleich: Knapp 60% der Deutschen würden den »Muslimen die Religionsausübung erheblich einschränken« (Decker & Brähler 2010, 134), wenn sie könnten. Religionsausübung aber ist durch das Grundgesetz geschützt. So schnell gerät man in einen »performativen Widerspruch«, wie es in der Philosophie heißt (Türcke 2003, 11). Oder anders gesagt: So schnell gräbt man sich selbst das Wasser ab.

Natürlich weiß die Forschung schon lange, dass ein guter Teil der Reaktionen mit Fug und Recht als Rassismus gelten kann, als Rassismus im neuen Gewand, der als Kulturalismus bezeichnet wird. Beim Kulturalismus handelt es sich aber um nichts anderes als um Rassismus mit ausgetauschter Begründungsstrategie. Er ist, wenn man so will, weicher geworden (Decker et al. 2012b). Heute ist es nicht mehr die genetische Konstitution, die Menschen rückständig machen und von den Rechten der autochthonen Bevölkerung ausschließen soll. Es ist ihre angebliche Inkompatibilität mit den aufgeklärten Werten und Normen der Gastgesellschaft, welche als kulturelle Rückständigkeit zum Tragen kommt. Seine Wurzeln kann der Kulturalismus aber nicht verbergen, und das Erbe wird sichtbar in der Art und Weise, in der er das Zugeschriebene als unveränderliches Merkmal aller Mitglieder dieser Gruppe zu fixieren versucht.

»Der Fremde«, so schreibt Anthony Giddens mit Bezug auf Robert Michels, »repräsentiert das Unbekannte« (Giddens 1994, 152). Genau hier liegt das Problem: Das Unbekannte pflegt eine ähnliche Beziehung zum Eigenen wie das Unheimliche. Wenn in der Untersuchung von Zick, Küpper und Hövermann (2011) 75% der Aussage zustimmen, die »muslimischen Ansichten über die Frau widersprechen unseren Werten«, sollte uns das stutzig machen. Die Kritik an der mangelnden gesellschaftlichen Emanzipation der Frauen in islamischen Ländern ist mehr als geboten, wenn universelle Menschenrechte überhaupt etwas bedeuten sollen. Aber dass diese Einlassung auch von denen vertreten wird, die sich zum Beispiel in den 1990er-Jahren gegen einen Strafrechtsparagrafen zur Verfolgung der Vergewaltigung in der Ehe aussprachen, also die die universellen Werte nicht zu ihrer Handlungsmaxime machten, das irritiert. Könnte es sein, dass das dem Islam Zugeschriebene zu vertraut ist, um ertragen werden zu können? Nicht die Kritik an voraufgeklärten, religiösen Zuständen ist problematisch, sondern die Aufladung mit Eigenem, Verdrängtem. Die Fremdbeschreibung ist eine verlässliche Informationsquelle über das Eigene, und deshalb soll es im Folgenden darum gehen, Auskunft über Eigenes einzuholen, nämlich über den sakralen Glutkern der modernen Gesellschaft.

Fremde und eigene Kulte

Schon einmal in der Geschichte wurde die kulturelle Rückständigkeit des Außereuropäischen mit Spott und Wut verfolgt – und so die Konfrontation mit der eigenen kultischen Praxis abgewehrt. Zur gleichen Zeit, als die Europäer das Individuum und die Welt entdeckten, machten sie alles Außereuropäische zum Inbegriff der Rückständigkeit. An keinem anderen Begriff lässt sich das besser ablesen als am Fetischbegriff. Fetische und Fetischismen sind heute allerorten zu finden. Im Alltagsgebrauch bezeichnen sie jede mehr oder weniger stark ausgeprägte Obsession; in ihrer engeren Bedeutung verweisen sie meist auf einen sexuellen Kontext. Durch diese Verwendungen ist die Entstehungsgeschichte des Begriffs nicht mehr ohne Weiteres zu erkennen, dabei hat er ursprünglich eine fremde und befremdende rituelle Praxis bezeichnet.

Die ersten europäischen Kolonialherren brachten den Fetisch-Begriff nach Neu-Guinea und von dort wieder zurück nach Europa. Das kann man wörtlich nehmen, denn als der Begriff das erste Mal in der europäischen Literatur auftauchte, war dem Autor nicht mehr geläufig, dass es sich um einen Terminus lateinischen Ursprungs handelte. Der niederländische Handelskaufmann Wilhelm Boßmann schrieb im 18. Jahrhundert einen Reisebericht über seine Erlebnisse in Afrika. Besonders imponierte ihm eine Handlung, die er in Neu-Guinea beobachtet hatte, jenem Land, in dem er als Hauptmann und Kaufmann gleichermaßen sein Glück machte: die Anbetung von Figuren mit Hohlräumen, in die alle möglichen Gegenstände, wie Haare, Knochen und Erde, eingelassen waren. Das seien Fetisch-Kulte, berichtete er fasziniert. Sie erschienen ihm als rückständiger

Aberglaube, der, wie der Begriff für den Kult selbst, nichts mit Europa zu tun hatte. Tatsächlich aber leitet sich das Wort Fetisch vom lateinischen *facere* ab, womit hergestellte Gegenständen gemeint sind. Über den Umweg katholischer Regelwerke zur Verfolgung von Hexerei und Idolatrie gelangte der Fetisch-Begriff über Portugal in die Kolonien. Dort fand er Aufnahme bei den Kolonialisierten, die damit ihr Ritual bezeichneten. Es gilt als gesichert, dass sie gleichzeitig Bestandteile des europäischen Reliquienkultes übernahmen, die von den ersten Missionaren eingeführt wurden, um die »Wilden« von ihrem Aberglauben abzubringen. Zu Instrumenten der Missionierung wurde, was in Europa angebetet wurde: Figuren oder figürliche Darstellungen mit Hohlräumen zur Aufbewahrung von unterschiedlichsten Körperteilen Heiliger. Diese Kultgegenstände der mächtigen Eroberer wurden von den Einheimischen aufgenommen und mit dem eigenen Kult verschmolzen. Die Religionswissenschaft nennt diesen Vorgang, in dem Elemente verschiedener Religionen und Kulte legiert werden, Synkretismus. Doch war es nicht nur die eigene Vergangenheit, die zunächst Boßmann und dann eine lange Kette europäischer Philosophen bis zu Kant und Hegel vor allem das Fremde am Fetischismus wahrnehmen ließ; sondern es war auch die Gegenwart eines eigenen Fetischismus, die diese Abwertung, nun eigentlich Abwehr, auslöste (vgl. ausführlich: Decker 2011).

Der Fetisch-Begriff illustriert also, dass es in Europa lange schon das Fremde brauchte, um das Eigene zu gestalten. Er ist aber auch mit dem Aufgewühlten und Voraufgeklärten der europäischen Moderne aufs Engste verbunden, denn Fetisch und Fetischismus sind zentrale Begriffe des 19. Jahrhunderts (Pietz 1987, 23). Sie dienten dazu, sich von abweichenden und anstößigen Praktiken zu distanzieren, »weil sie Abweichungen von der ›wahren Religion‹ darstellten, oder sei es auch, weil sie gegen die ›Vernunft‹ verstießen. Sie dienten der Abwehr des Anderen, verwiesen damit aber indirekt zugleich auch immer auf ›fetischistische‹ Relikte in der eigenen Kultur« (Kohl 2003, 77). Der Begriff ist so eurozentristisch, so herabsetzend, dass er als Terminus technicus heute aus der Ethnologie verbannt ist. Allerdings wollen wir das Kind nicht mit dem Bade ausschütten, denn Boßmann gibt Auskunft über seine Erfahrungen *und* über seine Reaktion auf das Fremde. An dem, was fremd erscheint, lässt sich etwas über die europäische Gesellschaft in Erfahrung bringen (Bielefeld 1998, 99). Dabei kann die mit Aggression belegte Fremdheit im Sinne Waldenfels' (Waldenfels 1990) als »radikale Fremdheit« verstanden werden. Es ist sowohl fremd als auch eigen, was in diese Fremdheitserfahrung mit einfließt. Wie nah das bedrohliche Fremde tatsächlich ist, erkannte schon Sigmund Freud: »Das Unheimliche ist (...) das ehemals Heimische, Altvertraute« (Freud 1919, 259). Kein Wunder, dass auch Giddens – kaum will er den »Restbestand von geschwächten oder untergegangenen Traditionen« illustrieren (Giddens 1994, 185) – auf Reliquien zu sprechen kommt. Sie sind für ihn »Gedächtnisspuren« jenes »kollektiven Gedächtnisses«, welches es hier zu untersuchen gilt (ebd., 187), wenn man die Moderne und ihre dauerhaften Widergänger Antisemitismus, Rassismus und Nationalismus verstehen will. »Als Reliquien waren (und sind) bestimmte Relikte in religiösen Traditionen weit verbreitet (...)« (ebd.). Nur ob es sich um »abgestorbene Vergangenheit« handelt, wie Giddens vermutet, kann arg bezweifelt werden. Es ist eine Vergangenheit mit unabweisbarer Aktualität.

Warenfetisch und sexueller Fetisch

Wie wir gesehen haben ist der Begriff *Fetisch* als ethnologischer Begriff vollends diskreditiert. Dennoch kommt dem Fetischismus zur Kennzeichnung des Eigenen und Abgewehrten einige Bedeutung zu. Ausgerechnet bei Karl Marx und ausgerechnet zur Analyse der kapitalistischen Ökonomie taucht der Begriff wieder auf. Für Marx steht nicht mehr der »Wilde« im Zentrum einer kolonialen Polemik, sondern er hält, bildlich gesprochen, der europäischen Gesellschaft den Spiegel vor. Damit zeigt er, dass sich die hiesige gesellschaftliche Praxis in nichts von den kultischen Sitten der »Wilden« unterscheidet. Diente der Fetisch europäischen Autoren seit Boßmann dazu, das grundlegend Andere, das unaufgeklärte Fremde, zu bezeichnen und sich damit des befremdenden Eigenen zu entledigen, stellt Marx ihn in die Mitte der scheinbar so aufgeklärten Gesellschaft.

Marx macht mit der Erkenntnis Ernst, dass der Fetischismus nicht in den Kolonien, sondern in Europa zu untersuchen sei. Im ersten Band seines dreibändigen Werks »Das Kapital. Kritik der politischen Ökonomie« unterzieht er die kapitalistische Produktionsweise (Marx 1867, 47) einer Analyse. Er beginnt sie mit der Ware, genauso wie er im »Kapital« von der Frage ausgeht, wie der Warenwert eigentlich zustande kommt. Dafür unterscheidet er zwischen Gebrauchs- und Tauschwert, was sich als hilfreich in zweierlei Sinn erweist. Erstens in dem Sinne, der Marx direkt interessiert, nämlich um zu verstehen, wie der Tauschwert zustande kommt. Die Antwort lautet für ihn: durch Betrug, denn der Wert der Ware wird durch den Arbeiter produziert. Der bekommt stets weniger für seine Arbeit bezahlt, als er an Wert produziert hat. Sonst wäre der Kapitalist kein Kapitalist; ihm geht es um die Akkumulation von Kapital – und zwar von immer mehr Kapital. Dinge werden in dieser Gesellschaft einzig zu einem Zweck produziert. Nicht etwa um Bedürfnisse zu befriedigen, diese sind nur das Vehikel, um ein anderes Ziel zu erreichen: Es wird Geld in die Produktion von Gegenständen investiert, damit diese verkauft werden und das investierte Geld mit einem Plus in den Schatz desjenigen zurückfließt, der es investiert hat. Deshalb der Name für diesen Kapitalsammler: Kapitalist. Um nachher mehr zu haben als vorher, muss er aber an irgendeiner Stelle mehr herausnehmen, als er vorher hineingegeben hat. Folglich muss irgendjemand das Quantum weniger bekommen, was der andere als Extra einstreicht. Das ist der Betrug, der Marx umtrieb. Dieser Betrug war aber nicht nur aus der Perspektive der verarmten Bevölkerung skandalös. Sondern er stand eigentlich auch im Widerspruch zum Ideal der modernen Gesellschaft selbst, dass sich Freie und Gleiche begegnen. Und deshalb musste der Betrug verschleiert werden, so Marx. Die Analyse dieser Verschleierung findet ihren Höhepunkt in der Analogie von Ware und »religiösen Welten« (Marx 1867, 86): dem »Fetischcharakter der Ware« (ebd., 85). Marx verwendet den Begriff als polemische Spitze, um auf die Verkennung der Realität hinzuweisen, die für ihn ähnlich skandalöse Züge trägt wie die Verkennung der Realität durch die Religion. Zur Verschleierung des Betrugs wird er so gründlich vertuscht, dass die Ware zu etwas Metaphysischem wird. Die Ware wird zum Objekt einer totalen, weil die gesamte Gesellschaft erfassenden Projektion, gegen die der Fetischglaube wie eine kleine private Schrulle wirkt. Eigentlich wollte Marx nur den Wert analysieren und die bürgerliche Gesellschaft für ihre Ausbeutung kritisieren, doch dann tat er doch mehr, als er vorgehabt hatte. Wenn er auch die religiösen Verweise immer nur als Metapher verwendete und selbst nie ernst nahm: Er lieferte die Hinweise auf den sakralen Glutkern der warenproduzierenden Gesellschaft.

Hier kommt der Sinn der Unterscheidung zwischen Tausch- und Gebrauchswert zum Tragen: Der Gebrauchswert bezieht sich auf menschliche Bedürfnisse, auf die Eigenschaft produzierter Gegenstände, einen

Mangelzustand am menschlichen Körper zu beseitigen. Alle Produkte menschlicher Arbeit – ob als Ware hervorgebracht oder nicht – sind gewissermaßen Prothesen, die es gestatten, die Mangelbehaftetheit des Körpers zu beheben. Zumindest für kurze Zeit, denn die körperliche Verfasstheit des Menschen bringt es mit sich, dass der Mangelzustand wiederkehrt. Die Befriedigung von Bedürfnissen ist nie von Dauer. Will auch alle Lust Ewigkeit, ist sie dennoch unerreichbar. Doch die ungeheure Warenvielfalt verspricht zumindest die Befriedigung der körperlichen Bedürfnisse im Hier und Jetzt. Gleichzeitig wird deutlich, worin die »Verheißung des absoluten Reichtums« (Deutschmann 1999) oder die der kapitalistischen Produktion besteht. Sie hat eine utopische Funktion, die der Religion zum Verwechseln ähnlich ist. »Die im Geldvermögen angelegte ›Utopie‹, nämlich die Verheißung privater Verfügung über die Totalität menschlicher Möglichkeiten, holt das Reich Gottes auf die Erde und stellt es dem Individuum zur Disposition« (ebd., 104). Die Logik, die Max Weber im Protestantismus (Weber 1920) ausgemacht hat, die Rückversicherung der Gnadenwahl über den akkumulierten Reichtum, verweist also nicht nur auf eine Gnade im Jenseits, sondern auch auf das Diesseits: Sie ist der Versuch, der Trostmittel, in Form von Gebrauchswerten und damit als Körpererweiterungen, habhaft zu werden.

Marx war der erste, der die religiösen Wurzeln der Warenwelt erkannte und diese Erkenntnis ausarbeitete. Der Fetischcharakter der Ware ist demnach ein Surrogat der Erlösung, und der Hass auf die »Wilden« gilt eigentlich dem Spiegel, den sie mit ihren primitiven Kulten dem aufgeklärten Bewusstsein vorhalten. Es macht die Sache nicht besser, dass die Waren selbst nur ein schwaches Echo sind – nicht sie lösten das viel stärkere christliche Heilsversprechen ab. Aber bis zur Einlösung des neuen Heilsversprechens sind die Waren Trostmittel; also bis zu jenem Morgen, das das Zeitregime der Moderne immer zwanghafter behauptet. Das ist der Hintergrund, warum die Wirtschaft im Nachkriegsdeutschland als Selbstwertregulation funktionieren konnte, der Grund für die narzisstische Plombe. Die Stabilität des Wirtschaftssystems garantierte die Versorgung mit Trostmitteln und stellte in Aussicht, dass das erlösende Morgen nicht als bloße Utopie erkannt werden musste. Umso leichter können die Trostmittel mit weiteren kompensatorischen Funktionen aufgeladen werden. Hellsichtig hatte Max Weber den unbändigen Wunsch des Kapitalisten nach Hab und Gut als »Produkt perverser Triebe« bezeichnet (Weber

1920, 55). Damit lag er wahrscheinlich richtiger, als er selbst vermutet hätte (vgl. Decker 2011, 221ff.). Die starke Wirtschaft konnte nur zum idealen Objekt von Größe und Macht der Deutschen werden, weil die Plombenfunktion in der Ware und im Kapitalismus bereits angelegt ist. Ware und Kapitalbildung ähneln bis zur Unkenntlichkeit primitiven Religionen: Ob religiöse Sinnwelten oder Waren, soziokulturelle Plomben sind sie in den Worten Morgenthalers allemal (Morgenthaler 1974, 1087). Die Waren sind zu unserer Alltagsreligion geworden, nachdem die Befreiung aus vorkapitalistischen Verhältnissen fehlgeschlagen war (Claussen 1992).

Die Sehnsucht nach Plomben wird auch zur projektiven Aufladung des Islam nicht wenig beigetragen haben. Schwierig ist, dass der Islam als Religion nicht *nur* Projektionsfläche ist, als Fundamentalismus ist er auch wirklich Gegenmoderne. Das jedoch darf nicht zu dem Kurzschluss führen, die Entwicklung wäre von der Moderne unabhängig. »Im Begriff ›Gegenmoderne‹ ist das Wort ›Moderne‹ auch adjektivistisch gemeint: moderne Gegenmoderne. (...) es handelt sich gerade nicht um etwas Altes, Überzeitliches, Anthropologisches, Transzendentes (...)« (Beck 1996, 58). Das hat etwas mit dem zu tun, was Marx im »Kommunistischen Manifest« als Kennzeichen der Moderne auf den Punkt brachte: permanente Erschütterung, fortwährende Umwälzung, ewige Unsicherheit. »Besser als in diesen Sätzen ist die nihilistische Gewalt der Moderne nie formuliert worden. Das Erschrecken vor dieser Gewalt, das geistige Erstarren angesichts ihrer Übermacht ist nur ein anderes Wort für die Herausbildung des Fundamentalismus« (Türcke 2003, 85). Fundamentalismus kann »(...) erst vor dem Hintergrund einer Vorherrschaft radikalen Zweifels zu dem (werden), was er ist« (Giddens 1994, 183). Nur aufeinander bezogen sind Kulturalismus und islamischer Fundamentalismus zu verstehen – als Kennzeichen einer dauerhaften Erschütterung durch die Moderne.

2.5 Zusammenfassung

Die kapitalistische Gesellschaft produziert alle Gegenstände, die sie hervorbringt, als Waren. Deshalb ist es fast genauso treffend, wenn nicht treffender, sie als warenproduzierende Gesellschaft zu bezeichnen. In diesen modernen Gesellschaften werden die Waren produziert, um durch sie hindurch – als Akkumalat – den Kapitalstock zu erhöhen. Der Kapitalstock muss beständig vergrößert, darf keinesfalls verbraucht werden, um potenziell über alle Güter verfügen zu können, mit denen die menschlichen Bedürfnisse befriedigt werden. Die Utopie des absoluten Reichtums, die Abwesenheit von potenziell jedem Mangel, hat Folgen. Um an ihr festhalten zu können, um an sie glauben zu können, muss eine grundlegende Bedingung erfüllt werden: Alles muss warenförmig werden. Das bedeutet zum einen, alles muss im Austausch gegen Teile des aufgehäuften Kapitals auch wirklich käuflich sein und zum anderen, dass Wachstum keine Grenze kennen darf, weil sonst auch die Grenze der Utopie anerkannt werden müsste. Aus beiden Gründen muss die Sphäre des Marktes immer weiter ausgedehnt werden. Mit Rationalität hat diese Ausrichtung auf beständiges Wirtschaftswachstum wenig zu tun, mit Heilsglauben dagegen sehr viel. Der Kapitalismus ist nicht die erste Religion, die die Frequenz ihrer Kulte intensivieren muss, um die Erinnerung an das gegebene Versprechen wachzuhalten. Die beständige Erfahrung der Beschleunigung ist die Erfahrung einer auf Dauer gestellten Selbstüberbietung, um zu erinnern, wofür diese Gesellschaftsformation angetreten ist. Die individuellen Kosten mögen hoch sein und von der Depression bis zur Kinderarmut reichen – sie werden lange Zeit über Maße beglichen.

Wenn das aber nicht mehr geschieht, ist keinesfalls die Wende zum Besseren zu erwarten. In Zeiten wirtschaftlicher Regression kommt es gleichzeitig zur psychischen Regression. Diese psychische Regression ist dann aber weniger eine des Inhalts als des Verlustes der Realitätsprüfung. Ist schon der Glaube an die letzte Beseitigung des körperlichen Mangels durch die konsumistische Prothetisierung psychisch eine gigantische Verleugnungsleistung[2], so wird bei ihrem drohenden Scheitern alles aufgeboten, was hilft, die Realität zu verzerren. Das bricht sich aber am Selbstverständnis der aufgeklärten Gesellschaft. So es ist kein Wunder, wenn die Gesellschaften der Moderne versuchen, genau diesen sakralen Zug ihres

---

2   Die Verleugnung des körperlichen Mangels unter Zuhilfenahme eines materiellen Objekts bezeichnete Sigmund Freud als Fetischismus. Das war keinesfalls ein Zufall, sondern von einer inneren Logik der europäischen Zivilisationsentwicklung getragen. Ganz klar war das dem Erfinder der Psychoanalyse nicht, meinte er doch, es ginge dem Fetischisten um die Verleugnung eines Mangels am mütterlichen Körper. Aber wie bei Karl Marx, der nur die Warenform analysieren wollte und dann mehr tat, als er wollte, erschließt sich auch durch Freuds Fetischismusanalyse mehr, als dem Autor selbst gewahr wurde (Decker 2011, 221).

Handels zu verschleiern – vor sich selbst. Erst im Irrsinn des Einzelnen findet das irre Ganze seinen Ausdruck. Die psychische Regression, welche auf die ökonomische folgt, macht die Irrationalität der letzteren sichtbar. Aber das Zerstörungspotenzial, welches dann freigesetzt wird, ist um einiges größer, als es in der Vergangenheit sein konnte.

Walter Benjamin hat in einem Fragment die These aufgestellt: »Im Kapitalismus ist eine Religion zu erblicken« (Benjamin 1921, 100) und sich damit gleichzeitig auf Max Weber bezogen, wie er Webers These vom Erbteil, den der Kapitalismus aus dem Christentum erfahren hat, zuspitzte. Der Kapitalismus ist nicht etwa religiös »bedingt«, sondern er ist selbst »eine essentiell religiöse Erscheinung« (ebd.). Ihn kennzeichnet »die permanente Dauer des Kultes (...), es gibt (...) keinen Tag der nicht Festtag wäre« (ebd.). Religion war immer auch der Versuch, das Bestehende zu überwinden, das Jammertal zugunsten einer besseren Zukunft, mag sie auch in einem Jenseits liegen, zu verlassen. Benjamin hat allerdings noch einen anderen Zug des Kapitalismus als Religion vor Augen: Seine Destruktionspotenziale. »Darin liegt das historisch Unerhörte des Kapitalismus, daß Religion nicht mehr Reform des Seins sondern dessen Zertrümmerung ist« (ebd., 101). In diesem Punkt noch ganz bei Marx und seiner Wertformanalyse, hatte er wahrscheinlich vor allem die Destruktionspotenziale einer auf unbändiges Wachstum ausgerichteten Wirtschaftsweise vor Augen. Aber genauso gut kann diese Formulierung auf die Kehrseite gemünzt werden, auf das Moment des Scheiterns, der Erkenntnis der Krise der Wirschaft und damit des Heilsversprechens.

So sehr das Projekt der Aufklärung und das dem Kapitalismus innewohnende Motiv der Versöhnung auch stark gemacht werden muss, es bleibt zunächst einmal festzustellen, dass wir es im Antisemitismus, Rassismus und im Nationalismus mit »Produkten missglückter Säkularisierung« (Claussen 1994, 5) zu tun haben. Ohne »Religionsersatz« oder eben »Alltagsreligion« lässt sich nicht leben (ebd., 19). Damit ist auch das Arbeitsprogramm umrissen: »Die Antiquiertheit der bestehenden Vergesellschaftung in all ihren Innovationskapriolen aufzuzeigen, ist daher die zeitgemäße Aufgabe der Kritik, mit der sie für ihre eigene Antiquiertheit büßen muß« (Türcke 1998, 88). Um in der gesellschaftlichen Entwicklung die Aufklärung stark zu machen, gilt es zunächst einmal, diese religiösen Motive zu verstehen. Bei null muss man dafür nicht beginnen. Die wahrnehmungspsychologische Funktionsweise des Vorurteils ist als »Effekt der Kategorisierung« richtig beschrieben: Durch die Ordnung der Welt in bekannte Kategorien wird die überbordende und überfordernde Sinneswelt fassbar gemacht. Das hat jede Theorie mit der Religion gemeinsam und auch hierin offenbart sich der Ursprung der Moderne: »Die Alltagsreligion läßt die chaotische Mannigfaltigkeit des Lebens geordnet erscheinen« und »Wahrnehmung von sichtbaren Unterschieden zwischen Menschen spricht die Alltagsreligion an, weil auf den ersten Blick klar zu sein scheint, wer wohin gehört«. Nur der Tiefendimension gilt es deutlich mehr Aufmerksamkeit zu geben: Wirtschaftlicher Wohlstand, jene »narzisstische Plombe«, wie wir sie bezeichneten, ist als Alltagsreligion erkannt, sie »heilt die narzißtischen Wunden« (Claussen 1994, 19). Aber wie steht es um die Verschränkung von Antisemitismus, Islamfeindschaft und Nation, wie um die Angst vor Kontrollverlust und Vorurteil? Nicht nur die rechtsextreme Einstellung, auch der Strukturwandel der Öffentlichkeit und seine Entwicklung in Zeiten »konzentrierter Zerstreuung« (Türcke 2000) sind genauso zu betrachten wie die Möglichkeiten und Wirkungen des Kontakts zum »Fremden«.

3 Politik und Leben in Deutschland

Johannes Kiess, Oliver Decker & Elmar Brähler

In diesem Kapitel werden drei Komplexe eingehender beschrieben, die in den bisherigen »Mitte«-Studien in unterschiedlicher Intensität immer wieder Thema waren. Wir stellen vor dem Hintergrund der in Kapitel 2 entwickelten theoretischen Ausführungen im Folgenden ausführliche empirische Ergebnisse zu den Komplexen Politik und Ökonomie vor. Dass sich die »Mitte« im Umbruch befindet, zeigt sich besonders deutlich in diesen Feldern.

Anschließend an unsere jüngste Veröffentlichung (Decker, Kiess & Brähler 2012) wird zunächst die Einstellung der Bevölkerung zur Demokratie im Zeitverlauf und ihre Bereitschaft zu politischer Aktivität analysiert (Kap. 3.1; Beschreibung der Methode vgl. Kap. 4). Die Untersuchung der rechtsextremen Einstellung ist eng mit der Frage nach dem Zustand der Demokratie verbunden. Dieser Zustand lässt sich direkt an der Einstellung der Bevölkerung zur Idee und zum Funktionieren der Demokratie und an der Bereitschaft zur Partizipation ablesen. In diesem Kapitel werden also nicht die formal-demokratischen Merkmale der Gesellschaft (regelmäßige Wahlen, Rechtsstaatlichkeit etc.) zum Gradmesser für den Zustand der Demokratie, sondern ihre Mitglieder. Vereinfacht ausgedrückt: Eine Demokratie ist nur so intakt, wie sie von ihren Mitgliedern gefordert und gestaltet wird. Eine wesentliche Bedingung für die Bereitschaft zur Partizipation ist das Gefühl, Teil der Gesellschaft zu sein. Politische und soziale Deprivation sind hierfür wichtige (negative) Indikatoren. Darüber hinaus wird auch der Autoritarismus in Anlehnung an die autoritäre Persönlichkeit (Adorno et al. 1950) als Indikator herangezogen. Beide Konzepte – Autoritarismus und rechtsextreme Einstellung – arbeiten mit der Dichotomie zwischen demokratischer und antidemokratischer Einstellung (Kiess 2011).

Die Demokratie scheint ihre Integrationskraft weniger aus der demokratischen Teilnahme an ihr als aus der ökonomischen Teilhabe zu ziehen. In Kapitel 3.2 werfen wir deshalb einen genaueren Blick auf die Einschätzung der wirtschaftlichen Lage durch die Befragten. Gesellschaftliche Integration und Desintegration wird – zumal in einer marktwirtschaftlich organisierten Gesellschaft – in hohem Maße ökonomisch vermittelt. Die tatsächliche Entwicklung der wirtschaftlichen Bedingungen und ihre Perzeption durch die Menschen sind wichtige Faktoren zur Erklärung politischer und insbesondere rechtsextremer Einstellungen. Desintegration beginnt bei Prekarisierung und wirtschaftlichem Verlust, geht aber über die rein ökonomische Lage hinaus. Sie ist auch in den Studien zur gruppenbezogenen Menschenfeindlichkeit der Ausgangspunkt zur Erklärung rechtsextremer Einstellung (Heitmeyer 2012; vgl. Mansel, Christ & Heitmeyer 2012). Daran anknüpfend, beschreiben wir das Bedrohungserleben der Befragten. Wenn beständige Beschleunigung für die Moderne charakteristisch ist und zunehmend alles »Ständische und Stehende verdampft« (Karl Marx), dann – so haben wir in Anlehnung an Émile Durkheim argumentiert – hat das Auswirkungen auf die Menschen. Damit führen wir den in Kapitel 2 gespannten theoretischen Bogen weiter und identifizieren die grundsätzlichen strukturellen Bedingungen der Moderne als erklärungsrelevantes Umfeld der rechtsextremen Einstellung (vgl. Kap. 5).

Um die Bedeutung des wirtschaftlichen Wohlstands und der Verpflichtung zum ökonomischen Reichtum im Sinne einer Alltagsreligion besser zu verstehen, gehen wir anschließend auf Antisemitismus und Islamfeindschaft ein (Kap. 4.2). Vom Fetischcharakter der Ware (Karl Marx), über den »Kathedralenstil von Fabrik und Bahnhofsbauten«, der sakrale Traditionen zitiert (Kaschuba 2004, 87), bis hin zur Selbstbestätigung der eigenen Modernität durch die Abwertung von »archaisch« perzipierten, fremden Religionen (vgl. Kap. 2): Die »Mitte« im 21. Jahrhundert offenbart ihre nie ganz verarbeitete Herkunft.

3.1 DEMOKRATIEAKZEPTANZ UND POLITISCHE TEILNAHME

Ausgehend von der Dichotomie von demokratischer und rechtsextremer Einstellung haben wir drei Items zur Akzeptanz der Demokratie aufgenommen: die Einstellung zur Idee der Demokratie (»sehr dafür« bis »sehr dagegen«), die zur Verfassungsnorm und die zur Verfassungsrealität in Deutschland (jeweils »sehr unzufrieden« bis »sehr zufrieden«). Für die Darstellung wurden die zustimmenden Aussagen jeweils zusammengefasst. Es zeigte sich, dass die Zustimmung zur Demokratie als Staatsform nach wie vor hoch ist (Tab. 3.1.1). Demokratie ist ein weithin positiv besetzter Begriff.

Dieses Bild trübt sich allerdings etwas ein, fragt man nach der Demokratie, wie sie im Grundgesetz verankert ist, und noch stärker bei der Frage, wie die Demokratie tatsächlich funktioniert. Noch immer sind die Ostdeutschen skeptischer oder kritischer gegenüber dem politischen System der Bundesrepublik: Nur ein Drittel von ihnen ist mit dem tatsächlichen Funktionieren der Demokratie zufrieden. Dieser Wert steigt seit 2006 leicht an, bleibt aber deutlich von der höheren Zustimmung (knapp 55%) in Westdeutschland entfernt.

Die Demokratieakzeptanz variiert leicht aber signifikant ($p < .001$) zwischen Befragten mit Abitur (98%) und ohne (94,1%), nicht aber zwischen männlichen und weiblichen Befragten (ohne Abbildung). Hoch signifikant sind dafür die deutlichen Unterschiede zwischen den Einkommensgruppen ($p < .001$): Je mehr Geld der oder die Befragte zur Verfügung hat, desto positiver sieht er oder sie die Idee der Demokratie (vgl. Tab. 3.1.2). Auch das Alter ist mit $p < .01$ signifikant.

Ein ähnliches Bild ergibt sich bei der Frage nach der Demokratie, wie sie in der Verfassung festgelegt ist. Befragte mit Abitur sind mit ihr zufriedener (84%) als Befragte ohne Abitur (77,4%), während sich die Zufriedenheit nicht signifikant nach Alter und Geschlecht unterscheidet. Ganz deutlich aber ist das Gefälle, unterscheidet man nach dem Einkommen ($p < .001$). Dieses Gefälle wiederholt sich bei der Frage nach der Verfassungsrealität. Alle anderen Faktoren sind nicht signifikant. Nur Männer scheinen etwas zufriedener (51,7%, ohne Abbildung) mit dem tatsächlichen Funktionieren der Demokratie zu sein als Frauen (47,4%).

Tabelle 3.1.1:
Zufriedenheit mit der Demokratie 2012 (in Prozent)

	2012			2010			2006		
	Gesamt	West	Ost	Gesamt	West	Ost	Gesamt	West	Ost
Demokratie als Idee im Vergleich zu anderen Formen	94,9	95,5	92,1	93,2	94,5	88,4	94,5	95,1	92
Demokratie in der BRD wie in der Verfassung festgelegt	78,5	80,5	70,3	73,6	78,4	55,3	71,2	74,8	57,2
Allgemein Demokratie in der BRD wie sie tatsächlich funktioniert	50,6	54,8	34	46,1	49,8	32,1	46	50,8	27,3

Tabelle 3.1.2
Zufriedenheit mit der Demokratie nach Einkommen und Alter 2012 (in Prozent)

	Einkommen (€)					Alter (Jahre)			
	<750	750–1.250	1.250–2.000	2.000–3.500	>3.500	14–30	31–60	>61
Demokratie als Idee im Vergleich zu anderen Formen	88,2	91,9	92,2	96,8	99,3	94,2	96	93,4
Demokratie in der BRD wie in der Verfassung festgelegt	61,7	71,3	76,9	80,9	88,4	77,1	79,2	78,1
Allgemein Demokratie in der BRD wie sie tatsächlich funktioniert	36,8	46,1	49,4	52,5	59,7	49	49,4	53,5

3 Politik und Leben in Deutschland

Es bestätigt sich ein deutlicher Zusammenhang zwischen der ökonomischen Situation – vermutlich unter anderem vermittelt über die berufliche Stellung und den sozialen Status – und der Demokratiezufriedenheit.

Blicken wir auf die Erfahrung sozialer und politischer Deprivation, die von den Befragten berichtet wird, können wir das Bild erweitern.[1] Die Befragten konnten wie in den Vorjahren zu jeder der vier Aussagen zustimmend (»trifft völlig zu«, »trifft eher zu«) und ablehnend antworten (»trifft eher nicht zu«, »trifft überhaupt nicht zu«). In Tabelle 3.1.3 sind jeweils die zustimmenden Antworten zusammengefasst.

Mit mehr als drei Viertel beziehungsweise fast zwei Drittel Zustimmung zeigen die Befragten in der politischen Dimension starke Benachteiligungsgefühle. Sie stimmten der Aussage »Leute wie ich haben sowieso keinen Einfluss darauf, was die Regierung tut« beinahe in gleicher Höhe wie in den Vorjahren zu. Positiv fällt auf, dass die Zahl derjenigen, die es für sinnlos halten, sich politisch zu engagieren, gesunken ist. Seit 2006 ging die Zahl bundesweit von 68,8% auf 59,2% zurück. Sozial depriviert zeigten sich je nach Aussage zwischen 12% und 20% der Befragten. Die Werte sind in etwa gleich geblieben, im Osten aber im Vergleich zu 2006 leicht angestiegen und nun ebenfalls höher als im Westen. Vermutlich ist diese Verschlechterung wiederum kein »Ost-Phänomen«, sondern auf die sozio-ökonomischen Strukturprobleme zurückzuführen, die in ostdeutschen Regionen zwar verdichtet, aber auch in Westdeutschland zu finden sind.

Unterscheidet man nach soziodemografischen Merkmalen (Tab. 3.1.4), wiederholt sich das Muster, das sich schon bei der Demokratiezufriedenheit zeigte. Das Einkommen ist über alle Items hinweg hoch signifikant ($p < .001$) und auch die Bildung ist mit mindestens $p < .05$ signifikant. Darüber hinaus ist der Blick auf die Altersgruppen interessant: Befragte, die zum Zeitpunkt der Datenerhebung mindestens 61 Jahre alt waren, sind häufiger politisch depriviert ($p < .01$) als Jüngere. Die vermutlich eher arbeitstätige und damit im Berufsleben verankerte Gruppe der 31- bis 60-Jährigen ist weniger sozial depriviert (nur beim letzten Item signifikant mit $p < .05$). Die individuellen Ressourcen der Befragten, wie Einkommen oder Bildung, beeinflussen neben der Demokratieakzeptanz wie vermutet Gefühle des Abgehängtseins.

---

1 Unterschiede zu den Daten in Decker et al. 2010 resultieren aus einer neu gewählten Zusammenfassung der Antwortkategorien.

Tabelle 3.1.3
Soziale und politische Deprivation im Zeitverlauf (in Prozent)

	Gesamt 2006	Gesamt 2010	Gesamt 2012	West 2006	West 2010	West 2012	Ost 2006	Ost 2010	Ost 2012
Leute wie ich haben sowieso keinen Einfluss darauf, was die Regierung tut.	78,9	79,4	77,6	76,7	78,5	76,1	87,6	82,9	83,1
Ich halte es für sinnlos, mich politisch zu engagieren.	68,8	70,9	59,2	66,8	70,2	57,8	77,3	73,5	64,8
In meiner unmittelbaren Umgebung gibt es nicht genügend Menschen, die mich so nehmen, wie ich bin.	19,1	19,5	20,1	19,3	19,1	19,3	18,2	21,3	23,3
In meiner unmittelbaren Umgebung fühle ich mich nicht wohl und sicher.	12,9	13,3	12	13,3	13,4	11,7	11,3	12,8	12,8

Tabelle 3.1.4
Soziale und politische Deprivation nach soziodemografischen Merkmalen 2012 (in Prozent)

	Geschlecht		Bildung		Alter (Jahre)			Einkommen (€)				
	m	w	mit Abitur	ohne Abitur	14–30	31–60	> 61	< 750	750–1.250	1.250–2.000	2.000–3.500	> 3.500
Leute wie ich haben sowieso keinen Einfluss darauf, was die Regierung tut.	75,6	79,2	59,3	81,4	75,2	75,3	82,4	80,9	84,8	82,5	74,5	66
Ich halte es für sinnlos, mich politisch zu engagieren.	55,7	62,3	38,6	63,5	56,1	57,9	63,1	73,5	68,8	65,3	54,3	45,7
In meiner unmittelbaren Umgebung gibt es nicht genügend Menschen, die mich so nehmen, wie ich bin.	21,1	19,2	18,9	20,3	21,1	18,8	21,3	35,9	25,9	24,4	15,8	12
In meiner unmittelbaren Umgebung fühle ich mich nicht wohl und sicher.	11,9	12	7,7	12,8	14,2	10,3	13,1	22	20,1	15,8	7,7	5

Johannes Kiess, Oliver Decker & Elmar Brähler

Politische Partizipation

Die sich stetig selbst überholende Moderne, der beständige Strukturwandel der Gesellschaft verändert auch die politische Kultur. Eine Ebene darunter findet der von Habermas beschriebene Strukturwandel der Öffentlichkeit im Partizipationsverhalten seine Entsprechung. Unsere Gradmesser sind schon in den letzten Jahren die Demokratieakzeptanz und die (Nicht-)Erfahrung von Teilnahme (politische Deprivation) gewesen. Mit den Befunden, insbesondere der hohen politischen Deprivation, stellte sich die Frage nach der vorhandenen politischen Partizipation. Deshalb wurde in der Befragung 2012 nach der aktiven Teilnahme beziehungsweise der grundsätzlichen Bereitschaft zur Partizipation (getrennt nach verschiedenen Formen) gefragt.[2] Der Zusammenhang zwischen politischer Partizipation und den beiden bisher untersuchten Indikatoren ergibt sich auch aus folgender Definition: Politische Partizipation ist jede »action by ordinary citizens directed towards influencing some political outcomes« (Brady 1999, 737). Das von uns abgefragte berichtete Partizipationsverhalten gibt somit wieder, ob die Befragten versuchen, Politik zu beeinflussen – ob sie also eine aktive Teilnahme anstreben, was zumindest eine partielle Erwartung bezüglich der Responsivität des politischen Systems voraussetzt. Die Befragten konnten auf jeden der 13 Vorschläge (vgl. Tab. 3.1.5) antworten, ob sie diese Partizipationsformen bereits gewählt hatten oder ob sie sie wählen würden. Zur Auswahl standen konventionelle und unkonventionelle Partizipationsformen.[3]

Erwartungsgemäß übersteigt die Bereitschaft zu konventionellen Partizipationsformen die Bereitschaft zu unkonventionellen Mitteln der politischen Auseinandersetzung (z.B. Besetzungen) deutlich.

---

2   Bei diesem Fragebogen handelt es sich um eine modifizierte Form des im ALLBUS 2008 eingesetzten Verfahrens: http://www.gesis.org/fileadmin/upload/dienstleistung/daten/umfragedaten/allbus/Fragebogen/ALLBUS_2008.pdf (vgl. Gesis 2009).
3   Die politische Partizipation wird in der Forschung häufig dichotomisiert untersucht, also etwa zwischen Bewegungs- und institutionellem Engagement (für eine Übersicht vgl. Wolfsfeld et al. 1994) oder illegalen und legalen Methoden unterscheidet. Wir entschieden uns für die Bezeichnung als konventionelle und unkonventionelle Partizipationsformen, ohne damit aber eine normative Bewertung von einzelnen Formen auszuschließen oder sie implizit zu legitimieren. Siehe auch weiter unten die Auswertung nach konventionellen und unkonventionellen Methoden.

3 Politik und Leben in Deutschland

Tabelle 3.1.5
Berichtetes politisches Partizipationsverhalten (in Prozent)

	Keins von beiden	Würde ich nutzen	Habe ich schon gemacht
Mich an Wahlen beteiligen	7	25,4	67,6
Mich in Versammlungen an öffentlichen Diskussionen beteiligen	47,6	30	22,5
Mitarbeit in einer Bürgerinitiative	53,8	33,1	13,1
In einer Partei aktiv mitarbeiten	75	14,5	10,5
Teilnahme an einer nicht genehmigten Demonstration	77,4	14	8,6
Hausbesetzung, Besetzung von Fabriken, Ämtern	85,3	7,6	7,2
Bei einer Demonstration mal richtig Krach schlagen, auch wenn dabei einiges zu Bruch geht	87,6	4,4	8
Für eine Sache kämpfen, auch wenn dazu Gewalt gegen Personen notwendig ist	88,8	3,6	7,6
Teilnahme an einer genehmigten Demonstration	49,4	31,8	18,8
Aus Protest nicht wählen gehen	50,1	22,4	27,4
Aus Protest einmal eine andere Partei wählen als die, der man nahe steht	54,2	24,2	21,6
Beteiligung an einer Unterschriftensammlung	20,7	37	42,3
Mich an einer Online-Protestaktion beteiligen	65,1	25,3	9,6

Erstaunlich ist, dass selbst unter den konventionellen Methoden des Engagements die Mitarbeit in einer Partei die geringste Zustimmung erfährt. Die Parteien sind als Ort politischer Partizipation den meisten Menschen unbekannt. Dass der Wahlgang die häufigste Form der Partizipation ist, mag für sich genommen begrüßenswert sein. Sie steht in Einklang mit dem Modell der repräsentativen Demokratie der Bundesrepublik. Für die Vitalität einer Demokratie ist die im internationalen Vergleich regelmäßig hohe Wahlbeteiligung (Steinbrecher, Huber & Rattinger 2007) allerdings nicht ausreichend.

Schließlich ist auf die Ambivalenz der Antwortmöglichkeit »Würde ich nutzen« zu verweisen. Man könnte die hierauf entfallenden Antworten als demokratische Reserve lesen (Partizipationspotenzial). Allerdings ist es eine Sache, sich die Möglichkeit des eigenen Aktivwerdens vorzustellen, und eine andere, dann auch wirklich im wahrsten Sinne des Wortes aufzustehen. Der Politologe Wolfgang Fach formulierte treffend: »(J)e besser ihr Recht auf Partizipation abgesichert ist, desto weniger nutzen Menschen den Spielraum aus« (Fach 2004, 201). Bisher scheint es noch keinen Anlass für vermehrtes Teilnehmen zu geben, der Großteil der Befragten fühlt sich durch genügend Teilhabe (an der Öffentlichkeit, am Wohlstand etc.) befriedigt und somit von der Teilnahme entbunden. Diese Enthaltsamkeit kann sich allerdings auch plötzlich im negativen Sinne umkehren, etwa in Pogromstimmungen wie sie sich Anfang der 1990er-Jahre gegen Asylbewerberheime entluden.

Ein wichtiger Beitrag zur Erklärung politischer Partizipation ist das sozioökonomische Ressourcenmodell, das insbesondere von Verba, Nie und Kim (1978) eingeführt und seither in vielen Arbeiten weiterentwickelt wurde (vgl. Gabriel & Völkl 2005, 562; Verba & Nie 1972; Verba, Schlozman & Brady 1995). Vielfach belegt ist somit der Zusammenhang von politischer Partizipation und dem sozialen Status, dem Bildungsgrad, dem Geschlecht und dem Einkommen. Außerdem wird Partizipation in der Forschung als Ergebnis individueller Einstellungen und Überzeugungen untersucht (Milbrath 1981, 219ff.). Sidney Tarrow prägte außerdem den Begriff der *political opportunity structure*: »By political opportunity structure, I mean consistent – but not necessarily formal or permanent – dimensions of the political environment that provide incentives for people to undertake collective action by affecting their expectations for success or failure« (zit. n. van Deth 2009, 153). Schließlich werden auch Rational-Choice-Ansätze (z.B. Opp 2004) als Erklärungen herangezogen, wobei Kosten-Nutzen-Strukturen von Aktivisten und Anreize zur Partizipation im Vordergrund stehen.

Wir beschränken uns hier (vgl. Tab. 3.1.6, 3.1.7 und 3.1.8) auf eine kurze Auswertung nach den wichtigsten soziodemografischen Merkmalen. Dabei gehen wir nur auf die Antwortmöglichkeit »Habe ich schon gemacht« weiter ein. Das entspricht der in der Literatur (z.B. Gabriel & Völkl 2005, 546) gängigen Unterscheidung zwischen einem weiter gefassten Partizipationspotenzial (»Würde ich machen«) und einem enger gefassten Partizipationsverhalten (»Habe ich schon gemacht«). Wie bereits weiter oben angemerkt, interpretieren wir die unverbindliche Absichtserklärung nicht als hinreichenden Indikator für politische Teilnahme, sondern sehen darin eher eine ambivalente Haltung der jeweiligen Partizipationsform gegenüber.

Die Faktoranalyse des Fragebogens ergab, dass die abgefragte Partizipationsform »Mich an Wahlen beteiligen« heraussticht. Aus diesen statistischen Gründen, vor allem aber aus den oben schon angeklungenen inhaltlich-theoretischen Gründen – uns geht es ja darum, die Teilnahme an der Demokratie über Wahlen hinaus zu untersuchen – haben wir uns entschieden, das Item »Mich an Wahlen beteiligen« gesondert auszuwerten.[4]

Betrachten wir zunächst das Antwortverhalten differenziert nach soziodemografischen Merkmalen zu Item 1 »Mich an Wahlen beteiligen« (Tab. 3.1.6). Der große Unterschied zwischen den 14- bis 30-Jährigen und den beiden älteren Gruppen ist vermutlich mit der Beschränkung des Wahlrechts auf Volljährige großteils erklärbar. Interessanter ist die Geschlechterdifferenz und vor allem der Bildungsunterschied. Im Einklang mit der einschlägigen Literatur erweist sich Bildung als deutlicher Prädiktor für das Wahlverhalten: sowohl für die die Entscheidung, überhaupt zur Wahl zu gehen, als auch für die Entscheidung für eine bestimmte Partei.

---

4   Das Cronbachs Alpha des gesamten Fragebogens betrug ‚84. Der Wert erhöht sich auf ‚86, lässt man Item 1 entfallen, während sich bei allen anderen Items eine Verschlechterung der Konsistenz des Fragebogens einstellen würde.

Tabelle 3.1.6
Anteil derjenigen, die angaben, schon an Wahlen teilgenommen zu haben, nach soziodemografischen Merkmalen (in Prozent)

	Geschlecht		Bildung		Alter (Jahre)			Einkommen (€)				
	m	w	mit Abitur	ohne Abitur	14–30	31–60	> 61	< 750	750–1.250	1.250–2.000	2.000–3.500	> 3.500
Mich an Wahlen beteiligen	69,3	66,2	73,3	66,5	53,4	70,3	72,3	55,9	72,1	67,8	64,8	71,7

Richten wir den Blick auf die ökonomische »Mitte«, fällt auf, dass Personen mit einem mittleren Einkommen – zwischen 1.250 und 3.500 € – vergleichsweise selten zur Wahl gehen. Die geringste Wahlaktivität entfällt auf die Untergruppe derer, denen monatlich 2.000 bis 3.500 € zur Verfügung stehen. Dieser Einkommenseffekt überrascht, insbesondere wenn man die dauernden Werbungsversuche der Parteien, die sich vorrangig an die »Mitte« wenden, im Hinterkopf hat. Geringverdiener und die Oberschicht gehen häufiger zur Wahl als die ökonomisch gut versorgte »Mitte«. Die Gruppe, der am wenigsten Geld zur Verfügung steht (< 750 €), nimmt entweder das repräsentative politische System am wenigsten als Einflussmöglichkeit wahr oder ist zu jung, um wählen zu dürfen. Die letzte Vermutung bestätigt sich insofern, als die Befragten »In Ausbildung« (inkl. Wehrdienst, Studium etc.) mit 39,7% den geringsten Wert erreichten (ohne Abbildung). Demgegenüber gehen Befragte im Ruhestand (72,5%) und Berufstätige (70,1%) am häufigsten wählen, Arbeitslose (60%) und nicht Berufstätige (64,2%) seltener. Die Entscheidung, zur Wahl zu gehen, hängt in hohem Maße, wenn auch kontraintuitiv, von der wirtschaftlichen Situation ab.

Wählen alleine macht noch keine lebendige Demokratie. Demokratien »westlicher Prägung« beinhalten weit mehr als nur ein bestimmtes Wahlprozedere. Es stellt sich also auch die Frage, ob die Menschen Demokratie als Teil ihrer Lebenswirklichkeit begreifen und ob sie beständig an ihr teilnehmen. Im Folgenden unterscheiden wir in Anlehnung an die Literatur (z.B. Barnes et al. 1979; Milbrath 1981; Gesis 2009), in der meist nach den Kriterien Legalität, Legitimität und Verfasstheit differenziert wird (Gabriel & Völkl 2005, 535), zwischen konventionellen und unkonventionellen Methoden der Partizipation. Die vier Antwortmöglichkeiten »Teilnahme an einer nicht genehmigten Demonstration«, »Hausbesetzung, Besetzung von Fabriken, Ämtern«, »Bei einer Demonstration mal richtig Krach schlagen, auch wenn dabei einiges zu Bruch geht« und »Für eine Sache kämpfen, auch wenn dazu Gewalt gegen Personen notwendig ist« lassen sich zu den unkonventionellen, die anderen acht zu den konventionellen Möglichkeiten der politischen Partizipation zählen.[5]

---

5 Für die konventionellen Methoden ergibt sich ein Cronbachs Alpha von ,78 und für die unkonventionellen sogar von ,93 – die Einteilung ist also auch statistisch »sinnvoll«.

Betrachten wir die Verteilung nach soziodemografischen Merkmalen (Tab. 3.1.7). Zwischen den Geschlechtern lässt sich der erste klare Unterschied feststellen. Frauen partizipieren über alle abgefragten Formen hinweg seltener. Dass die in Deutschland manifesten beruflichen Benachteiligungen von Frauen mit diesem Befund in Verbindung stehen, ist anzunehmen. Auch zwischen Befragten mit und ohne Abitur gibt es deutliche Unterschiede beim Partizipationsverhalten. Befragte ohne Abitur nutzen zwei Optionen häufiger: »Aus Protest nicht wählen gehen« und »Aus Protest einmal eine andere Partei wählen als die, der man nahe steht«. Die wirklich auf aktive Teilnahme an politischer Öffentlichkeit ausgerichteten Möglichkeiten jedoch nutzen sie durchgehend seltener, womit wir auch hier erwartungsgemäße Ergebnisse vorfinden. Beim Alter sind die Ergebnisse uneindeutig. Die Jüngsten, die meist die niedrigsten Werte erreichen, gehen häufig zu Demonstrationen und erreichen bei Onlineaktionen sogar den höchsten Wert. Fraglich bleibt hier, ob die Unterschiede durch die kumulierte Lebenserfahrung der Älteren zustande kommen oder ob die Jüngeren wirklich insgesamt weniger Interesse an Politik haben. Dass sich das Partizipationsverhalten über die Generationen verändert, lässt sich aufgrund der niedrigen Prozentzahl der über 61-jährigen Teilnehmer an Demonstrationen und Onlineaktionen vermuten. Auch bezüglich der wirtschaftlichen Situation bestehen nach den einzelnen Items teils deutliche Unterschiede.

Auch bei den unkonventionellen Partizipationsformen gibt es teils deutliche Unterschiede in der Verteilung, es kommt aber wieder auf die Form der Aktion an: Befragte mit Abitur nehmen eher an unangemeldeten Demonstrationen teil, Befragte ohne Abitur berichten häufiger von der Teilnahme an Besetzungen. Bei den Altersgruppen nutzten die über 61-Jährigen insgesamt am häufigsten unkonventionelle Methoden. Das könnte entweder in der kumulierten Lebenserfahrung der Älteren begründet sein oder aber auf eine intergenerationelle Abnahme des unkonventionellen Partizipationsverhaltens hinweisen. Ähnlich wie bei der Bildung, ändert sich das Partizipationsverhalten auch mit dem Einkommen, wobei die Unterschiede zwischen den Gruppen weniger das Ob als das Wie der unkonventionellen Partizipation betreffen (Tab. 3.1.8).

3 Politik und Leben in Deutschland

Tabelle 3.1.7
Konventionelle Partizipationsformen nach soziodemografischen Merkmalen (»Habe ich schon gemacht«, in Prozent)

	Geschlecht		Bildung		Alter (Jahre)			Einkommen (€)				
	m	w	mit Abitur	ohne Abitur	14–30	31–60	>61	<750	750–1.250	1.250–2.000	2.000–3.500	>3.500
Mich in Versammlungen an öffentlichen Diskussionen beteiligen	26,1	19,5	38,8	19,2	14,5	24,3	24,7	11,8	17,5	20,6	23,4	31,7
Mitarbeit in einer Bürgerinitiative	15,5	11,1	16,5	12,4	7,5	13,1	16,7	2,9	11,2	14	13,1	16,7
In einer Partei aktiv mitarbeiten	13,2	8,2	10,9	10,4	6,2	9,4	14,9	5,9	5,5	13,2	10,7	10,7
Teilnahme an einer genehmigten Demonstration	21,3	16,7	29,1	16,7	20,4	20,2	15,7	14,7	16,1	17,8	20,3	21
Aus Protest nicht wählen gehen	29	26,1	19,2	29,1	23	30,9	24,8	29,4	31,9	27,1	28,1	20,7
Aus Protest einmal eine andere Partei wählen als die, der man nahe steht	25	18,6	16,8	22,6	9,6	25,2	23,4	7,6	23,3	23,2	22,2	17,7
Beteiligung an einer Unterschriftensammlung	43,2	41,5	55,8	39,5	39,6	44,5	40,5	35,3	41,1	40,6	43,9	46,7
Mich an einer Online-Protestaktion beteiligen	12,3	7,3	16,5	8,2	14,3	8,6	8,2	11,8	8,6	9,3	10,1	10,7

Tabelle 3.1.8
Unkonventionelle Partizipationsformen nach soziodemografischen Merkmalen (»Habe ich schon gemacht«, in Prozent)

	Geschlecht		Bildung		Alter (Jahre)			Einkommen (€)				
	m	w	mit Abitur	ohne Abitur	14–30	31–60	>61	<750	750–1.250	1.250–2.000	2.000–3.500	>3.500
Teilnahme an einer nicht genehmigten Demonstration	10	7,5	12,1	7,9	7	9,4	9,8	5,9	10,3	8,8	8,2	9
Hausbesetzung, Besetzung von Fabriken, Ämtern	8,9	5,7	5,6	7,5	3,6	8,5	9	2,9	4,9	9	7,7	6
Bei einer Demonstration mal richtig Krach schlagen, auch wenn dabei einiges zu Bruch geht	8,9	7,3	6,6	8,3	5,5	7,4	9,9	1,5	6	9	8,9	7,7
Für eine Sache kämpfen, auch wenn dazu Gewalt gegen Personen notwendig ist	8,3	6,9	5,3	8	5,7	8,5	8,1	1,5	2,9	9	9,1	7,3

Schon Milbrath (1965) identifizierte Unterschiede hinsichtlich des Partizipationsverhaltens zwischen bestimmten Gruppen von Befragten. Nach wie vor kann empirisch relativ klar unterschieden werden zwischen den (1) Apathischen, die weder an Politik interessiert noch involviert sind, den (2) Zuschauern, die sich interessieren, aber kaum mehr als durch Wahrnehmen des Wahlrechts partizipieren, den (3) Mitmachern, die sich zwar wenig interessieren, aber dennoch stark partizipieren, und schließlich den (4) Engagierten, die sowohl am täglichen politischen Geschehen interessiert sind, als auch selbst daran teilnehmen (Neller & van Deth 2006, 35). Grundsätzlich jedoch gilt: Die Gesellschaft bezieht aus Sicht ihrer Mitglieder ihre Integrationskraft und Legitimation nicht aus einer breiten Nutzung der demokratischen Gestaltungsmöglichkeiten. Dies bestätigen unsere bisherigen Ergebnisse, dass Demokratie Vielen etwas Äußeres bleibt (Decker et al. 2008). Das allerdings ist nicht als »Normalzustand« der Demokratie (so Neller & van Deth 2006, 38), sondern als ihre Abwesenheit zu bezeichnen.

Autoritarismus – der Autoritäre Charakter revisited

Die »Mitte«-Studien bezogen sich in ihrer theoretischen Ausrichtung immer wieder auf die Studien zum autoritären Charakter aus dem Umfeld des Frankfurter Instituts für Sozialforschung (ausführlich dazu Decker 2012b). Auch der Autoritarismus-Kurzfragebogen wurde wiederholt eingesetzt. Er besteht aus vier Items (Schmidt, Stephan & Herrmann 1995). Zu jedem konnten die Befragten auf einer siebenstufigen Skala ihre Zustimmung oder Ablehnung abgeben. Die autoritäre Orientierung variierte im Zeitraum 2006 bis 2012 je nach Aussage leicht (vgl. Tab. 3.1.9). Die Items »Kriminalität und sexuelle Unmoral (...)« und »Gehorsam gegenüber den Eltern dem Kind dienlich« erhielten 2012 eine höhere Zustimmung als 6 Jahre zuvor. Bei den anderen beiden Items ging die Zustimmung in diesem Zeitraum etwas zurück. Insgesamt stieg die Zahl der autoritär Orientierten von 2006 bis 2012 leicht an.

Tabelle 3.1.9
Zustimmung zu Aussagen des Autoritarismus-Fragebogens 2006 und 2012 (in Prozent)

	2006	2012
Wichtigste Eigenschaft: Unbedingter Gehorsam gegenüber der Autorität	27,8	24,1
Kriminalität und sexuelle Unmoral lassen es unumgänglich erscheinen, mit gewissen Leuten härter zu verfahren	58,8	65,1
Dankbarkeit für führende Köpfe	23,7	24
Gehorsam gegenüber den Eltern dem Kind dienlich	20,5	24,4
Autoritarismus insgesamt	17	17,5

Unterscheiden wir wieder nach den gängigen soziodemografischen Merkmalen (Tab. 3.1.10), so finden wir beim Geschlecht allenfalls auf dem 5%-Niveau signifikante Unterschiede (nur bei dem ersten und dritten Item). Allerdings sind die Signifikanzen bei allen anderen Merkmalen, außer beim Einkommen bei den ersten zwei Items, immer auf dem 1%-Niveau und auch ohne statistische Prüfung deutlich. Personen mit einem Einkommen von 1.250 bis 2.000 € monatlich sind demnach besonders häufig autoritär eingestellt, Personen mit hohem Einkommen (über 3.500 €) am seltensten. Dass sich gerade die Einkommens-»Mitte« besonders autoritär zeigt, ist bezeichnend. Erwartungsgemäß sind die älteren Befragten mit Abstand am stärksten autoritär eingestellt: Mehr als jeder vierte über 61-Jährige muss nach unseren Zahlen als autoritär orientiert gelten. Wir haben an anderer Stelle (Decker et al. 2012a) auf das Verhältnis von Erziehungserfahrung und Autoritarismus hingewiesen, womit vermutlich ein großer Teil der Varianz zwischen den Altersgruppen erklärt werden kann. Wieder ist auch die Bildung offensichtlich ein wichtiger Faktor.

Tabelle 3.1.10
Autoritarismus nach Geschlecht, Bildung, Alter und Einkommen 2012 (in Prozent)

	Geschlecht m	Geschlecht w	Bildung mit Abitur	Bildung ohne Abitur	Alter 14–30	Alter 31–60	Alter >61	Einkommen (€) <750	Einkommen 750–1.250	Einkommen 1.250–2.000	Einkommen 2.000–3.500	Einkommen >3.500
Wichtigste Eigenschaft: Unbedingter Gehorsam gegenüber der Autorität	24,8	23,3	18,5	25,1	16,8	20,6	33,9	17,7	25,9	27,6	22,1	21,6
Kriminalität und sexuelle Unmoral lassen es unumgänglich erscheinen, mit gewissen Leuten härter zu verfahren	66,3	64,1	52,8	67,6	53,7	64,4	73,2	60,3	66,1	67,5	64,8	63,5
Dankbarkeit für führende Köpfe	24,9	23,5	20,5	24,9	19,7	20,6	32,2	25	26,9	27,1	22,3	21,2
Gehorsam gegenüber den Eltern dem Kind dienlich	25,1	23,6	16,5	26	15	21,3	34,7	17,7	23,6	30	23,2	17,8
Autoritarismus insgesamt	17,6	17,4	11,9	18,6	10,7	14,6	26,1	11,8	19	22,5	14,6	15,1

3.2 Wirtschaftliche Teilhabe

Wie ist es – nach der Teil*nahme* – nun um die ökonomische Teil*habe* an der Gesellschaft bestellt? Wir haben bereits auf die mögliche Legitimation dieser Gesellschaft durch »output« hingewiesen (vgl. Kap. 2). Output bedeutet vor allem Teilhabe am Wohlstand einer Gesellschaft, aber auch Effekte wie die von uns beschriebene »narzisstische Plombe« spielen eine Rolle. Es muss also keineswegs ein direkter Zusammenhang nach dem Muster bestehen: gute Tarifabschlüsse und Lohnzuwächse gleich höhere Zustimmung zur Demokratie. Dennoch: Die individuelle wirtschaftliche Lage hat einen Einfluss sowohl auf die Einstellung der Bevölkerung zur Demokratie selbst als auch auf die Zustimmung in den einzelnen Dimensionen der rechtsextremen Einstellung.

Wahrnehmung der wirtschaftlichen Situation

Die relative wirtschaftliche Deprivation hat zwischen 2006 und 2012 abgenommen. Auf die Frage, wie die Befragten die eigene wirtschaftliche Lage heute und in einem Jahr beurteilen, waren fünf Antworten möglich (von »sehr gut« bis »sehr schlecht« bzw. von »wesentlich besser als heute« bis »wesentlich schlechter als heute«; die beiden Pole wurden für die Darstellung jeweils zusammengefasst; vgl. Tab. 3.2.1). Die eigene wirtschaftliche Lage wurde 2012 noch einmal deutlich besser eingeschätzt als noch 2010 – das spiegelt wahrscheinlich die bisher vergleichsweise gute Situation für die deutsche Bevölkerung in der »Eurokrise« wieder. Die eigene Lage wird sich zwar binnen Jahresfrist nach Ansicht der meisten Befragten nicht verbessern, verglichen mit den Werten der Vorjahre können wir aber keine ansteigende Zukunftsangst ausmachen. Nach wie vor ist die Einschätzung der eigenen wirtschaftlichen Lage in Ostdeutschland etwas schlechter als in Westdeutschland.

Welchen Einfluss hat die Beurteilung der eigenen wirtschaftlichen Lage auf die Ausprägung einer rechtsextremen Einstellung? Wer alle 18 Aussagen des Rechtsextremismus-Fragebogens zustimmend beantwortet (Grenzwert 63 bei einem Maximum-Wert von 90), gilt als Proband mit rechtsextremem Weltbild. Unter denen, die die Entwicklung ihrer wirtschaftlichen Lage ungünstig einschätzen, wuchs 2012 die Zahl der Probanden mit manifest rechtsextremer Einstellung an (vgl. Tab. 3.2.2).

Tabelle 3.2.1
Eigene wirtschaftliche Lage 2006–2012 (in Prozent)

	Gesamt 2006	Gesamt 2010	Gesamt 2012	West 2006	West 2010	West 2012	Ost 2006	Ost 2010	Ost 2012
Wie beurteilen Sie Ihre eigene wirtschaftliche Lage heute?									
sehr gut/gut	38,5	41,3	51	39,5	42,6	51,8	34,4	36,7	47,9
teils gut/teils schlecht	43,9	40,6	36,6	43,8	39,7	36,9	44,2	44,2	35,8
schlecht/sehr schlecht	17,6	18	12,3	16,7	17,7	11,3	21,3	19,1	16,3
Und wie wird Ihre eigene wirtschaftliche Lage in einem Jahr sein?									
wesentlich/besser als heute	13,7	15,4	14	14,4	16,8	14,6	11	10,3	11,9
gleichbleibend	60,4	67,5	66,7	61,2	67,4	66,8	57,5	67,9	66,3
etwas/wesentlich schlechter als heute	25,9	17,1	19,3	24,4	15,8	18,6	31,6	21,8	21,8

Damit zeigt sich: Es sind nicht »die Ostdeutschen«, die besonders rechtsextrem sind. Aber aufgrund der schlechteren wirtschaftlichen Bedingungen und der schlechteren Einschätzung der individuellen wirtschaftlichen Lage sind Befragte in strukturschwachen Regionen – von denen sich verglichen mit Westdeutschland vergleichsweise viele im Osten befinden – anfälliger für bestimmte Aspekte des Rechtsextremismus, insbesondere für die Ausländerfeindlichkeit.

Tabelle 3.2.2
Anteil der rechtsextrem Eingestellten nach Einschätzung der wirtschaftlichen Lage 2006–2012, Grenzwert > 63 (in Prozent)

	Eigene wirtschaftliche Lage heute			Eigene wirtschaftliche Lage in einem Jahr		
	(sehr) gut	teils/teils	(sehr) schlecht	(sehr) gut	teils/teils	(sehr) schlecht
2006	8,2	7,9	11,5	8,8	8,4	9,4
2010	7,1	8,4	10,5	7,6	8,1	9,5
2012	7,4	5,6	25,6	8,2	6,6	18,1

Abbildung 3.2.1 bildet eine Verteilung ab, die uns einen Hinweis auf den Grund für die oben berichtete relative Zuversicht vieler Befragter vermuten: Die Einkommensstrukturentwicklung hat sich stabilisiert, nachdem 2010 die höchste Prozentzahl unter 70% des Medians festzustellen war – jenem Wert, der die Verteilung in zwei gleich große Hälften teilt –, mit anderen Worten: als in dieser Zeitreihe die höchste Anzahl an Armen gemessen wurde. Im Vergleich zu den Jahren 2002 bis 2008 bleiben 2012 die Gruppen, denen unter 90% des Medians an Einkommen zur Verfügung steht, aber stark.

Nach wie vor deutlich ist der Unterschied der Einkommensstruktur zwischen Ost und West, wie ein Blick auf Abbildung 3.2.2 zeigt. Da die Zustimmung zu rechtsextremen Einstellungen in den unteren Einkommensgruppen, insbesondere in Ostdeutschland, über die Jahre stabil höher ist (vgl. Decker et al. 2010), steht hier ein Zusammenhang zu vermuten. Zu betonen ist jedoch, dass auch Personen mit höherem und hohem Einkommen rechtsextremen Aussagen zustimmen.

3 Politik und Leben in Deutschland

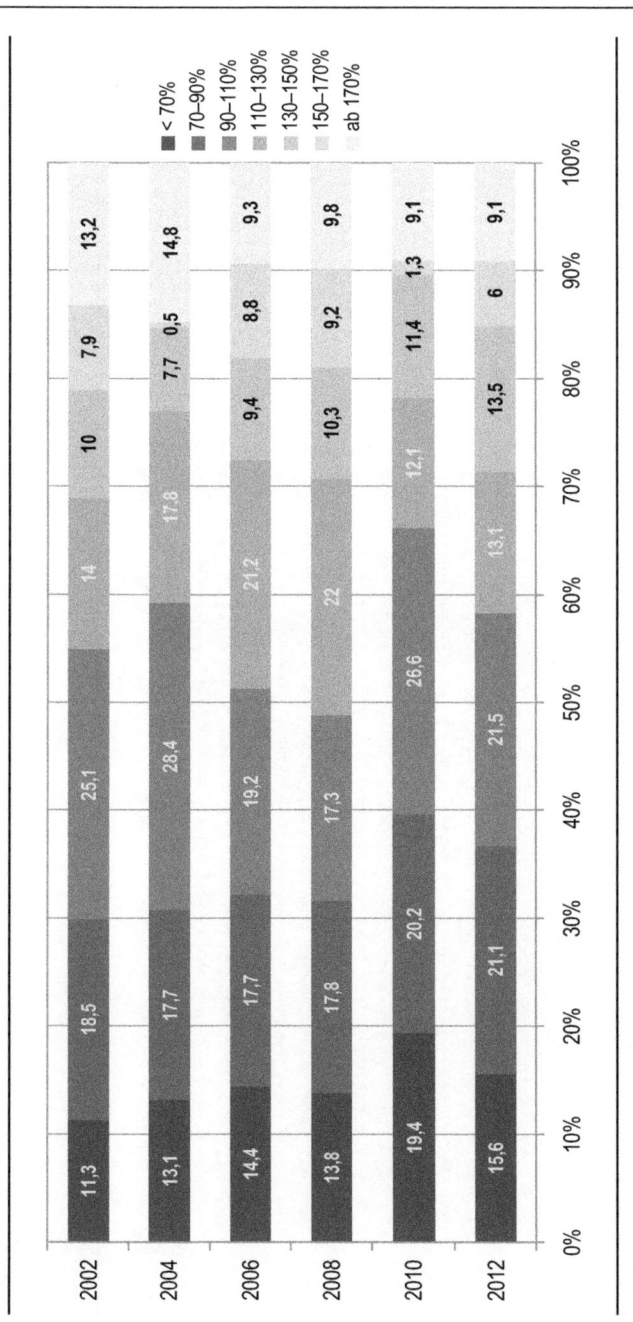

Abbildung 3.2.1
Einkommensstrukturentwicklung in Westdeutschland 2002–2012

Legende:
- < 70%
- 70–90%
- 90–110%
- 110–130%
- 130–150%
- 150–170%
- ab 170%

Jahr	< 70%	70–90%	90–110%	110–130%	130–150%	150–170%	ab 170%
2002	11,3	18,5	25,1	14	10	7,9	13,2
2004	13,1	17,7	28,4	17,8	7,7	0,5	14,8
2006	14,4	17,7	19,2	21,2	9,4	8,8	9,3
2008	13,8	17,8	17,3	22	10,3	9,2	9,8
2010	19,4	20,2	26,6	13,1	12,1	11,4	1,3	9,1
2012	15,6	21,1	21,5	13,5	6	9,1

87

Johannes Kiess, Oliver Decker & Elmar Brähler

Abbildung 3.2.2
Einkommensstrukturentwicklung in Ostdeutschland 2002–2012

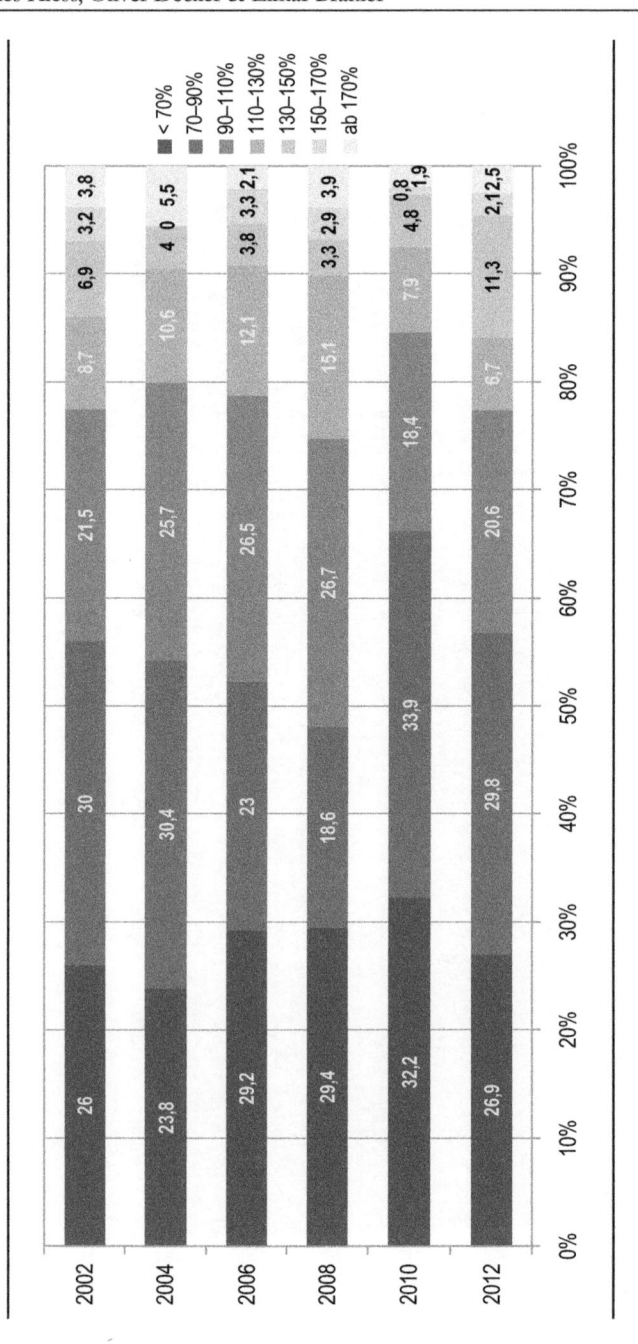

Jahr	<70%	70–90%	90–110%	110–130%	130–150%	150–170%	ab 170%
2002	26	21,5	8,7	6,9	3,2	3,8	
2004	23,8	30,4	25,7	10,6	4	0	5,5
2006	29,2	23	26,5	12,1	3,8	3,3	2,1
2008	29,4	18,6	26,7	15,1	3,3	2,9	3,9
2010	32,2	33,9	18,4	7,9	4,8	0,8	1,9
2012	26,9	29,8	20,6	6,7	11,3	2,	12,5

Aus demokratietheoretischer (und -praktischer) Sicht ist eine ungleiche Einkommens- und Wohlstandsverteilung in mancher Hinsicht problematisch. Der Einfluss auf politische Entscheidungen hängt zum Beispiel nicht unwesentlich von den Ressourcen ab, die für die Lobbyarbeit eingesetzt werden können – bei ungleicher Reichtumsverteilung droht eine Machtellipse (Colin Crouch), zu der nur Privilegierte Zugang haben. Die Höhe des Einkommens korreliert zudem, wie wir oben gesehen haben, stark mit der Intensität der politischen Partizipation. Höher Gebildete und Personen in der höchsten Einkommensgruppe sind deutlich öfter in Parteien engagiert, arbeiten öfter in Bürgerinitiativen mit und gehen eher zur Wahl. Je weiter die Gesellschaft ökonomisch auseinanderdriftet, desto mehr klaffen auch die politische Partizipation und Repräsentation auseinander. Nicht zuletzt bezieht die Gesellschaft ihre Legitimation aus der Bereitstellung von Output.

RECHTSEXTREMISMUS UND ERWERBSSITUATION

In »Die Mitte im Umbruch« sind wir bereits auf den Einfluss der Erwerbssituation der Befragten auf die Zustimmungswerte zu den verschiedenen Dimensionen der rechtsextremen Einstellung eingegangen (Decker, Kiess & Brähler 2012, 41, Tab. 2.3.4). Arbeitslose hatten die höchsten Werte in den Dimensionen »Ausländerfeindlichkeit«, »Chauvinismus« und »Befürwortung einer rechtsautoritären Diktatur«. Im Ruhestand befindliche Personen fielen mit durchgehend hohen Zustimmungswerten auf. In Kapitel 2 haben wir noch einmal die weitreichenden Konsequenzen des Umbaus der Arbeitsgesellschaft in den Blick genommen. Der Niedergang des institutionalisierten Normalarbeitsverhältnisses geht nicht spurlos an der Legitimations- und Integrationskraft der Gesellschaft vorbei.

Wir wollen uns zunächst den Zusammenhang von Arbeitslosigkeit und rechtsextremer Einstellung genauer ansehen und dabei die verschiedenen Altersgruppen vergleichen. Unter den Befragten, die angaben, bisher nie arbeitslos gewesen zu sein, ist ein Anstieg der Zustimmung über die Altersgruppen (aufsteigend) in jeder Dimension und in der Zeile »geschlossenes Weltbild« zu beobachten. Dieser auf den Alters- und teilweise auf den Bildungseffekt zurückführbare Eindruck relativiert sich allerdings bei steigender Betroffenheit von Arbeitslosigkeit (vgl. Tab. 3.2.3). Mehrmalige Arbeitslosigkeit führt zu höheren Werten in allen Dimensionen und in allen Altersgruppen.

Tabelle 3.2.3
Rechtsextreme Einstellung in Abhängigkeit von der Arbeitslosigkeit 2012 (in Prozent)

Deutsche	Nie arbeitslos bis 30 Jahre	Nie arbeitslos 31–60 Jahre	Nie arbeitslos ab 61 Jahre	Einmal arbeitslos bis 30 Jahre	Einmal arbeitslos 31–60 Jahre	Einmal arbeitslos ab 61 Jahre	Mehrmals arbeitslos bis 30 Jahre	Mehrmals arbeitslos 31–60 Jahre	Mehrmals arbeitslos ab 61 Jahre
Befürwortung Diktatur	2,8	3,1	4,6	1,5	1,7	2,5	10,3	3,3	10,9
Chauvinismus	13,8	20,1	24	9,9	13,6	17,7	21,1	19	34,8
Ausländerfeindlichkeit	16,2	24,1	30,2	13,6	19,8	30,4	35,9	31	43,5
Antisemitismus	5,5	6,8	13,2	1,5	7,4	7,6	13,2	6	26,1
Sozialdarwinismus	3,3	4,4	6,4	3	1,2	1,3	5,1	3,3	6,5
Verharmlosung des NS	2,5	2,5	4,6	3	0,8	3,8	7,7	2,7	6,5
Geschlossenes Weltbild (Grenzwert > 63)	6,1	8,2	12,9	4,6	4,1	11,4	16,2	6,6	26,1

Der Kreis schließt sich, wenn man das Augenmerk auf den Zusammenhang von erfahrener Arbeitslosigkeit und Bildung richtet (vgl. Tab. 3.2.4). Die Erfahrung einmaliger Arbeitslosigkeit machen auch Befragte mit höherem Bildungsabschluss, aber nur 6,1% von ihnen sind mehrmals von Arbeitslosigkeit betroffen. Befragte mit einem Bildungsabschluss unterhalb des Abiturs erleben das doppelt so häufig ($p < .001$). Während das Geschlecht keinen signifikanten Einfluss hat, sind sowohl das Einkommen – Personen, die viel verdienen, sind seltener von Arbeitslosigkeit bedroht – als auch das Alter signifikant ($p < .001$). Im Generationenvergleich erweist sich unsere Vermutung über den Wandel der Arbeitswelt aus Kapitel 2 als empirisch unterfüttert: Während von den nun großteils im Ruhestand befindlichen über 61-Jährigen nur jeder Zwanzigste mehrmals arbeitslos war (6%), trifft dies auf 15,7% der Nachfolgegeneration zu. Unter den 14- bis 30-Jährigen ist die Erfahrung von Arbeitslosigkeit heute schon höher als bei den über 60-Jährigen, aufgrund der kürzeren Zugehörigkeit zur erwerbsfähigen Bevölkerung aber noch deutlich niedriger als bei den 31- bis 60-Jährigen. Für die Jüngeren hat sich die Arbeitswelt gewandelt: Gehörte das »Normalarbeitsverhältnis« in den 1960er- und 1970er-Jahren fest zu den Rahmenbedingungen, so sind Arbeitslosigkeit und prekäre Beschäftigungsverhältnisse heute Massenphänomene geworden – und werden es wohl auf absehbare Zeit bleiben.

Tabelle 3.2.4
Erfahrung von Arbeitslosigkeit 2012 (in Prozent)

	Gesamt	Bildung mit Abitur	Bildung ohne Abitur	Alter (Jahre) 14–30	Alter (Jahre) 31–60	Alter (Jahre) > 61
Nie arbeitslos	72,7	78,5	71,5	77,6	63,7	83,6
Einmal arbeitslos	16,1	15,4	16,2	14,1	20,6	10,4
Mehrmals arbeitslos	11,2	6,1	12,2	8,3	15,7	6

Ähnlich wie der Bildungsstatus und die Erfahrung von Arbeitslosigkeit ist auch das Einkommen ein in allen Dimensionen auf dem 1%-Niveau signifikanter Einflussfaktor (vgl. Tab. 3.2.5). Interessanterweise finden sich bei den Personen mit niedrigem und mittlerem Einkommen die höchsten Werte. Das heißt, dass nicht nur diejenigen besonders häufig rechtsextrem eingestellt sind, die in sehr angespannten ökonomischen Verhältnissen (bis 1.250 € monatliches Einkommen) leben, sondern auch diejenigen, denen zwischen 1.250 und 2.000 € zur Verfügung stehen. Zu vermuten ist, dass hier Verlustängste eine besondere Rolle spielen, gerade bei denen, die zwar versorgt sind, aber doch Angst vor dem sozialen Abstieg haben müssen. Die höchsten Werte erreichen Personen mit dem nächst niedrigeren Einkommen: Wo die ökonomische Legitimationskraft am schwächsten ist, sind Ressentiments und antidemokratische Einstellung am stärksten. Die relativ niedrigen Werte bei der Gruppe der Befragten mit einem monatlichen Nettoeinkommen unter 750 € lässt sich wahrscheinlich damit erklären, dass zum Beispiel der Großteil der Studierenden in diese Gruppe fällt, deren Einkommen sich in absehbarer Zeit erhöhen wird und deren Zukunftsaussichten daher nicht so düster sind.

Tabelle 3.2.5
Zustimmung zum Rechtsextremismus nach Einkommen in € (in Prozent)

	< 750	750–1.250	1.250–2.000	2.000–3.500	> 3.500
Befürwortung Diktatur	1,5	6	4,4	2,5	2
Chauvinismus	22,1	25,9	21,7	16,3	17
Ausländerfeindlichkeit	20,6	38	29,6	19,9	19,7
Antisemitismus	5,9	11,8	11,1	7,4	5
Sozialdarwinismus	2,9	7,5	6,7	2,5	1
Verharmlosung des NS	1,5	6,9	3,8	2,1	1
Geschlossenes Weltbild (Grenzwert > 63)	8,8	14,4	11,7	6,6	5,4

Ein in der Untersuchung von 2012 zusätzlich erhobenes Item fragte nach der Erfahrung von beruflicher Ungerechtigkeit (Tab. 3.2.6). Während sich das Geschlecht als nicht signifikant erweist, sind das Alter, die Bildung und das Einkommen jeweils auf dem 1%-Niveau signifikant. In der Arbeitswelt erfahrene Ungerechtigkeit ist wiederum Druck, der »anderen« gegenüber abgelassen wird. Nicht nur, ob jemand Arbeit hat, sondern auch, wie sie bezahlt wird und durch welche Bedingungen das Arbeitsverhältnis geprägt ist, spiegelt sich demnach in den Einstellungen der Befragten wider.

Tabelle 3.2.6
Erfahrung beruflicher Ungerechtigkeit (in Prozent)

	Gesamt	Bildung		Alter (Jahre)		
		mit Abitur	ohne Abitur	14–30	31–60	> 61
Im Berufsalltag habe ich oftmals das Gefühl, dass ich ungerecht behandelt werde.	32,8	25,5	34,3	35,7	33,1	30,5

BESCHLEUNIGUNG UND BEDROHUNG IN DER MODERNE

Die Moderne ist von einem Zeitregime gekennzeichnet, das von Beginn an als andauernde Beschleunigung erlebt wurde. Auskunft darüber geben die einschlägigen Modernisierungstheorien, die diesen Vorgang nicht nur beschreiben, sondern ihn auch häufig fordern – etwa für Entwicklungsländer nachholende und für Industrieländer weitergehende Modernisierung einklagen (vgl. Zapf 1998). Die beschleunigte und sich selbst überholende Moderne wirkt sich auch auf die *Wahrnehmung* der Zeitgenoss/innen aus, wie sich leicht mit Verweisen auf Karl Marx, Heinrich Heine und andere Zeugen des 19. Jahrhunderts illustrieren lässt. In unserer Befragung haben wir zwei Fragebögen eingesetzt, um uns dieser These auch empirisch zu nähern. Der erste Fragebogen erfasst das Bedrohungserleben der Probanden; somit wurde erhoben, ob sie sich über bestimmte Themen Sorgen machen. Der zweite Fragebogen misst das Kontrollerleben.

Das Bedrohungserleben wurde mit insgesamt 18 Items erfasst, die sich in vier Gruppen einteilen lassen.[6] Die Frage nach Sorgen »über die zunehmende Beschleunigung in der Gesellschaft« ist für uns aus den genannten theoretischen Gründen zentral. Sorgen um »knappe Energieressourcen« (Frage 13), um den Nahost-Konflikt (Frage 14) und »über den globalen Terrorismus« (Frage 6) ließen sich keiner Dimension eindeutig zuordnen, wobei insbesondere der Terrorismus von 50% der Befragten als bedrohlich angesehen wurde.

---

6   Zu den Mittelwerten und einer näheren Beschreibung der Dimensionen vgl. Kapitel 5.2.

Die Antwortmöglichkeiten reichten auf einer Skala von 1 »überhaupt keine Sorgen« bis 5 »sehr große Sorgen«. Für die Darstellung in Tabelle 3.2.7 wurden die Werte 1 und 2 sowie 4 und 5 aus Gründen der besseren Übersichtlichkeit zusammengefasst. Die Reihenfolge der Darstellung folgt der Reihenfolge des Fragebogens, wie ihn die Befragten beantworten sollten.

Zunächst fällt auf, dass sich die Befragten wenig Sorgen um persönliche Belange machen. Dieser Dimension wurden die Items 2 »eigene wirtschaftliche Situation«, 3 »Gesundheit«, 16 »Beschleunigung« und 18 »Arbeitsplatzsicherheit« zugeordnet. Die Hälfte der Probanden macht sich um den eigenen Arbeitsplatz keine Sorgen und immerhin gut 40% auch nicht um die eigene Gesundheit. Andersherum betrachtet, machen sich aber mehr als ein Viertel genau über diese Fragen Sorgen, sowie über die eigene wirtschaftliche Situation und die zunehmende Beschleunigung in der Gesellschaft. Beachtet man, wie wichtig gerade das nahe persönliche Umfeld und die Gewissheit, über einen »sicheren Hafen« zu verfügen, ist, sind diese Befunde alles andere als beruhigend.

Die Deutschen sind relativ umweltbewusst: Jeder Zweite macht sich um den Schutz der Umwelt, den Klimawandel und über die Risiken der Atomkraft Sorgen. Vermutlich haben umweltbezogene Sorgen (Items 4 »Umweltschutz«, 11 »Klimawandel« und 12 »Atomkraft«) wenig Einfluss auf antidemokratische Einstellungen (vgl. Kap. 5.4).

Die wirtschaftliche Lage findet ebenfalls knapp die Hälfte der Befragten besorgniserregend, nicht einmal 20% sind diesbezüglich annähernd sorgenfrei. Auch die anderen auf die Nation bezogenen Sorgen (1 »allgemeine wirtschaftliche Entwicklung«, 7 »Kriminalität«, 8 »Zuwanderung« und 9 »Ausländerfeindlichkeit«) werden von Vielen geteilt: Am häufigsten sorgen sich die Befragten um die Entwicklung der Kriminalität 56,7%. Das bestätigt unsere Überlegungen hinsichtlich der sicherheitspolitischen Entwicklungen: Die Risiken und Nebenwirkungen der Moderne werden kanalisiert und als Kriminalität externalisiert. Das Sicherheitsbedürfnis der Bevölkerung wird – ohne hier ihren eigentlichen Ursprung zu haben – durch eine »Kultur der Kontrolle« (Garland 2001) befriedigt. Verseuchte Lebensmittel, Finanzjongleure an der Börse und der internationale Terrorismus werden, so könnte man es polemisch formulieren, in interne, lokal lösbare Probleme übersetzt, die beschrieb- und handhabbar sind (vgl. Ericson 2007).

Tabelle 3.2.7
»Über welche der folgenden Bereiche machen Sie sich Sorgen?« (in Prozent)

Item		Keine Sorgen	Teils/teils	Mache mir Sorgen
1	Um die allgemeine wirtschaftliche Entwicklung?	19,4	33,8	46,7
2	Um Ihre eigene wirtschaftliche Situation?	30,1	34	25,9
3	Um Ihre Gesundheit?	40,8	29,3	29,9
4	Um den Schutz der Umwelt?	20,2	32,5	47,3
5	Um die Erhaltung des Friedens?	23,1	30	46,9
6	Über den globalen Terrorismus?	23,1	26,9	50
7	Über die Entwicklung der Kriminalität in Deutschland?	16,6	26,7	56,7
8	Über die Zuwanderung nach Deutschland?	25,7	28	46,4
9	Über Ausländerfeindlichkeit und Fremdenhass in Deutschland?	26,6	34,7	38,7
10	Über die globale Migration?	26,2	42,4	31,4
11	Über den Klimawandel?	20,7	30,4	48,9
12	Über die Risiken der Atomkraft?	22,4	27,4	50,1
13	Um knappe Energieressourcen?	26,4	32	41,6
14	Um den Nahost-Konflikt?	30,8	33	36,2
15	Um den politischen Bedeutungsverlust des Westens?	44,4	31,7	24
16	Über die zunehmende Beschleunigung in der Gesellschaft?	35,4	33,9	30,8
17	Über Destabilisierungen ganzer Regionen in der Welt?	29,9	36,9	33,2
18	Um die Sicherheit des Arbeitsplatzes?	49,5	21,8	28,7

Paradox erscheint die gleichzeitige weite Verbreitung von Sorgen »über die Zuwanderung nach Deutschland« (46,4%) und »über Ausländerfeindlichkeit und Fremdenhass in Deutschland« (38,7%).

Globale Bedrohungen (5 »Erhaltung des Friedens«, 10 »globale Migration«, 15 »Bedeutungsverlust des Westens« und 17 »Destabilisierung ganzer Regionen«), allen voran die Sorgen um die Erhaltung des Friedens (47,3%), bereiten ebenfalls vielen Menschen Sorgen, wenn auch weniger als die auf die Nation bezogenen. Zugleich sind die globalen Gefahren sehr abstrakt, der Einzelne ist ihnen ohne Möglichkeiten der konkreten Gegenwehr ausgeliefert. Je ein Drittel sorgt sich um die globale Migration sowie die »Destabilisierung ganzer Regionen in der Welt«, knapp ein Viertel auch um den »politischen Bedeutungsverlust des Westens«.

4 Traditionslinien der Moderne

Oliver Decker, Johannes Kiess & Elmar Brähler

Die antidemokratische Einstellung scheint auf den ersten Blick ein Problem des Individuums zu sein. Selbst wenn sie als Massenphänomen auftritt, so setzt sie sich doch aus der politischen Orientierung von (sehr vielen) einzelnen Menschen zusammen. Es wirkt, als handele es sich um die Summe vieler individueller, irrationaler Äußerungen, wenn sich Menschen gegen das demokratische Fundament der Gesellschaft richten, wenn ihr Denken von Projektionen aufgeladen und ihr Handeln destruktiv ist. Tritt aber diese Irrationalität nicht nur bei Einzelnen, sondern bei Vielen auf, gibt es noch eine andere Lesart: »Die Irrationalität des rationalen Systems kommt zum Vorschein in der Psychologie des eingefangenen Subjekts.« (Adorno 1955b, 48). Auch in der antidemokratischen und rechtsextremen Einstellung des Einzelnen zeigt sich ein gesellschaftliches Problem, eines der modernen Gesellschaft. Je mehr Menschen davon erfasst werden, desto dringlicher wird es, diese Herausforderung zu verstehen. Rechtsextreme Einstellungen sind ein Gradmesser für diese brüchige ökonomische Rationalität, denn die ökonomische Krise kommt häufig überhaupt erst als psychische Krise ans Tageslicht. Auch deshalb ist die Frage interessant, wie weit rechtsextreme Einstellungen verbreitet und wie stark sie ausgeprägt sind.

Darüber hinaus ist es alles andere als trivial, warum sich das Versagen der gesellschaftlichen Integration durch ökonomische Teilhabe ausgerechnet als destruktive Irrationalität bemerkbar macht (vgl. Kap. 2). In der Diskussion um die Entstehungsbedingungen antidemokratischer und rechtsextremer Einstellungen nimmt die Vergesellschaftung eine prominente Position ein. Wie Menschen in eine Gesellschaft hineinwachsen, hat sich im Verlauf der Menschheitsgeschichte immer wieder gewandelt. Ausgehend vom psychoanalytischen Persönlichkeitsmodell vertrat bereits Erich Fromm in der ersten Studie zu Vorurteil und Autorität (Horkheimer, Fromm & Marcuse 1936) und, daran anschließend, die Berkley-Gruppe (Adorno et al. 1950) die Annahme, dass die Ausbildung einer antidemokratischen und vorurteilsverhafteten Persönlichkeitsstruktur vor allem von den Bedingungen der familiären Sozialisation zu verantworten sind (Adorno et al. 1950). Max Horkheimer hat in diesem Zusammenhang darauf hingewiesen, dass die Sozialisation in der gesamten Geschichte der Menschheit, so fundamental sie sich auch änderte, über ein verbindendes Element verfügt: die Gewalt, welche Gesellschaften aufwenden, um ihren Mitgliedern zu vermitteln, wer sie sind und was ihre Rolle ist (Horkheimer 1936). Auch die demokratische Gesellschaft kann nicht ganz auf Gewalt verzichten, und die frühen bürgerlichen Gesellschaften konnten es noch viel weniger. Sie setzten auf die Integration des Einzelnen in die Gesellschaft durch Gewalt einerseits und die in Aussicht gestellte ökonomische Teilhabe andererseits. Die Gewalt, vor allem in der Kindererziehung, bedingte die Ausbildung einer von Horkheimer, Marcuse und Fromm als autoritär bezeichneten Charakterstruktur. Damit aber die mit diesem Charakter verbundene Bereitschaft zur autoritären Aggression gegen alle, die als abweichend oder schwach wahrgenommen werden, auch wirklich zum Ausbruch kommt, müssen begünstigende gesellschaftliche Bedingungen hinzukommen. Das war den Autoren schon in den 1930er-Jahren klar. Sie weisen auf die besondere Situation in Deutschland nach dem Ersten Weltkrieg hin: Die feudal-patriarchale Gesellschaft kam infolge ihres umfassenden gesellschaftlichen und politischen Bankrotts an ihr Ende. Mit der Person des deutschen Kaisers dankte eine Gesellschaftsformation ab und mit ihr die alte Struktur der Familie: Der patriarchal und übermächtig regierende Familienvater wurde in seiner Position nachhaltig geschwächt. Patriarchale Gesellschaften zeichnen sich nicht allein durch die Gewalt von Männern über Frauen aus, sondern – umfassender – durch die Gewalt des Vaters beziehungsweise der Vaterfigur über alle anderen, auch die Söhne. Bei denen aber lag der Fall etwas anders, denn sie wurden nicht nur durch Gewalt in das patriarchale Gesellschaftssystem integriert, sondern auch durch die in Aussicht gestellte Belohnung, einmal genauso mächtig zu sein, genauso über Dinge und Menschen verfügen zu können, wie der Vater.

Für diejenigen aber, die in diese Gesellschaft hineinsozialisiert worden sind, wurde die Rechnung für ihre Unterwerfung unter die patriarchale Gewalt nicht beglichen. Die Belohnung, einmal selbst die väterliche Position innezuhaben, einmal selbst – konkret und sinnbildlich gesprochen – an der Macht und den ökonomischen Erträgen des akzeptierten Systems teilzuhaben, blieb mit dem gesellschaftlichen/politischen Zusammenbruch nach dem Ersten Weltkrieg schlechterdings aus. Die Wirkung war nicht nur bei denen abzulesen, denen das Versprechen selbst gegeben wurde, sondern auch bei der nachfolgenden Generation. Die Erziehung und damit die Integration basierte noch immer auf Gewalt, nur die in Aussicht gestellte Entschädigung hatte deutlich an Attraktivität verloren. Die Weltwirtschaftskrise von 1929 und die anschließende Legitimationskrise wirkten wohl deshalb in der Weimarer Republik so verheerend. Erst die spezifische Konstellation von Zusammenbruch und Enttäuschung provozierte, dass mit der autoritären Aggression ein Destruktionspotenzial freigesetzt wurde, welches sich seinen Weg in einem Angriffs- und Vernichtungskrieg bahnte (Horkheimer & Adorno 1944).

4.1 Die rechtsextreme Einstellung in Deutschland

Auch heute kann die Wirkung der Persönlichkeitsstruktur und des Erziehungsstils, den ein Individuum erfahren hat, auf die politische Einstellung empirisch belegt werden (Decker, Brähler & Geissler 2006; Decker et al. 2012a). Die sozialisatorische Gewalterfahrung ist ein wichtiger Einflussfaktor, sowohl auf die politische Einstellung als auch auf die Ressentiments im Erwachsenenalter. Allerdings ist die Familie heute nicht mehr der prominente Ort kindlicher Vergesellschaftung. Medien und gesellschaftliche Institutionen wie die Schule haben über die Jahre die Funktion der Eltern als Sozialisationsagenten zwar nicht abgelöst, aber doch relativiert, in dem Maße, in dem ihr Einfluss gewachsen ist. Vergesellschaftung und die damit verbundene Gewalterfahrung ist heute zudem ein lebenslanger Prozess. Deshalb schlugen wir die Formulierung vom »Veralten des Autoritären Charakters« vor (Decker 2010b), um sowohl die Gültigkeit des weiterhin gewaltvollen Verhältnisses zwischen Einzelnem und Gesellschaft zu kennzeichnen als auch die neuen Agenturen der Vergesellschaftung zu bezeichnen.

Da Sozialisationserfahrungen innerhalb einer Generation trotz aller individueller Differenzen geteilt werden, ist es interessant, die Ausprägung der rechtsextremen Einstellung nach Geburtsjahrgängen getrennt zu betrachten. So können wir eine Reihe von relevanten Ereignissen ausmachen, die geteilte Erfahrungen für die Kohorten sind: zum Beispiel das Kriegsende 1945, der Aufstand in der DDR im Juni 1951, der Mauerbau 1961, die nachholende gesellschaftliche Modernisierung in Westdeutschland, für die die Jahreszahl 1968 steht, oder der Mauerfall von 1989. Die kumulierte Stichprobe mit rund 17.000 Befragten bietet uns die Möglichkeit, zumindest nach Kohorten zu differenzieren. Als Kohorten werden zusammengefasste Geburtsjahrgänge bezeichnet, welche jeweils in Zehn-Jahres-Schritte unterteilt sind. Angefangen von den vor 1930 Geborenen, bis hin zu den nach 1981 Geborenen können wir sieben für die statistische Beschreibung ausreichend große Gruppen bilden. Die Ergebnisse sind dem Abschnitt 4.1.2 zu entnehmen.

Interessant ist auch, ob sich bei diesen Kohorten Schwankungen bei der Einstellung ergeben, welche als Hinweis auf aktuelle Einflüsse gewertet werden können. Damit verbunden stellt sich die Frage, ob sich bei einer Betrachtung über den Langzeitverlauf noch stabile Effekte in den Kohorten zeigen lassen. Da hierbei die Stichproben der sechs Erhebungen von 2002 bis 2012 verglichen werden und nicht mehr eine kumulierte Stichprobe, müssen die Gruppen anders unterteilt werden. Die Erhebungen werden wieder getrennt voneinander betrachtet und sind für eine feinere Unterteilung trotz des Umfangs von jeweils 2.500 bis 5.000 Probanden nicht groß genug. Deswegen gehen in die Darstellung der Ergebnisse im Langzeitverlauf von 2002 bis 2012 in Abschnitt 4.1.3 nur fünf Gruppen ein.

4.1.1 Beschreibung der Methodik und Stichprobe

In diesem Kapitel werden die Ergebnisse unserer Befragung zur rechtsextremen Einstellung in einer kumulierten Stichprobe nach Jahrgängen vorgestellt. Die Größe dieser kumulierten Stichprobe gestattet es, zunächst die Kohorten, also die in Zehn-Jahres-Gruppen zusammengefassten Jahrgänge, zu betrachten. Damit vergleichen wir das langjährige Mittel der Zustimmung in den unterschiedlichen Altersgruppen. Im Anschluss daran ist es möglich, für eine reduzierte Anzahl an Kohorten die rechtsextreme Einstellung so darzustellen, dass der Langzeitverlauf auch nach Altersgruppen differenziert werden kann.

Zu Beginn werden Methodik und Stichprobe unserer repräsentativen Datenerhebungen für die Jahre 2002 bis 2012 beschrieben. Der eingesetzte Fragebogen zur rechtsextremen Einstellung in der Leipziger Form ist in Kapitel 6 (in diesem Buch) vollständig wiedergegeben.

Die den folgenden Ergebnissen und Berechnungen zugrunde liegenden Erhebungen wurden seit 2002 im Zwei-Jahres-Rhythmus durch das Meinungsforschungsinstitut USUMA (Berlin) und im Auftrag der Universität Leipzig durchgeführt. Ein Teil der Untersuchungen (2006–2012) wurden durch Förderung beziehungsweise Teilförderung der Friedrich-Ebert-Stiftung unterstützt. Erhoben wurde jeweils in den Frühjahrsbeziehungsweise Frühsommermonaten (April, Mai, Juni, Anfang Juli). Zur Herstellung der Repräsentativität der Stichprobe wurde zunächst eine Aufteilung der besiedelten Fläche der Bundesrepublik Deutschland in Stichprobenflächen (sog. Sample-Points) vorgenommen. Die überschneidungsfreie räumliche Definition der Sample-Points und die Zuordnung der Menge der Haushalte und Einwohner/innen zu jedem Sample-Point wurde sichergestellt. Dies geschah mit der Anforderung, möglichst homogene, zumindest aber möglichst mengenmäßig gleichgroße Sample-Points zu bilden. Jeder Sample-Point sollte räumlich eng zusammenhängende Gebiete erfassen. Für dieses Vorgehen standen die Stichproben der Arbeitsgemeinschaft Deutscher Meinungsforschungsinstitute (ADM) zur Verfügung. Das weitere, dreistufige Ziehungsverfahren lässt sich wie folgt beschreiben:

– Für die erste Stufe (Sample-Point-Auswahl) wurden deutschlandweit je Erhebung circa 250 bis 300 Sample-Points gezogen. Vier Fünftel der Auswahlflächen befanden sich jeweils in den alten und ein Fünftel in den neuen Bundesländern.
– Für die zweite Stufe (Random-Route-Verfahren zur Haushaltsauswahl) wurden innerhalb dieser Flächen eine Startadresse und eine Schrittweite für die Zufallsauswahl der Haushalte vorgegeben. Eine Begehung vor Ort lieferte dafür die Basis. Die Interviewer/innen waren ange-

halten, alle Klingelschilder bis zu einer bestimmten Anzahl (also 2012 z.B. 14 bzw. um so viel mehr wie qualitätsneutrale Ausfälle festgestellt wurden) nach festgelegten Regeln vor Ort aufzulisten. Die Liste dieser Haushalte galt als für die Befragung ausgewählt.
– Für die dritte Stufe (Personenauswahl) mussten die Interviewer/innen im ausgewählten Haushalt alle Personen, die der Grundgesamtheit der Stichprobe entsprachen, ermitteln und nochmals per vorgegebenem Zufallsverfahren eine Zielperson auswählen, mit der schließlich die Befragung durchzuführen war. Auf dieser Basis führte USUMA die Bus-Befragung als Face-to-Face-Interview durch.

Da sowohl die Flächenstichprobe als auch die Auswahl der Privathaushalte innerhalb der Flächen sowie die Zielpersonenauswahl im jeweils kontaktierten Privathaushalt als Zufallsauswahl realisiert wurden, sind die ADM-Stichproben als repräsentative Zufallsstichproben zu bewerten, die den in der mathematischen Statistik entwickelten Zufallsmodellen unterliegen.

Im Feld wurden erfahrene und geschulte Interviewer/innen eingesetzt, die für dieses Projekt eine schriftliche Interviewanweisung erhielten. Darin wurden neben den Angaben zur Startadresse (Postleitzahl, Ort und Straßenname) Hinweise zur Vorgehensweise bei der Befragung und konkrete Erläuterungen zu besonders zu beachtenden Fragebogeninhalten gegeben. In der ersten Kontaktphase händigten die Interviewer/innen den Befragten zudem eine ausführliche Datenschutzerklärung aus. Zusätzlich wurde ein offizielles Anschreiben der Universität Leipzig übergeben, welches noch einmal auf den wissenschaftlichen Charakter der Umfrage hinwies.

Bei der eigentlichen Befragung erhoben die Interviewer/innen die soziodemografischen Angaben zur Zielperson und zum Haushalt nach den demografischen Standards des Statistischen Bundesamtes. Danach wurde den Befragten der Fragebogen übergeben. Dieser sollte aufgrund der teilweise sehr persönlichen Angaben eigenständig beantwortet werden. Die Interviewer/innen standen bei Schwierigkeiten allerdings beratend zur Verfügung. Zur Wahrung der Anonymität hatten die Befragten die Möglichkeit, den ausgefüllten Fragebogen in einem verschlossenen Umschlag an die Interviewer/innen zurückzugeben. Diese Umschläge wurden erst im Institut geöffnet.

Die Feldphasen gliederten sich jeweils in eine Haupt- und in eine Nachfasswelle, wobei alle Sample-Points der Stichprobe in der Hauptwelle eingesetzt wurden. Die Ausschöpfungsquoten der Hauptwellen waren mit jeweils über 55% sehr hoch. Als Ausfälle wurden folgende Fälle gewertet: die Weigerung des Haushalts, die Weigerung der Zielperson zur Auskunft, wenn trotz viermaligem Besuch des Haushalts niemand angetroffen wurde sowie etwaige Krankheiten, Urlaub oder Abwesenheit der Zielperson.

Der Tabelle 4.1.1.1 ist die soziodemografische Beschreibung der kumulierten Stichprobe entlang zentraler Parameter zu entnehmen. Zur Beschreibung der einzelnen Stichproben wie auch für die Spezifika der Ausschöpfungsquote und Ausfälle in den einzelnen Erhebungsjahrgängen sei an dieser Stelle auf die entsprechenden Veröffentlichungen verwiesen (Decker, Niedermayer & Brähler 2003; Decker & Brähler 2005; Decker, Brähler & Geissler 2006; Decker & Brähler 2008; Decker et al. 2010; Decker, Kiess & Brähler 2012).

In diesen Erhebungen wurde als Kernstück der Untersuchung jeweils ein Fragebogen zur rechtsextremen Einstellung eingesetzt (in der Leipziger Form; vgl. hierzu und zu den folgenden Angaben Kap. 6 in diesem Buch). Er umfasst 18 Aussagen, die jeweils sechs Dimensionen der rechtsextremen Einstellung zugeordnet werden. Die Aussagen wie die Dimensionen sind Ergebnis einer Konsensuskonferenz aus dem Jahre 2000, die mit dem Ziel durchgeführt wurde, die Vergleichbarkeit verschiedener Untersuchungen zur rechtsextremen Einstellung durch ein gemeinsam verwendetes Forschungsinstrument sicherzustellen. Hierfür einigten sich die Teilnehmer/innen auf die Dimensionen »Befürwortung einer rechtsautoritären Diktatur«, »Chauvinismus«, »Ausländerfeindlichkeit«, »Antisemitismus«, »Sozialdarwinismus« und »Verharmlosung des Nationalsozialismus«. Die Aussagen und ihre Zuordnung zu den Dimensionen sind in der Tabelle 4.1.1.2 dargestellt. Gleichzeitig gibt die Tabelle mit der Antwortverteilung zu den Aussagen Auskunft. Die angegebenen Prozentwerte stellen den langjährigen Mittelwert der Zustimmung dar.

Tabelle 4.1.1.1
Soziodemografie der kumulierten Stichprobe (2002–2012)

		Gesamtgruppe (N = 16.648)		Westdeutsche (N = 12.647)		Ostdeutsche (N = 4.001)	
Alter in Jahren	Mittelwert	49,14		48,54		51,06	
	Standardabweichung	18,14		18,01		18,40	
		absolut	in %	absolut	in %	absolut	in %
Altersgruppen	bis 1930 geboren	1.139	6,8	779	6,2	360	9
	1931–40 geboren	2.549	15,3	1.818	14,4	731	18,3
	1941–50 geboren	2.725	16,4	1.999	15,8	726	18,2
	1951–60 geboren	2.904	17,4	2.218	17,5	686	17,2
	1961–70 geboren	3.049	18,3	2.465	19,5	584	14,6
	1971–80 geboren	2.142	12,9	1.662	13,1	480	12
	ab 1981 geboren	2.140	12,9	1.706	13,5	434	10,9
Geschlecht	männlich	7.806	46,9	5.850	46,3	1.956	48,9
	weiblich	8.842	53,1	6.797	53,7	2.045	51,1
Schulabschluss	ohne Haupt-/Volksschulabschluss	227	1,4	180	1,4	47	1,2
	Haupt-/Volksschulabschluss	7.120	42,8	5.931	46,9	1.189	29,7
	Mittlere Reife/Realschulabschluss	4.462	26,8	3.949	31,2	513	12,8
	Abschluss POS	1.434	8,6	148	1,2	1.286	32,1
	Fachschulabschluss (ohne Anerkennung)	541	3,3	303	2,4	238	6

Fortsetzung Tabelle 4.1.1.1

		Gesamtgruppe (N = 16.648)		Westdeutsche (N = 12.647)		Ostdeutsche (N = 4.001)	
		absolut	in %	absolut	in %	absolut	in %
Schulabschluss	Allgemeine oder fachgebundene Hochschulreife/Abitur …	1.263	7,6	1.005	8	258	6,5
	Universitäts-/Hochschul- bzw. Fachhochschulstudium …	1.115	6,7	696	5,5	419	10,5
	Schüler	486	2,9	435	3,4	51	1,3
Beruf	noch nie berufstätig	214	1,4	197	1,7	17	0,5
	Arbeiter	1.542	10,1	1.193	10,3	349	9,4
	Facharbeiter	3.856	25,2	2.489	21,5	1.367	36,9
	Landwirt	107	0,7	102	0,9	5	0,1
	freie Berufe	182	1,2	135	1,2	47	1,3
	Selbständige	740	4,8	592	5,1	148	4
	Angestellte	8.035	52,5	6.332	54,6	1.703	46
	Beamte	622	4,1	554	4,8	68	1,8
Haushalts- einkommen	weniger als 750 Euro/Monat	701	4,4	339	2,8	362	9,6
	750 bis zu 1.250 Euro/Monat	3.015	19	2.075	17,1	940	24,9
	1250 bis zu 2.000 Euro/Monat	5.588	35,1	4.028	33,2	1.560	41,2
	über 2.000 Euro/Monat	6.599	41,5	5.678	46,9	921	24,4
Kirchen- zugehörigkeit	nein	4.196	25,3	1.465	11,6	2.731	69
	ja	12.360	74,7	11.133	88,4	1.227	31

Tabelle 4.1.1.2
Verteilung der Antworten im Fragebogen zur rechtsextremen Einstellung in Prozent (kumulierte Stichprobe 2002–2012)

	lehne völlig ab	lehne überwiegend ab	stimme teils zu, teils nicht zu	stimme überwiegend zu	stimme voll und ganz zu
Dimension Befürwortung einer rechtsautoritären Diktatur					
Im nationalen Interesse ist unter bestimmten Umständen eine Diktatur die bessere Staatsform.	49,7	21,8	19,8	6,9	1,7
Wir sollten einen Führer haben, der Deutschland zum Wohle aller mit starker Hand regiert.	48,9	18	18,7	10,8	3,7
Was Deutschland jetzt braucht, ist eine einzige starke Partei, die die Volksgemeinschaft insgesamt verkörpert.	34,1	19,1	23,2	16,9	6,7
Dimension Chauvinismus					
Wir sollten endlich wieder Mut zu einem starken Nationalgefühl haben.	15,9	14,5	30,9	26,8	11,9
Was unser Land heute braucht, ist ein hartes und energisches Durchsetzen deutscher Interessen gegenüber dem Ausland.	21,9	17,2	31,7	21	8,3
Das oberste Ziel der deutschen Politik sollte es sein, Deutschland die Macht und Geltung zu verschaffen, die ihm zusteht.	24,4	18,3	30,6	20,3	6,4
Dimension Ausländerfeindlichkeit					
Die Ausländer kommen nur hierher, um unseren Sozialstaat auszunutzen.	15,7	16,6	31,6	21,3	14,7
Wenn Arbeitsplätze knapp werden, sollte man die Ausländer wieder in ihre Heimat zurückschicken.	19,9	18,1	28,8	18,9	14,4
Die Bundesrepublik ist durch die vielen Ausländer in einem gefährlichen Maß überfremdet.	19	16,2	27,7	22,7	14,5

Fortsetzung Tabelle 4.1.1.2

	lehne völlig ab	lehne überwiegend ab	stimme teils zu, teils nicht zu	stimme überwiegend zu	stimme voll und ganz zu
Dimension Antisemitismus					
Auch heute noch ist der Einfluss der Juden zu groß.	33,2	22,7	25,3	13,6	5,2
Die Juden arbeiten mehr als andere Menschen mit üblen Tricks, um das zu erreichen, was sie wollen.	39,2	22,6	22,8	11,4	4
Die Juden haben einfach etwas Besonderes und Eigentümliches an sich und passen nicht so recht zu uns.	38,6	22,1	24,4	11,2	3,7
Dimension Sozialdarwinismus					
Wie in der Natur sollte sich in der Gesellschaft immer der Stärkere durchsetzen.	38,5	21,8	22,9	13,6	3,2
Eigentlich sind die Deutschen anderen Völkern von Natur aus überlegen.	39,5	23,3	22,6	11,5	3,1
Es gibt wertvolles und unwertes Leben.	54,8	16,2	17,5	7,9	3,6
Dimension Verharmlosung des Nationalsozialismus					
Ohne Judenvernichtung würde man Hitler heute als großen Staatsmann ansehen.	49	21,3	18	9,1	2,5
Die Verbrechen des Nationalsozialismus sind in der Geschichtsschreibung weit übertrieben worden.	50,6	22,8	18,2	5,9	2,5
Der Nationalsozialismus hatte auch seine guten Seiten.	46,1	20,8	22,3	7,8	3

4.1.2 Die rechtsextreme Einstellung in den Alterskohorten

Zunächst betrachten wir die Zustimmungswerte zu den Dimensionen des Fragebogens zur rechtsextremen Einstellung für die kumulierte Stichprobe nach Kohorten. Hierfür werden in einem ersten Schritt die zustimmenden Antworten nach Dimensionen zusammengefasst; als Zustimmung je Dimensionen gelten Probanden, welche mit ihren Antworten einen Wert > 12 erreichen. Dieser Wert ergibt sich aus folgender Überlegung: Der Antwortkategorie »stimme zu« ist der Wert »4« und der Antwortkategorie »stimme voll und ganz zu« der Wert »5« zugewiesen. Daher haben Probanden mit einem Summenwert von > 12 je Dimensionen im Mittel allen Aussagen zugestimmt. Tabelle 4.1.2.1 ist die Zustimmung im langjährigen Mittel für die gesamte Stichprobe zu entnehmen.

Tabelle 4.1.2.1
Zustimmung zu den Dimensionen in Prozent (kumulierte Stichprobe 2002–2012)

	West	Ost
Befürwortung einer rechtsautoritären Diktatur	4,6	6,8
Chauvinismus	18,9	17,4
Ausländerfeindlichkeit	23,2	31,6
Antisemitismus	9,8	6,3
Sozialdarwinismus	4,1	5,8
Verharmlosung des Nationalsozialismus	4,2	2,4

Wie bereits erwähnt, wurden im zweiten Schritt Kohorten gebildet. Die Geburtsjahrgänge wurden zusammengefasst in:
- bis 1930 Geborene
- 1931 bis 1940 Geborene
- 1941 bis 1950 Geborene
- 1951 bis 1960 Geborene
- 1961 bis 1970 Geborene
- 1971 bis 1980 Geborene
- ab 1981 Geborene.

Die Gruppen werden nach West- und Ostdeutschland getrennt dargestellt. Für die Geburtsjahrgänge bis 1945 kann von einem geteilten sozialisatorischen Erfahrungsraum ausgegangen werden. Vermutlich ist sogar bis in die Geburtsjahrgänge der 1960er-Jahre hinein systemübergreifend von einem Erziehungsideal der Härte auszugehen. Für diese Annahme sprechen die Befunde des erinnerten Erziehungsverhaltens im Kohortenvergleich (Decker et al. 2012a). Bei den Geburtsjahrgängen ab 1971 muss für Ostdeutschland zudem von einer Auswirkung der Binnenmigration nach der Friedlichen Revolution von 1989 ausgegangen werden. Infolge der strukturellen Arbeitslosigkeit in weiten Teilen Ostdeutschlands sind Wanderungsbewegungen von bildungsnahen Schichten dokumentiert, während sich die bildungsfernen Schichten eher sesshaft zeigten. Stellt man den Einfluss der Bildung auf die politische Einstellung in Rechnung, handelt es sich um eine Art negativer Selektion.

Die Ergebnisse der Zustimmung zur Befürwortung einer rechtsautoritären Diktatur je Kohorte sind der Abbildung 4.1.2.1 zu entnehmen. Die Befürwortung einer Diktatur ist in Ostdeutschland über alle Kohorten hinweg stärker ausgeprägt als in Westdeutschland. Dies findet sich auch in der durchschnittlichen Zustimmung in Ostdeutschland mit 6,8% gegenüber 4,6% in Westdeutschland wieder. Während für Westdeutschland die Zustimmung mit steigendem Alter kontinuierlich wächst, lassen die Zustimmungswerte in Ostdeutschland durch die Schwankungen zwischen Kohorten kein solches Muster erkennen. Die Gruppe der 1941 bis 1950 Geborenen weisen in Ost- wie Westdeutschland gleiche Werte auf, in Ostdeutschland ist die Zustimmung in dieser Gruppe am schwächsten ausgeprägt. Betrachtet man die Zustimmung in den Altersgruppen noch einmal getrennt nach Alter, ist ein Ergebnis nennenswert (ohne Abb.): In Westdeutschland ist die Zustimmung der Frauen in der Altersgruppe der bis 1930 Geborenen mit 8,4% fast so hoch wie die ihrer männlichen Altersgenossen in Ostdeutschland, obwohl Frauen seltener und wenn, dann weniger stark als Männer, rechtsextreme Aussagen unterstützen. Die westdeutschen Frauen dieser Geburtsjahrgänge bilden eine Ausnahme von dieser Regel. Interessant ist auch, dass Frauen in Ostdeutschland in dieser Kohorte weniger häufig den Aussagen zustimmen (8,3%) als die gleichalten ostdeutschen Männer, welche die stärkste Zustimmung zeigen (9,4%). Die Männer der Kohorte bis 1930 mit hohem Bildungsabschluss (Abitur) laufen ebenfalls gegen den Trend: Obwohl die antidemokratische Einstellung mit höheren Bildungsabschlüssen üblicherweise abnimmt, sind sie weit häufiger Befürworter einer rechtsautoritären Diktatur (11,7%) als ihre Altersgenossen ohne Abitur (7,8%). Dieser Trend hält über alle Dimensionen rechtsextremer Einstellung an.

Abbildung 4.1.2.1
Zustimmung zur Dimension Befürwortung einer rechtsautoritären Diktatur in Prozent (kumulierte Stichprobe)

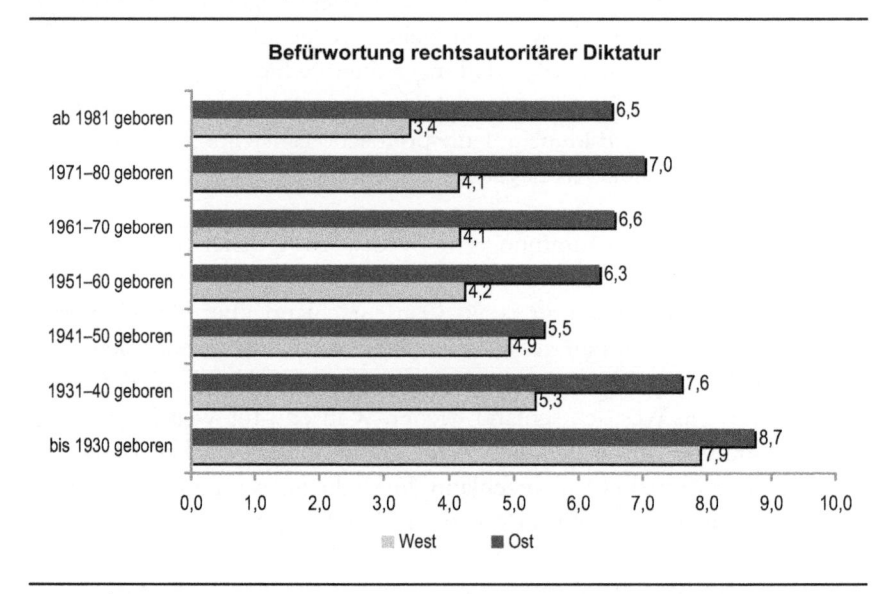

Befürwortung rechtsautoritärer Diktatur

Geburtsjahrgang	West	Ost
ab 1981 geboren	3,4	6,5
1971–80 geboren	4,1	7,0
1961–70 geboren	4,1	6,6
1951–60 geboren	4,2	6,3
1941–50 geboren	4,9	5,5
1931–40 geboren	5,3	7,6
bis 1930 geboren	7,9	8,7

Bei der Zustimmung zu chauvinistischen Aussagen im langjährigen Mittel zeichnet sich ab, was auch bei den anderen Dimensionen bemerkbar ist: Die jüngeren Ostdeutschen sind so rechtsextrem eingestellt wie die westdeutschen Männer der Geburtsjahrgänge vor 1950 (vgl. Abb. 4.1.2.2). Der Chauvinismus ist bei den älteren westdeutschen Männern bei fast jedem zehnten anzutreffen. In dieser Dimension stimmen die ostdeutschen Frauen der Geburtsjahrgänge bis 1940 stärker zu als die Männer dieser Jahrgänge (Geburtsjahrgänge bis 1930: 16,5% der Männer und 18,7% der Frauen; bis 1940: 15,3% der Männer und 19,6% der Frauen). Über alle Altersgruppe hinweg finden chauvinistische Aussagen die Zustimmung von 18,8% der Befragten in Westdeutschland und 17,4% in Ostdeutschland.

Abbildung 4.1.2.2
Zustimmung zur Dimension Chauvinismus in Prozent (kumulierte Stichprobe)

Chauvinismus

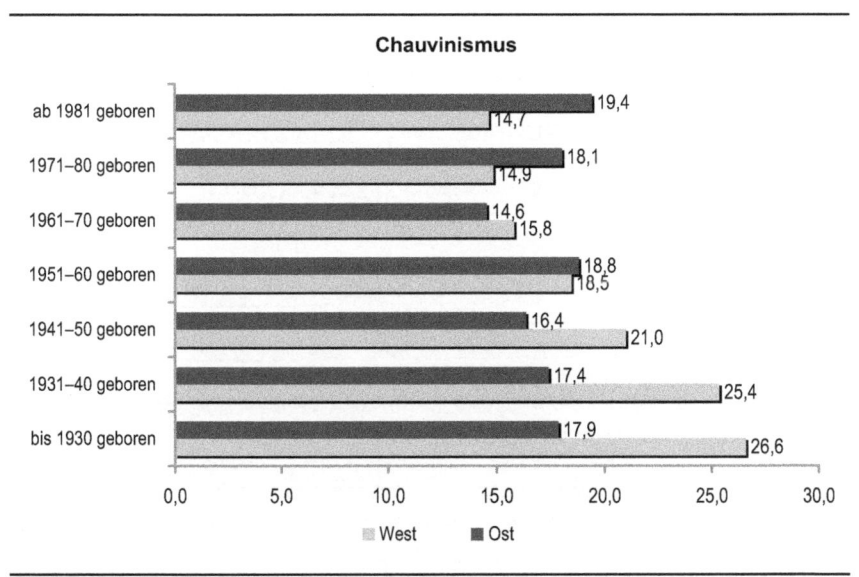

Geburtsjahrgang	West	Ost
ab 1981 geboren	14,7	19,4
1971–80 geboren	14,9	18,1
1961–70 geboren	15,8	14,6
1951–60 geboren	18,5	18,8
1941–50 geboren	21,0	16,4
1931–40 geboren	25,4	17,4
bis 1930 geboren	26,6	17,9

Auch im langjährigen Mittel und über die Kohorten hinweg bestätigt sich der bekannte Befund, dass die Ausländerfeindlichkeit eine bundesweit sehr verbreitete Einstellung ist. Im Westen stimmen insgesamt 23,2% der Befragten den ausländerfeindlichen Aussagen zu, im Osten sind es mit 31,6% sogar deutlich mehr. Während im Westen in den jüngeren Altersgruppen die wenigsten und – bei kontinuierlicher Zunahme – in den ältesten Gruppen die meisten ausländerfeindlich Eingestellten zu finden sind, sieht die Situation im Osten anders aus: Hier geben die ab 1981 Geborenen eine ähnlich hohe Zustimmung an wie die bis 1930 Geborenen im Westen. Der Einfluss der Bildung fällt in dieser Dimension erwartungskonform aus – ein hoher formaler Bildungsabschluss korrespondiert mit geringer Zustimmung. Dagegen überrascht der Geschlechtervergleich. Frauen der Geburtsjahrgänge von 1931 bis 1950 im Osten und Frauen der Geburtsjahrgänge vor 1930 im Westen stimmen ausländerfeindlichen Aussagen häufiger zu als ihre männlichen Altersgenossen.

Abbildung 4.1.2.3
Zustimmung zur Dimension Ausländerfeindlichkeit in Prozent
(kumulierte Stichprobe)

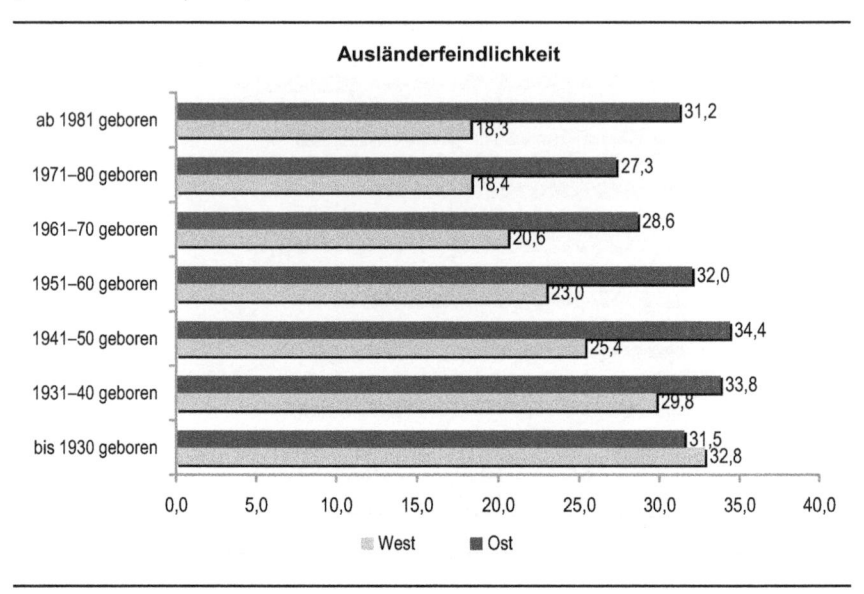

Ausländerfeindlichkeit

Geburtsjahrgang	West	Ost
ab 1981 geboren	31,2	18,3
1971–80 geboren	27,3	18,4
1961–70 geboren	28,6	20,6
1951–60 geboren	32,0	23,0
1941–50 geboren	34,4	25,4
1931–40 geboren	33,8	29,8
bis 1930 geboren	31,5	32,8

Bei der Zustimmung zu antisemitischen Aussagen ist ein klares Ost-West-Gefälle mit anderen Vorzeichen als bei der Ausländerfeindlichkeit erkennbar. In Westdeutschland ist die Zustimmung zu antisemitischen Aussagen generell höher als in Ostdeutschland (Abb. 4.1.2.4). Dies gilt über die Altersgruppen hinweg: In Westdeutschland ist jeder 10. Befragte antisemitisch eingestellt (9,8%), während es im Osten nur rund jeder 16. Befragte ist (6,3%). Die jüngeren Befragten im Osten stimmen antisemitischen Aussagen am wenigsten zu. Im Westen steigt auch in dieser Dimension die Zustimmung mit dem Alter der Befragten. Der Antisemitismus ist bei den Frauen der Geburtsjahrgänge bis 1930 im Osten (7,1%) sehr viel stärker ausgeprägt als bei den Männern dieser Kohorte (4,4%). Im Westen ist der Antisemitismus unabhängig vom Bildungsgrad bei rund 15% der Geburtsjahrgänge bis 1930 salonfähig, während sonst in Ost wie West formal hohe Bildungsabschlüsse mit weniger Zustimmung zu antisemitischen Aussagen einhergehen.

Abbildung 4.1.2.4
Zustimmung zur Dimension Antisemitismus in Prozent
(kumulierte Stichprobe)

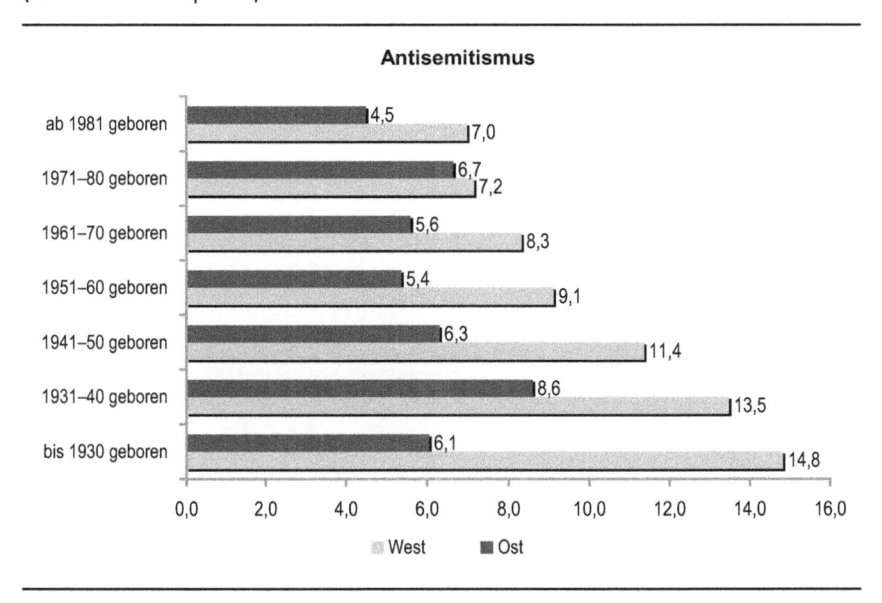

Antisemitismus

Geburtsjahrgang	West	Ost
ab 1981 geboren	4,5	7,0
1971–80 geboren	6,7	7,2
1961–70 geboren	5,6	8,3
1951–60 geboren	5,4	9,1
1941–50 geboren	6,3	11,4
1931–40 geboren	8,6	13,5
bis 1930 geboren	6,1	14,8

Der Sozialdarwinismus scheint in seiner Ausprägung nicht direkt mit dem Alter zusammenzuhängen. Insgesamt stimmen im Westen 4,1% und im Osten 5,8% der Befragten sozialdarwinistischen Aussagen zu (Abb. 4.1.2.5). Im Unterschied zur höheren Zustimmung zu rechtsextremen Aussagen der älteren Geburtsjahrgänge im Westen, sind in dieser Dimension Schwankungen zwischen den Jahrgängen festzustellen. Die größte Zustimmung erfährt der Sozialdarwinismus in der Gruppe der 1931 bis 1940 Geborenen im Osten. Geschlechts- und Bildungseffekte sind erwartungskonform. Nur die Frauen der Geburtsjahrgänge bis 1930 im Westen stimmen mit 6,5% geringfügig stärker zu als ihre männlichen Altersgenossen mit 5,8%.

Abbildung 4.1.2.5
Zustimmung zur Dimension Sozialdarwinismus in Prozent (kumulierte Stichprobe)

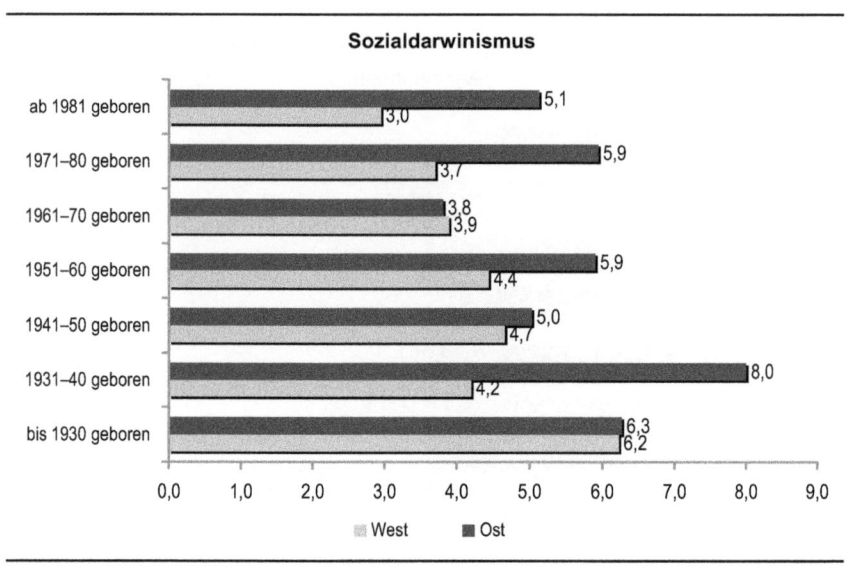

Sozialdarwinismus

Geburtsjahrgang	West	Ost
ab 1981 geboren	3,0	5,1
1971–80 geboren	3,7	5,9
1961–70 geboren	3,9	3,8
1951–60 geboren	4,4	5,9
1941–50 geboren	4,7	5,0
1931–40 geboren	4,2	8,0
bis 1930 geboren	6,2	6,3

Die Verharmlosung des Nationalsozialismus ist vor allem für die Geburtsjahrgänge bis 1940 im Westen ein relevantes Thema (vgl. Abb. 4.1.2.6). Sowohl in der Kriegsteilnehmer- als auch in der HJ- und Flakhelfergeneration ist die Zustimmung am größten; darunter liegen die Westdeutschen mit Abitur geringfügig über denen ohne Abitur (9,3% gegenüber 8,8%). Über alle Altersgruppen hinweg ist im Westen (4,2%) die Zustimmung größer als im Osten (2,4%). Hier macht sich die sehr geringe Zustimmung der zwischen 1941 und 1960 Geborenen im Osten bemerkbar. Die Differenz zu ihren Altersgenossen im Westen macht sicherlich den Einfluss der für das Selbstverständnis der DDR so wichtigen Abgrenzung zum »Hitler-Faschismus« auf die Erziehung deutlich.

In der Abbildung 4.1.2.7 ist der Anteil derjenigen abgebildet, welche unserer Definition nach ein manifest rechtsextremes Weltbild haben (vgl. Kap. 6). Für Westdeutschland zeichnet sich eine Ballung für die Geburtsjahrgänge vor 1950 über den gesamten Fragebogen zur rechtsextremen Einstellung ab: fast 10% der Befragten dieser Jahrgänge sind manifest rechtsextrem, bei den bis 1930 Geborenen sind es sogar 16,2% und damit mehr als drei Mal so viel wie in der Kohorte der ab 1981 Geborenen.

Abbildung 4.1.2.6
Zustimmung zur Dimension Verharmlosung des Nationalsozialismus in Prozent (kumulierte Stichprobe)

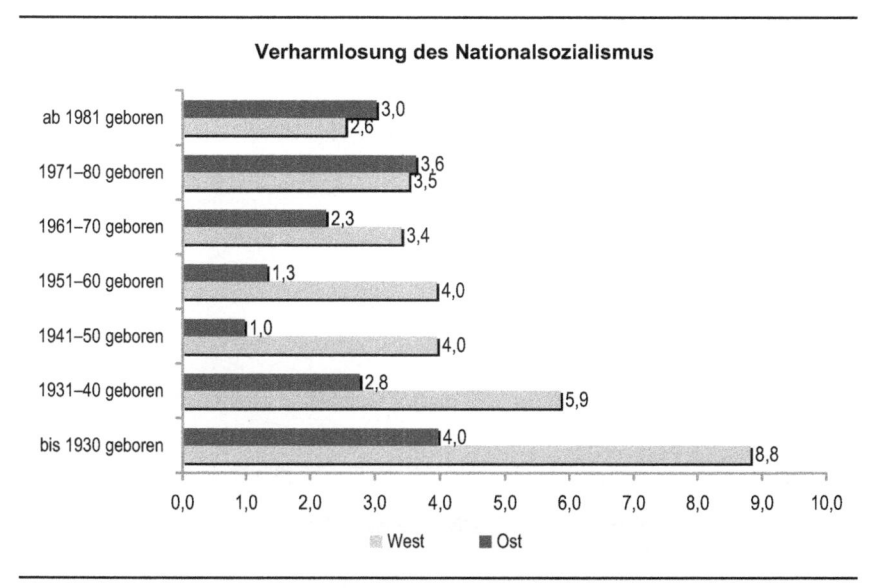

Verharmlosung des Nationalsozialismus

Geburtsjahrgang	West	Ost
ab 1981 geboren	3,0	2,6
1971–80 geboren	3,6	3,5
1961–70 geboren	2,3	3,4
1951–60 geboren	1,3	4,0
1941–50 geboren	1,0	4,0
1931–40 geboren	2,8	5,9
bis 1930 geboren	4,0	8,8

Ganz anders sieht dagegen die Lage in Ostdeutschland aus, denn die jungen Altersgruppen stehen hier an der Spitze. Wie die nach 1971 Geborenen und die zwischen 1931 und 1940 Geborenen verfügen 10% der jüngsten untersuchten Kohorte im langjährigen Mittel über ein manifest rechtsextremes Weltbild. Die Männer sind hier überrepräsentiert. So sind unter den nach 1961 Geborenen 10%, unter den nach 1971 Geborenen 12,9% und unter den nach 1981 Geborenen 13,2% der Männer (Ost) manifest rechtsextrem eingestellt.

Stellen wir die gewaltlegitimierende Funktion der rechtsextremen Ideologie in Rechnung und berücksichtigen, dass Männer bis zu einem Alter von 30 Jahren diejenigen sind, welche Gewalt auch als Mittel zur Durchsetzung von Interessen ausdrücklich befürworten, wird das Problem in Ostdeutschland noch einmal deutlich. Es muss damit gerechnet werden, dass aus der Einstellung Handeln wird. Einzig Frauen (16,6%) und Männer (16,4%) der Geburtsjahrgänge vor 1930 und Männer der Geburtsjahrgänge von 1931 bis 1940 (14,6%) weisen höhere oder ähnlich hohe Werte auf wie die jungen ostdeutschen Männer. Bei diesen Älteren ist das manifeste Weltbild nahezu bildungsunabhängig, wohingegen es bei den Jüngeren mit dem (niedrigen) Bildungsabschluss korreliert. Die Vernetzung sogenannter freier autonomer Kräfte oder freier nationaler Kräfte ist in den letzten Jahren in der gesamten Bundesrepublik sehr stark vorangeschritten. Hier entsteht ein großes Gefahrenpotenzial, das durch den Fokus auf die strukturschwachen Regionen in Ostdeutschland nur allzu häufig in Vergessenheit gerät. Auch in Westdeutschland gibt es bereits Gebiete, in denen der Kampf um »national befreite Zonen« und gegen demokratische und links eingestellte Menschen offensiv geführt wird – fast ohne von der Zivilgesellschaft wahrgenommen zu werden.

Abbildung 4.1.2.7
Manifest rechtsextremes Weltbild in Prozent (kumulierte Stichprobe)

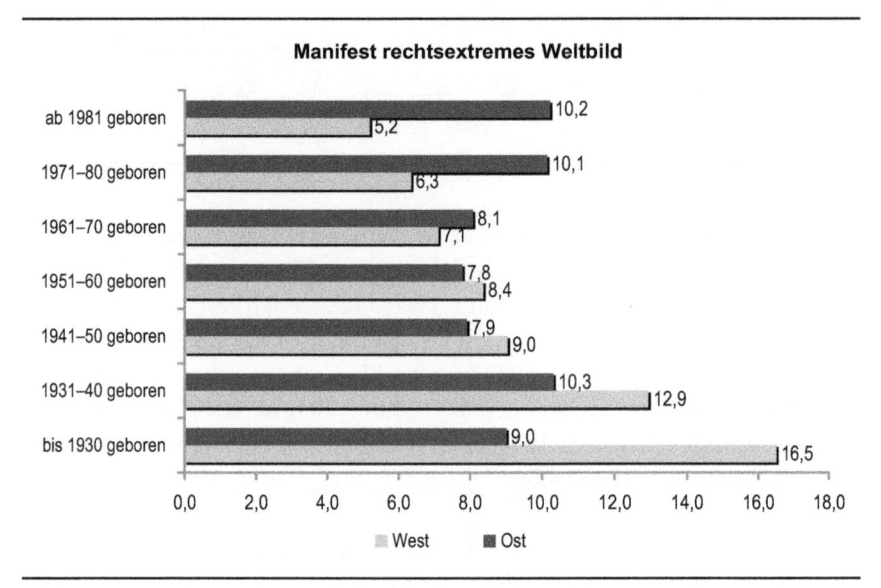

Manifest rechtsextremes Weltbild

Geburtsjahrgang	West	Ost
ab 1981 geboren	5,2	10,2
1971–80 geboren	6,3	10,1
1961–70 geboren	7,1	8,1
1951–60 geboren	8,4	7,8
1941–50 geboren	9,0	7,9
1931–40 geboren	12,9	10,3
bis 1930 geboren	16,5	9,0

4.1.3 DIE RECHTSEXTREME EINSTELLUNG IM ZEITVERLAUF 2002-2012

Im Abschnitt 4.1.2 haben wir mithilfe der zusammengefassten Stichproben der sechs Erhebungen von 2002 bis 2012 den langjährigen Mittelwert der Altersgruppen vergleichen können. In diesem Abschnitt widmen wir uns einem Zeitverlauf, für den andere statistische Voraussetzungen gelten. Zum einen muss berücksichtigt werden, dass es sich bei unseren Erhebungen um keine Längsschnittstudie handelt, sondern wir vergleichen mehrere Querschnitte miteinander. Zum anderen werden wir für die folgende Betrachtung die Zahl der Altersgruppen von sieben auf fünf reduzieren. Die beiden ältesten Kohorten werden nun zusammengefasst als »bis 1940 geboren«, die beiden jüngsten als »ab 1971 geboren«. Außerdem ist keine Ost-West-Differenzierung möglich. Nur so kann gewährleistet werden, dass je Messzeitpunkt die Gruppen ausreichend groß sind. Untersucht werden soll die Kontinuität von generationell geteilten Sozialisationserfahrungen. Ferner sollen die Einflüsse von gesellschaftlichen Entwicklungen auf die politische Einstellung sichtbar gemacht werden. Da im Querschnitt keine Kausalbeziehungen beschrieben werden können, müssen die Befunde als Hinweise, nicht als Beweise, gewertet werden.

Bei der Befürwortung einer diktatorischen Regierungsform zeichnet sich im Zeitverlauf bis 2008 eine rückläufige Tendenz ab. Trotz des erneuten Anstiegs bis 2012 ist der hohe Stand von 2002 nicht wieder erreicht worden. Die Entwicklung verläuft jedoch in den Altersgruppen unterschiedlich. Der Anteil der Diktatur-Befürworter unter den ab 1951 Geborenen sinkt kontinuierlich, während unter den vor 1940 Geborenen durchgängig ein sehr hoher, meist sogar der höchste Anteil der Befürworter zu finden ist, der zudem seit der Erhebung von 2008 weiter anwächst. Die Schwankung zwischen den Jahren 2008 und 2012 könnten Folge eines krisenhaften ökonomischen Verlaufs sein, der sich zwischen 2008 und 2010 abzeichnete. Die Wolken scheinen allerdings zwischen den Jahren 2010 und 2012 wieder abgezogen zu sein. Das gilt gleichermaßen für die Wahrnehmung einer ökonomischen Krise wie für die Zustimmung zu diktatorischen Regierungsformen bei den drei anderen Kohorten (vgl. Abb. 4.1.3.1).

Oliver Decker, Johannes Kiess & Elmar Brähler

Abbildung 4.1.3.1
Zustimmung zur Dimension Befürwortung einer rechtsautoritären Diktatur in Prozent, 2002–2012

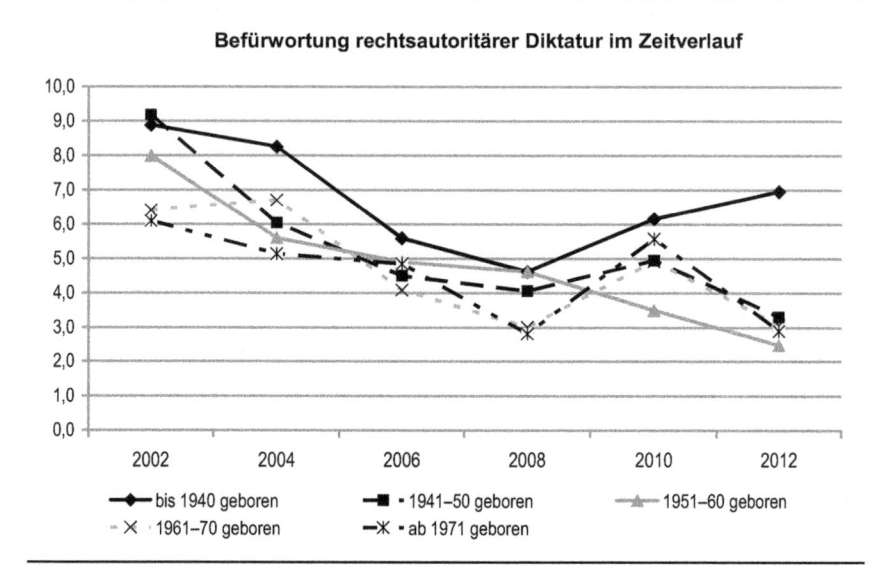

Befürwortung rechtsautoritärer Diktatur im Zeitverlauf

◆ bis 1940 geboren   ■ 1941–50 geboren   ▲ 1951–60 geboren
✕ 1961–70 geboren   ✶ ab 1971 geboren

Derselbe vorübergehende Rückgang der Zustimmung des Jahres 2008 ist auch beim Chauvinismus zu beobachten (Abb. 4.1.3.2). Beide, der Nationalismus als Aufwertung des Eigenen und der Wunsch nach diktatorischen Regierungsformen, unterliegen wahrscheinlich denselben Mechanismen: der Notwendigkeit zur Reduktion von Kontingenzerfahrungen und der Stabilisierung des Selbstwerts bei Bedrohungen durch ökonomische Krisen (vgl. Kap. 2). Dabei fällt auf, dass diese Entwicklung bei den Jahrgängen in gleichem Verhältnis erfolgt. 25% der bis 1940 Geborenen sind relativ konstant chauvinistisch eingestellt, bei den anderen Altersgruppen sind es mit 15% bis 20% etwas weniger. Mit abnehmendem Alter reduziert sich auch der Anteil der nationalistisch Eingestellten.

Abbildung 4.1.3.2
Zustimmung zur Dimension Chauvinismus in Prozent, 2002–2012

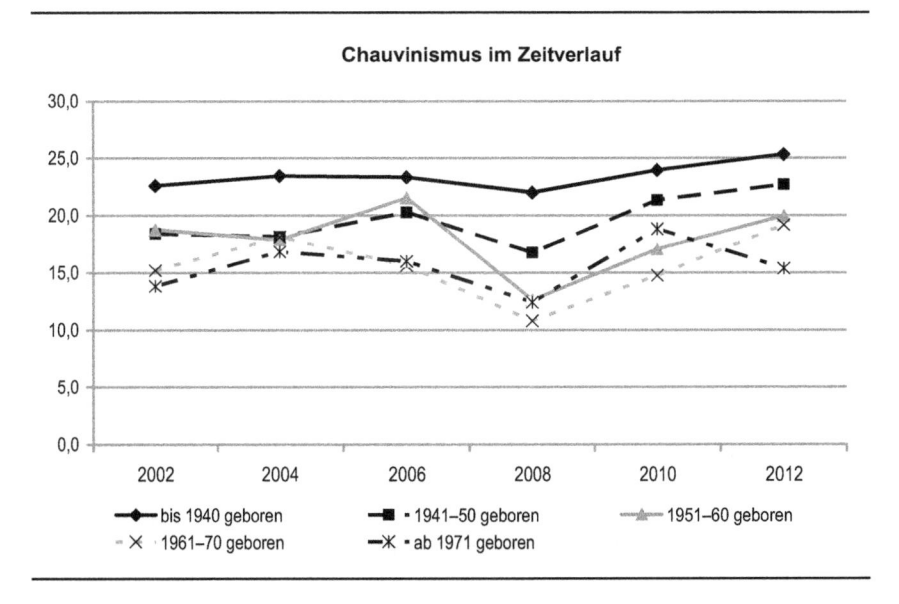

Erwartungsgemäß erfahren ausländerfeindliche Aussagen in allen Altersgruppen große Zustimmung (Abb. 4.1.3.3). In den Geburtsjahrgängen vor 1950 ballen sich allerdings die ausländerfeindlich Eingestellten, denn mit 30% bis 35% Zustimmung je Erhebungswelle haben die Älteren die größte Gruppe ausländerfeindlich Eingestellter. In dieser Dimension nimmt die Kohorte der zwischen 1951 und 1960 Geborenen eine Mittelposition ein (zwischen 10% und über 30%). Die Geburtsjahrgänge seit 1961 kommen fast durchgehend auf die niedrigsten Werte, auch wenn ihre Zustimmung zeitweise bis auf 25% ansteigen kann. Im Ost-West-Vergleich (Kap. 4.1.1) haben die jüngeren Westdeutschen (nach 1971 geboren) die niedrigsten Zustimmungswerte. Allerdings ist selbst in dieser Gruppe gut jeder Fünfte ausländerfeindlich eingestellt.

Abbildung 4.1.3.3
Zustimmung zur Dimension Ausländerfeindlichkeit in Prozent, 2002–2012

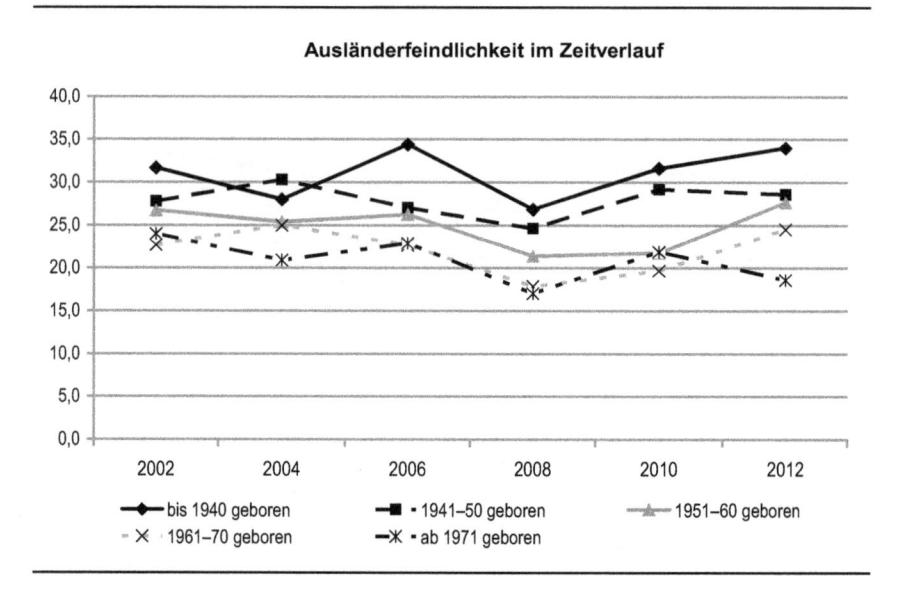

Ausländerfeindlichkeit im Zeitverlauf

→ bis 1940 geboren   ■ 1941–50 geboren   ▲ 1951–60 geboren
× 1961–70 geboren   ✳ ab 1971 geboren

Gegenläufig zu den anderen Dimensionen, etwa der Befürwortung diktatorischer Regierungsformen, erfährt der Antisemitismus in der Gruppe der bis 1940 Geborenen wachsende Zustimmung. Abgesehen von den Jahren 2006 bis 2008 vergrößerte sich unter den Älteren der Anteil derer, die den antisemitischen Aussagen zustimmen, bis im Jahr 2012 der bisherige Höchststand von gut 16% erreicht wurde (vgl. Abb. 4.1.3.4). In dieser Kohorte sind absolut (vgl. Kap. 4.1.2) und im Zeitverlauf die meisten rechtsextrem Eingestellten anzutreffen.

Über alle Altersgruppen verteilt sympathisierten 2002 und 2004 mehr Befragte mit antisemitischen Aussagen als in den vorangegangenen Jahren. 2006 ging ihr Anteil aber wieder zurück, zum Teil stark. Wenn wir bedenken, dass sich der Antisemitismus in Deutschland in einer Kommunikationslatenz befindet (Bergmann & Erb 1986), ist der Zusammenfall der steigenden Sympathiewerte mit Ereignissen der Tagespolitik auffällig: in diesem Fall mit dem NRW-Wahlkampf des damaligen Spitzenkandidaten der FDP Jürgen Möllemann. Sein antisemitisch qualifizierter Wahlkampf »legitimierte« möglicherweise die Äußerung antisemitischer Stereotype, nicht nur in diesem Bundesland. Dass etliche der Befragten aller Kohorten antisemitischen Aussagen ihre Zustimmung 2006 wieder entzogen, könnte auch als Reaktionsbildung interpretiert werden, als Versuch des Ungeschehenmachens. Ab 2008 steigt bei den älteren Jahrgängen (vor 1951 geboren) der Anteil der Antisemiten stärker an als je zuvor, und auch in der Gesamtschau wird deutlich, dass antisemitische Aussagen auf einem insgesamt höheren Niveau verharren als vor dem Anstieg.

Abbildung 4.1.3.4
Zustimmung zur Dimension Antisemitismus in Prozent, 2002–2012

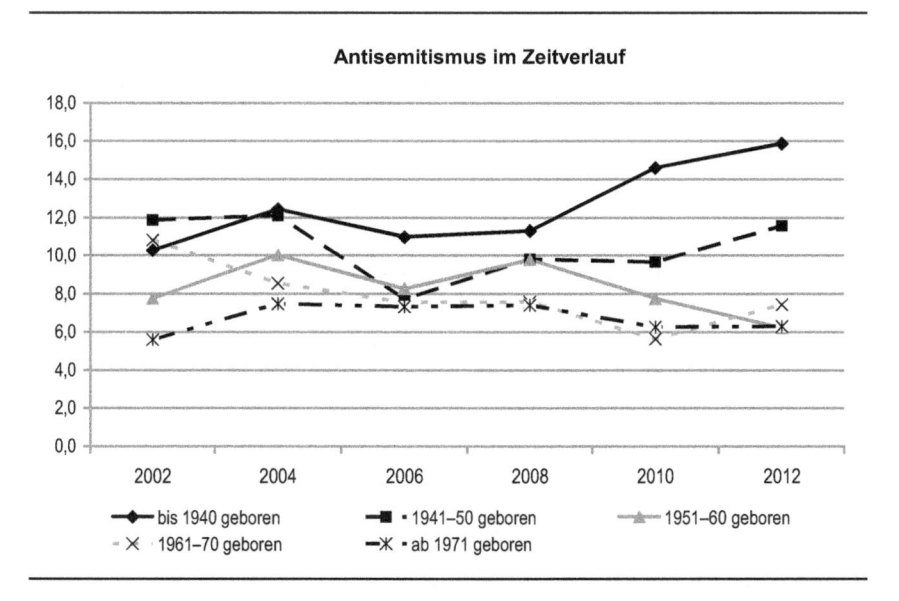

Antisemitismus im Zeitverlauf

Jahr	bis 1940 geboren	1941–50 geboren	1951–60 geboren	1961–70 geboren	ab 1971 geboren
2002	10,2	11,8	7,8	5,6	
2004	12,2		10,0	8,5	7,5
2006	10,9	8,2	8,2		7,3
2008	11,3	9,8	9,8	7,5	
2010	14,6	9,6	7,8	6,2	5,6
2012	15,8	11,5	6,3	7,4	6,3

Der wechselhafte Anteil derjenigen, die in den Kohorten den sozialdarwinistischen Aussagen des Fragebogens zur rechtsextremen Einstellung zustimmen, entzieht sich einer einfachen Beschreibung. Insgesamt wird über die Altersgrenzen hinweg die Tendenz sichtbar, dass der Anteil der Zustimmenden abnimmt. Im Gegensatz zu den anderen Dimensionen ist der Sozialdarwinismus auch kein Einstellungsmerkmal, das besonders häufig bei den Älteren anzutreffen wäre: von 2002 bis 2006 kommen sie zwar auch auf über 6% Zustimmung, doch werden sie fast immer von den anderen Kohorten übertroffen. Es sind nicht zuletzt die Jüngeren, die sich zumindest phasenweise von der Idee einer gesellschaftlichen Biologisierung angesprochen fühlen.

Abbildung 4.1.3.5
Zustimmung zur Dimension Sozialdarwinismus in Prozent, 2002–2012

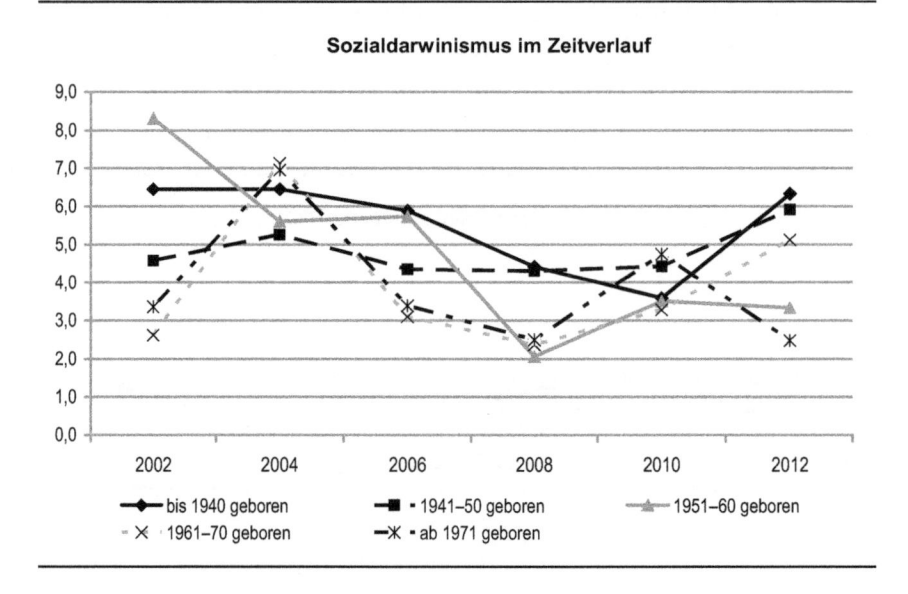

Sozialdarwinismus im Zeitverlauf

— bis 1940 geboren   — 1941–50 geboren   — 1951–60 geboren
× 1961–70 geboren   —✕ ab 1971 geboren

Auf alle anderen Dimensionen bezogen, ist aber die Zustimmung zu rechtsextremen Aussagen vor allem in der Gruppe der vor 1940 Geborenen besonders hoch. Dies gilt auch für die Verharmlosung des Nationalsozialismus (vgl. Abb. 4.1.3.6). Gegenläufig zu den anderen Kohorten wächst bei den Ältesten die Zustimmung sogar weiter an. Dass der Anteil an Verharmlosern ausgerechnet unter den Zeitzeugen des Nationalsozialismus am größten ist, lässt gibt zu denken. Die Verharmlosung bleibt bei jenen Kohorten relativ stabil, die biografisch entweder als Mitläufer oder Täter oder unter dem Einfluss des nationalsozialistischen Erziehungsideals mit Nazi-Deutschland verbunden sind. Bereits die Generation, die eine Kriegskindheit hatte, verharmlost deutlich seltener, und für die nachfolgenden Generationen schwindet der Anteil der Verharmloser kontinuierlich weiter. Zumindest bundeslandübergreifend findet diese Dimension der rechtsextremen Einstellung immer weniger Anhänger. Allerdings zeigt der Ost-West-Vergleich (Kap. 4.1.2), dass dieses Moment der neo-nazistischen Ideologie auch in jüngeren Altersgruppen durchaus zum Tragen kommen kann.

Abbildung 4.1.3.6
Zustimmung zur Dimension Verharmlosung des Nationalsozialismus in Prozent, 2002–2012

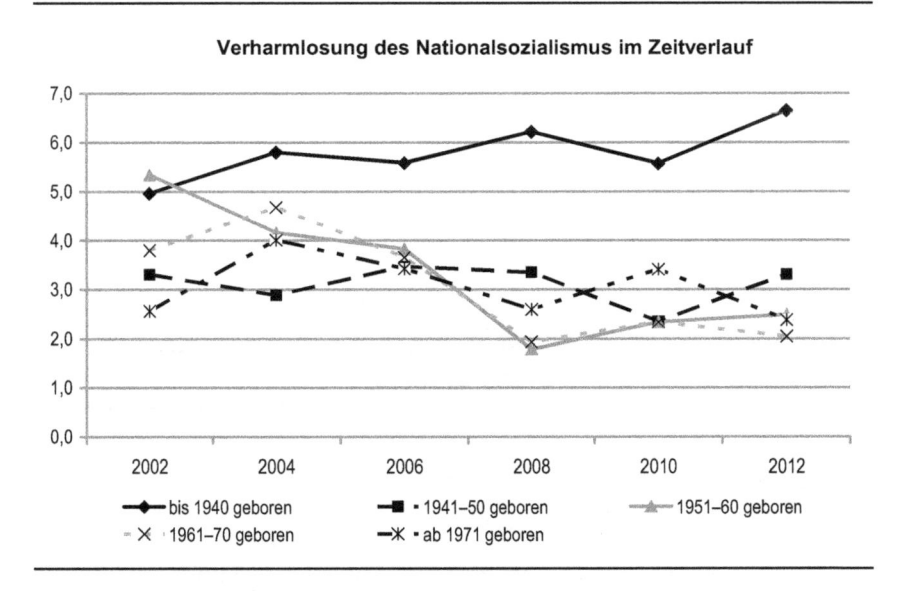

Verharmlosung des Nationalsozialismus im Zeitverlauf

Jahr	bis 1940 geboren	1941–50 geboren	1951–60 geboren	1961–70 geboren	ab 1971 geboren
2002	5,0	3,3	5,3	3,8	2,6
2004	5,8	2,9	4,6	4,0	3,2
2006	5,6	3,5	3,8	3,5	3,6
2008	6,2	3,4	1,9	2,6	1,8
2010	5,6	3,7	2,4	2,4	2,4
2012	6,7	3,3	2,5	2,0	2,4

Der Anteil derjenigen, die ein manifestes rechtsextremes Weltbild pflegen, ist in Abbildung 4.1.3.7 nach Kohorten aufgeschlüsselt. Wegen des engen Zusammenhangs zu den bisher vorgestellten Zustimmungswerten war damit zu rechnen, dass sich in der Altersgruppe der vor 1940 Geborenen die meisten manifest Rechtsextremen befinden. Der Anteil der jungen rechtsextrem Eingestellten ist insbesondere im Osten nicht gering, doch auch wenn der Anteil der Jüngeren insgesamt klein ist, ist er mit je 6% bis teilweise über 10% durchaus ernst zu nehmen.

Oliver Decker, Johannes Kiess & Elmar Brähler

Abbildung 4.1.3.7
Manifest rechtsextremes Weltbild in Prozent, 2002–2012

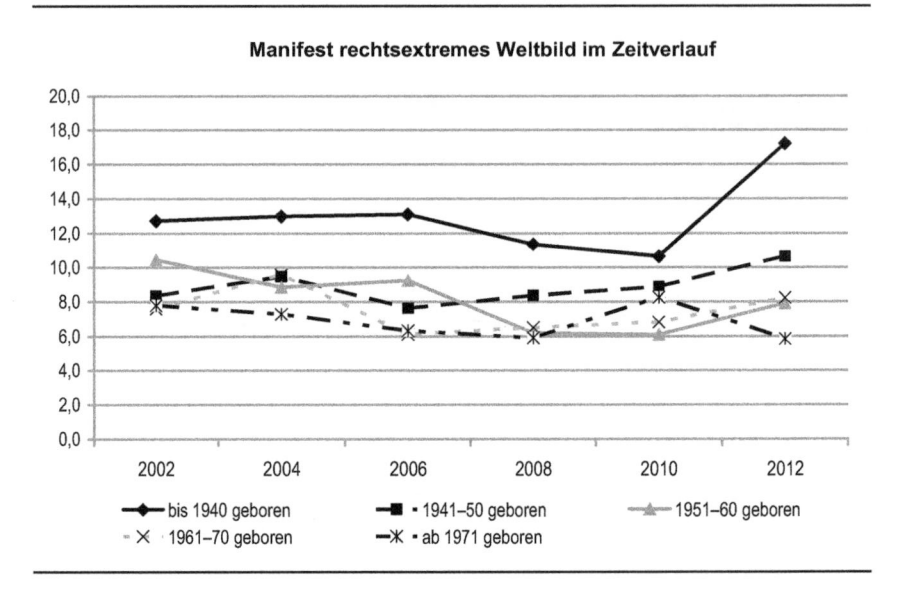

Manifest rechtsextremes Weltbild im Zeitverlauf

— bis 1940 geboren   — 1941–50 geboren   — 1951–60 geboren
× 1961–70 geboren   — ab 1971 geboren

4.1.4 Fazit

Die rechtsextreme Einstellung ist Ausdruck von sozialen Prozessen. Mit der Beschreibung ihres Vorkommens in den Altersgruppen wollen wir keine Personalisierung dieser sozialen Prozesse nahe legen und ebenso wenig eine räumliche Isolierung des Problems durch den Ost-West-Vergleich. Allerdings vermittelt sich das Soziale immer durch die Individuen hindurch, und deshalb müssen die Spezifika der Gruppen, in denen antidemokratische Einstellungen besonders auffallen, in den Blick genommen werden. Zugespitzt formuliert, ist die rechtsextreme Einstellung in Ostdeutschland vor allem ein Jugendproblem, in Westdeutschland dagegen eines der älteren Jahrgänge. Eine solch verkürzte Aussage soll uns explizit nicht dazu dienen, anderen Jahrgängen aus anderen Regionen die Gelegenheit zu geben, das Problem nun nicht mehr bei sich zu suchen. Die Akzeptanz, die neo-nazistische Positionen gerade auch bei jungen Menschen in Westdeutschland finden – mehr als 5% mit einem manifest rechtsextremen Weltbild in der Altersgruppe der nach 1981 Geborenen –

gibt keinen Anlass zur Entwarnung. Aber eine so eklatante räumliche Verdichtung, wie sie bei den Jüngeren in Ostdeutschland und bei den Älteren im Westen anzutreffen ist, muss erklärt und verstanden werden.

Im Westen ermöglichte die 1968er-Bewegung die nachholende Liberalisierung. Zumindest die unmittelbare Gewaltandrohung der Gesellschaft und der gesellschaftlichen Institutionen gegenüber ihren Mitgliedern wurde zugunsten individueller Rechte stark zurückgenommen. Im Osten wurde dies erst durch den Mauerfall möglich. Denkbar ist, dass die Sozialisationserfahrungen der jungen Erwachsenen in Ostdeutschland und der Alten, die bis 1930 geboren wurden, Parallelen aufweisen, die autoritäre Reaktionen begünstigen.

Chronologisch lässt sich die zeitversetzte Wirkung autoritärer Systeme folgendermaßen beschreiben: Die Angehörigen der ältesten Kohorte sind zum Teil unmittelbar, zum Teil mittelbar betroffen. Ein Teil der älteren Kohorte hatte sich einer autoritären Unterwerfungsforderung gefügt, doch anstelle des in Aussicht gestellten Zugewinns an gesellschaftlicher Teilhabe haben sie sich als Erwachsene nach dem ersten Weltkrieg in einer schwächeren Position als ihre Elterngeneration wiedergefunden. Sie wurden enttäuscht, die Rechnung wurde für sie nie beglichen. Die Anderen sind mittelbar betroffen: Auch auf die Jüngeren dieser Geburtsjahrgänge bsi 1930 blieb die Entwertung der Ideale der Elterngeneration nicht ohne Wirkung. Die Schwächung derer, die bisher die sozialisatorische Gewalt vermittelt hatten, setzt ebenso autoritäre Aggressionen frei wie der Verlust des patriarchal-feudalen Gesellschaftssystems des deutschen Kaiserreiches.

Nach dem Zweiten Weltkrieg wirkte die prosperierende Wirtschaft in Westdeutschland systemintegrierend und ermöglichte den Bürgern/innen die Identifikation mit Stärke und Macht, die den Verlust der Identifikation mit der Nazi-Ideologie ausglich. Auch wer selbst nur wenig am Konsum teilhatte, konnte sich mit der harten »D-Mark« identifizieren und erhielt so einen Anteil am Versprechen der Gesellschaft. In der DDR blieb der Rückgriff auf die integrierende Funktion der warenproduzierenden Gesellschaft zwingend aus. Die Identifikation mit sozialistischen Idealen und die autoritäre Organisation des Staates mögen dennoch für eine Weile integrierend gewirkt haben. Doch in den 1970er-Jahren scheiterte der Versuch, die Systemintegration mit einer ähnlichen Output-Legitimation wie im Westen zu gewährleisten. Zum Ende hin zeichnete sich die DDR durch ein zwar brüchig gewordenes, aber rigides autoritäres Herrschaftssystem aus. Bei der deutlichen Differenz der politischen Ziele lässt sich doch feststellen, dass an autoritäre Strukturen wie die des Kaiserreiches nicht unbedingt angeschlossen wurde, aber sich die Traditionen untergründig durchsetzten. Eines können wir bei dieser Gelegenheit feststellen: dass sich die Legitimation damit auf Dauer nicht sichern ließ. In jedem Fall kann als Annahme formuliert werden, dass wie für die im autoritären Kaiserreich Sozialisierten auch für die autoritäre DDR-Sozialisation die Rechnung nicht beglichen wurde. Und auch hier ist eine mittelbare Reaktion festzustellen: Auf die seit 1981 zunächst in der DDR und dann in Ostdeutschland Geborenen blieb die Entwertung der Ideale der Elterngeneration nicht ohne Wirkung. Die Schwächung derer, die bisher die sozialisatorische Gewalt vermittelt hatten, setzt wahrscheinlich ebenso autoritäre Aggressionen frei, wie der Verlust des patriarchal-feudalen Gesellschaftssystems des deutschen Kaiserreiches.

Die Ergebnisse des Langzeitverlaufs von 2002 bis 2012 machen noch andere Interpretation plausibel. Es fallen die Schwankungen in der Zustimmung der einzelnen Dimensionen auf. Der Anteil derjenigen, die eine rechtsautoritäre Diktatur befürworten, hat über die Jahre kontinuierlich abgenommen. Es kommt allerdings seit 2008 zu einem Anstieg der Zustimmung und das macht deutlich, dass der relativ hohe Sockel an rechtsextremen Einstellungen auch weiter anwachsen kann, sobald die Umgebungsfaktoren dies begünstigen. In der Befürwortung diktatorischer Regierungsformen nehmen die vor 1940 Geborenen eine besondere Position ein. Wie bei den anderen Dimensionen und im Vergleich zu den anderen Generationen sind in dieser Kohorte die meisten rechtsextrem Eingestellten zu finden. Dass der Einfluss des Geburtszeitraumes so deutlich ist, kann als Hinweis auf sozialisatorische Bedingungen der rechtsextremen Einstellung gelten. Wir können hier keine empirische Verbindung zu spezifischen Sozialisationsbedingungen ziehen. Die an anderer Stelle dokumentierten Befunde sprechen aber dafür, dass die Einstellung der bis 1940 Geborenen beeinflusst ist von der ihnen direkt vermittelten nationalsozialistischen Ideologie und von den Nachwirkungen des mit dieser Ideologie zusammenhängenden Erziehungsideals der Härte (Decker et al. 2012a).

Offen bleibt allerdings, warum die Zustimmung zum Sozialdarwinismus in den Kohorten so deutlichen Schwankungen unterliegt. Gerade bei der Stabilität beziehungsweise den zueinander relativ gleichförmigen Verläufen der Zustimmung in den Kohorten, überrascht dieser über die Jahre tumultartige Verlauf des Anteils der Zustimmenden.

4.2 Alltagsreligion: Nationalismus, Antisemitismus, Islamfeindschaft

Es scheint, als ob die rechtsextreme Einstellung das Gegenteil der sonst rationalen Gesetzmäßigkeiten folgenden Gesellschaft wäre. Doch die moderne Gesellschaft bringt das, was sie bedroht, selbst hervor. Auch wenn die destruktiven Kräfte nicht die gesamte Gesellschaft bedrohen, stellt zum Beispiel das Ressentiment gegen Minderheiten die gesellschaftliche Rationalität selbst infrage.

Die Integration in die moderne Gesellschaft ging lange Zeit durch die Anwendung von Gewalt vonstatten. Der heute als autoritärer Charakter bekannte Sozialcharakter ist ein Produkt der erzieherischen Gewalt in autoritären Gesellschaften, die die gesellschaftliche Norm brachial, oft in Person des Vaters, vermittelte. Der autoritäre Charakter war als eine »critical typology« gemeint (Adorno 1950, 749). Damit schlossen die Autoren der Studien zum autoritären Charakter an Fromms »Sozialcharakter« an, um »jenen Teil der Charakterstruktur, welchen den meisten Mitgliedern der Gruppe gemeinsam ist«, zu beschreiben (Fromm 1941, 379). Das schien zunächst eine Typologie ganz im Sinne der verstehenden Sozialforschung Max Webers zu sein. Der hatte nämlich »Idealtypen« als eine Form wissenschaftlichen Ausdrucks etabliert, die sich von jenen Wenn-Dann-Gesetzen unterschied, mit denen Sozialwissenschaftler auch heute noch die Erträge ihrer Forschung präsentieren. Die Mitglieder des exilierten Instituts für Sozialforschung wollten in den 1930er- und 1940er-Jahren keine Gesetze über die Gesellschaft aufstellen – hätte doch diese Aussageform ihrem geschichtlichen Verständnis von Gesellschaft widersprochen. Stattdessen ging es ihnen darum, die Gesellschaft einer Kritik zu unterwerfen, weil sie ihre Mitglieder durch Gewalt integriert. Autoritär »sollen jene inneren und äußeren Handlungsweisen (heißen), in denen sich der Mensch einer fremden Instanz unterwirft« (Horkheimer 1936, 359). Zwar wurde »die Grausamkeit und die Öffentlichkeit der Strafen gemildert (...); ihre Drohung ist immer mehr differenziert und vergeistigt worden« (ebd., 347), aber in letzter Instanz entscheidet noch immer die physische Gewalt über die Sozialität des Menschen. Die Geschichte der Menschheit war und ist durch diese Gewalt gekennzeichnet. Doch die Mitglieder des Instituts für Sozialforschung wollten es dabei nicht bewenden lassen – ihre Forschung war als gesellschaftlicher Eingriff gemeint. So zeichneten sie die Vergesellschaftung durch den patriarchalen Vater als eine Lösung des ödipalen Konflikts nach, wie die von Erich Fromm und Theodor W. Adorno herangezogene Entwicklungspsychologie der Psychoanalyse diesen Vorgang genannt hatte. Demnach droht der Vater mit Gewalt, um seine Regeln durchzusetzen, der Sohn akzeptiert das Gesetz des Vaters und unterwirft sich ihm, indem er auf die Realisierung seiner Wünsche verzichtet. Im Gegenzug erhält der Sohn das Versprechen, selbst einmal wie der Vater sein zu dürfen. Doch sowohl aus der Gewaltandrohung als auch aus dem Verzicht erwachsen Aggressionen, die nach einem Ventil suchen und leicht auf einen äußeren Gegner verschoben werden können. Im Nationalismus »erkennt man eine bequeme und harmlose Befriedigung der Aggressionsneigung, durch die den Mitgliedern der Gemeinschaft das Zusammenhalten erleichtert wird« (Freud 1930, 474). Dafür müssen die Außenstehenden noch nicht einmal wirklich draußen sein; es genügt, wenn dieses »Außen« von den anderen Gesellschaftsmitgliedern gesucht und hergestellt wird: »Das überallhin versprengte Volk der Juden hat sich in dieser Weise anerkennenswerte Verdienste um die Kultur seiner Wirtsvölker erworben (...)« (Freud 1930, 474). Diese sarkastische Erklärung des Antisemitismus stammt vom Gründervater der Psychoanalyse Sigmund Freud, der sich sonst kaum zu diesem Thema äußerte. Uns kann diese Polemik als Erklärung nicht reichen, aber die Verbindung zwischen Antisemitismus und Nationalismus ist interessant. Folgen wir den Autoren der Studien zum autoritären Charakter, dann ist der Nationalismus ein Ergebnis der Unterwerfung unter den Vater. Es ist die Vaterlandsliebe, die die Kehrseite zur Abwertung anderer Nationen abgibt. Mit Gewalt in die patriarchale Gesellschaft integriert, bereitet es den Gesellschaftsmitgliedern große Mühe, das Eigene aufzuwerten, während sich die Objekte zur Abfuhr der Aggressionen leicht finden lassen: andere Nationen oder Juden/Jüdinnen.

Eine in der bundesrepublikanischen Politik nicht selten vorgebrachte Forderung ist die nach einem »positiven Nationalstolz«. Die Normalität des

Nationalismus in anderen Ländern soll der Angst vor einem deutschen Nationalismus die Grundlage nehmen. Hinter dieser Forderung steht die Erwartung, dass die Abwertung anderer obsolet wäre, sobald das Eigene nur ausreichend aufgewertet sei. Nun könnte man einwenden, dass sich die Verwendung des Normalitäts-Begriffs im Zusammenhang mit Nationalismus egal welcher Couleur aus Sicht der Psychologie verbieten müsste. Im besten Fall kann wohl eher von einem »üblichen« Nationalismus als von einem »normalen« gesprochen werden. Aber auch die Hoffnung, dass eine ordentliche Portion Nationalstolz andere vor Abwertung schützt, trügt. Nicht nur die psychoanalytische Theorie, sondern auch empirische Befunde stehen dem entgegen: Der chauvinistische Bezug zur Nation ist der größte Einflussfaktor auf die antisemitische Einstellung (Ullrich et al. 2012). Natürlich kann sich der Nationalstolz auch anders entzünden, und wenn das der Fall ist, liegt die Abwertung anderer nicht mehr so nahe. Der positive Bezug auf die Errungenschaften des deutschen Verfassungsstaates ist ein solcher Sonderfall (Cohrs et al. 2005). Dennoch muss der Einfluss des Nationalismus auf die antisemitische Einstellung der Hoffnung auf den »Schutzfaktor Nation« einen Dämpfer verpassen. Von einem Schutzfaktor kann auch dann nicht die Rede sein, wenn der Anlass zum Stolz die Identifikation mit deutscher Größe und Macht ist.

Allerdings hat sich seit Mitte des 20. Jahrhunderts einiges geändert. Der Vater gibt heute nicht mehr das schlagende Bild der in die Gesellschaft integrierenden Instanz ab. Aber warum erhält dann das »Vaterland« weiterhin reichlich Zustimmung – und ist, wie wir in Kapitel 4.1 sehen konnten, selbst bei den sehr Jungen als Referenzgröße präsent? Warum steigt der Anteil der Chauvinisten seit 2002 bei allen Altersgruppen tendenziell an? Das alleinige »väterliche Züchtigungsrecht« des BGB wurde erst 1958 abgeschafft – weil es gegen den Grundsatz der Gleichberechtigung von Mann und Frau verstieß. Und seitdem nahm in den Familien die körperliche Züchtigung ab (Decker et al. 2012a). Auch wenn es dann bis zum Jahr 2000 brauchte, um die körperliche Züchtigung unter Strafe zu stellen, hat diese Gewalt schon vorher abgenommen. So muss es verwundern, dass der Chauvinismus und der mit ihm verbundene Antisemitismus weiterhin so stark ausgeprägt sind: Wieso hat das Vaterland eine so große Bedeutung, wenn die bisher angenommene Quelle – väterliche Gewalt – versiegt ist? An der Oberfläche beider Phänomene lässt sich der Grund nicht ablesen.

Um mehr zu verstehen, müssen wir einen Schritt zurückgehen. Die Notwendigkeit zur gewaltvollen Integration ist vermutlich immer dann besonders stark, wenn andere Mittel fehlen. So kann die Gegenwartsgesellschaft leichter auf Gewalt verzichten, solange ihr ein anderes integrierendes Potenzial zur Verfügung steht. Sicherlich ist es nicht die demokratische Teilhabe, die integrierend wirkt, wie wir zuletzt in Kapitel 3 festgestellt haben: Die Zufriedenheit mit der praktizierten Demokratie fällt gering aus und die von ihr gebotenen Möglichkeiten der Teilhabe werden selten genutzt. In viel höherem Maße vollzieht sich die Integration über das Versprechen der ökonomischen Teilhabe. Das belegen die Daten seit Langem. Spätestens, wenn mit einer ökonomischen Krisensituation die rechtsextreme Einstellung zunimmt, wird dieser Zusammenhang deutlich. Dieser Befund ließ uns vom wirtschaftlichen Wohlstand als narzisstischer Plombe sprechen, zunächst allerdings nur hinsichtlich der Wirkung, welche der wirtschaftliche Aufschwung in Westdeutschland nach dem Zweiten Weltkrieg hatte. Noch einmal: Nach dem verlorenen Krieg vollzog sich die Integration der Menschen in die neue Gesellschaftsordnung nicht etwa durch das Versprechen demokratischer, sondern in viel höherem Maße durch das Versprechen ökonomischer Teilhabe. Die Wirtschaft und die starke D-Mark erfuhren nach dem Krieg in Westdeutschland eine besondere Aufladung, weil sie die beschädigte Größenfantasie von der deutschen Herrenrasse reparierten und eine Möglichkeit schufen, der Scham über den Vernichtungskrieg aus dem Weg zu gehen.

Steigender Rechtsextremismus in Krisenzeiten ist jedoch kein auf Deutschland beschränktes Phänomen. Wirtschaftliche Teilhabe ist vielmehr ein allgemeines Moment der Integration in moderne Gesellschaften, und die Wirkung dieser Integrationsform ist der der autoritären zum Verwechseln ähnlich. Um die Psycho-Logik der Vaterlandsliebe und der Wut auf das Andere, sei das eine andere Nation oder eine Minderheit, zu verstehen, ist die sozialisatorische, väterliche Gewalt nicht mehr ausschlaggebend. Dennoch ist der Chauvinist durch die Aggression gegen das Andere und die Schwachen gekennzeichnet, während er sich mit der Autorität identifiziert (nun eine starke Wirtschaft) – genau wie der autoritäre Charakter.

Wenn unsere Befunde und die der Sozialen Identitätstheorie den realen Verhältnissen in der Gesellschaft entsprechen – und es spricht einiges dafür –, dann resultiert die Aufwertung des Eigenen und die Abwertung der anderen aus der Sehnsucht nach narzisstischer Vollständigkeit, nach

Selbstwert und Kontrolle (vgl. auch Kap. 5). Entwicklungspsychologisch gesehen, spielt für das Kind aber eine andere Person als der Vater die entscheidende Rolle zur Regelung dieser wichtigen Qualitäten im Selbsterleben. Könnte das, was im Deutschen gemeinhin als *Vaterland* bezeichnet wird, eigentlich das *Mutterland* sein? Die Nation hätte dieser These nach etwas zurückzubringen, was verloren gegeben wurde: Vollständigkeit und Kontrolle, mit anderen Worten, die Verschmelzung mit der Mutter. Wir sind nicht die Ersten, denen dieser Verdacht kommt, sondern schon 1992 schrieb der Psychoanalytiker Werner Bohleber: »Diese Art (...) verschmelzender Gemeinschaft sucht der Nationalist wie der Antisemit« (Bohleber 1992, 704). Das ist die Attraktivität, die das »Phantasma der Nation« (ebd.) auf die Nationalisten ausüben kann.

Der Verschmelzungswunsch ist natürlich nicht wörtlich gemeint: Die Psychoanalyse verwendet den Begriff metaphorisch und geht nicht davon aus, dass Nationalisten tatsächlich den Weg zurück in den Mutterleib suchen würden. Gemeint ist vielmehr der Wunsch, nicht dauerhaft der Realität ausgesetzt zu sein, die sich der Kontrolle entzieht und in ihrer Mannigfaltigkeit unzählige Mangelerfahrungen bereithält.

Das kleine Kind hat für diese Überforderung einen Kniff parat. Es kann sich – zumindest für kurze Zeit – durch die Identifikation mit einer versorgenden Person als vollständig und im Besitz aller Großartigkeit erleben und dadurch, zumindest in der Fantasie, der Erfahrung kränkender Hilflosigkeit entgehen. Die Vorstellung einer Symbiose mit der versorgenden Mutter, die in der Lage ist, omnipotent all die indifferenten und heterogenen Sinneseindrücke bereits im Vorfeld abzuwehren, hilft dem Kind über die Zeit hinweg, in der seine Abhängigkeit groß ist. Das Kind kann sich mithilfe dieser Fantasie so weit entwickeln, bis es in der Lage ist, auf sie zu verzichten. Diese Entwicklung, die Loslösung von der Fantasie, ist zwingend, denn die (fiktionale) Vollständigkeit geht auf Kosten der Realität. Wie schwer diese Realität oft auszuhalten ist, davon kann die kindliche Wut beim Ausbleiben der Bedürfnisbefriedigung einen Eindruck geben.

Einsichten über psychische Vorgänge, die am Individuum gewonnen wurden, auf Massenphänomene zu übertragen, hält einige Fallstricke bereit. Auch beim Individuum ist es nicht die konkrete Mutter, die ersehnt wird; schon hier ist die Formulierung von einer »Sehnsucht nach der Mutter« metaphorisch. Dieses Sprachbild bezieht seine Berechtigung daraus, dass sich das Funktionieren der erwachsenen Psyche, gerade unter großem

Druck, an frühere Fantasien aus dem Kleinkindalter anlehnt. Der Philosoph Christoph Türcke hat die Überhöhung der Nation als Wunsch nach einer ursprünglichen Heimat treffend analysiert (Türcke 2006). Die Sehnsucht nach Heimat ist immer dort anzutreffen, wo etwas anderes verlorengegangen ist. Heimat ist immer etwas Sekundäres, das auf einen Verlust folgt – über die Heimat macht sich nur Gedanken, wer sich ihrer schon nicht mehr sicher ist. Auch die Identifikation mit der versorgenden Mutter ist für den Säugling streng genommen nur die zweite Wahl, weil der Weg in den Mutterleib verstellt ist.

Ganz ähnlich funktioniert die Fantasie von einer homogenen Nation. Sie ist ein Kompromiss zwischen der Akzeptanz der kontingenten Realität und dem Wunsch nach Schutz und Ordnung in einer unübersichtlichen Welt. Es ist nicht der mütterliche Körper, der die Differenz auflöst; die zweite Wahl ist hier, in Bohlebers Worten, das »Phantasma der Nation« (Bohleber 1992). Wie beim Kind setzt sich diese Fantasie allerdings auf Kosten der Realität durch. Doch Nationalisten sind keine Kinder mehr, die Nation ist keine Entwicklungshilfe, wie es die fantasierte Einheit mit der Mutter im besten Sinne des Wortes gewesen sein sollte. Im Gegenteil, das Phantasma der Nation trägt die Züge der Regression. Dem, der den Wunsch als Vater des Gedankens verleugnet, ergeht es wie dem tragischen Helden des klassischen Altertums: Er wird mit Blindheit geschlagen, denn ganz umsonst ist die nationalistische, narzisstische Verzerrung der Realität nicht zu haben. Wird das Phantasma der Nation auch von vielen geteilt, die Zumutungen der Welt kann es nicht abstellen. Gerade das, was als homogene Nation fantasiert wird, bleibt doch vor allem eines: vielgestaltig. Der Wahn hinter dem Wunsch nach einem ethnisch homogenen Deutschland müsste jedem zu Bewusstsein kommen, der sich die Wanderungsbewegungen der letzten Jahrhunderte anschaut. Es ist kein Zufall, dass gut 20% der Deutschen einen Migrationshintergrund haben, wenn das Kriterium ist, dass sie oder zumindest ein Elternteil im Ausland geboren wurden. Der Anteil wäre wesentlich höher, wenn auch der Geburtsort eines Großelternteils Berücksichtigung fände.

Der Chauvinismus gestattet zwar das Erleben großartiger Vollkommenheit, beseitigt aber nicht die disparaten Eindrücke, welche dieser Fantasie im Wege stehen. Deshalb bedarf es mehr: »Die Suche nach wesenhafter Einheit muß das Fremde, Gemischte, Kosmopolitische isolieren und ausstoßen« (Bohleber 1992, 705). In diesem Mechanismus liegt ein erster Grund dafür, dass 36,2% der Deutschen islamfeindlich (Decker et al. 2012b), 25,1% ausländerfeindlich (Kiess, Decker & Brähler 2012) und 11,5% primär beziehungsweise 23,8% sekundär antisemitisch eingestellt sind (Ullrich et al. 2012).

Die Konsequenzen dieser weitverbreiteten Einstellung müssen nicht immer so lautstark in Erscheinung treten, wie bei den Aufmärschen Rechtsextremer, wie etwa selbsternannter »Freier Nationalisten« oder »Autonomer Nationalisten«. Manche Folge des Nationalismus kommt unauffälliger daher, zum Beispiel wenn die Tageszeitung DIE WELT sich und ihren Leser/innen die Frage stellt, was denn an der von uns im Rechtsextremismus-Fragebogen verwendeten Aussage »Was Deutschland jetzt braucht, ist ein Führer, der Deutschland zum Wohle aller mit harter Hand regiert« rechtsextrem sei – und keine Antwort darauf findet. Für den Autor müsste der Führer, der Deutschland zum Wohle aller regiert, schon mit rechtsextremen Parolen auf sich aufmerksam machen, damit er die Aussage als rechtsextrem qualifizieren könnte (DIE WELT vom 14.11.2012, 4). Das Phantasma einer homogenen Nation ist ihm genauso unverdächtig, wie die undemokratische Idee, ein Führer möge das aus dieser Schicksalsgemeinschaft entspringende gemeinsame Interesse gegen alle Widerstände durchsetzen.

Wächst der Wunsch nach einer homogenen Nation, kann es sich, soweit die Analyse, um Verschmelzungswünsche mit dem »Mutterland« handeln. Die Aggressionen des Antisemiten oder Islamfeindes können aber nicht ausschließlich der abgewehrten Aggression gegen die Autorität entspringen, denn ganz zufällig fällt die Wahl nicht, wer als fremd wahrgenommen und ausgestoßen wird. Zu verstehen wäre vielmehr, wie sich die Aggression gegen Juden und Muslime aus dem Phantasma der Nation speist. Das Verhalten von Juden/Jüdinnen, Muslimen/innen können wir als Begründung für die Wut des Antisemiten oder des Isalmfeindes ausschließen. Wir haben es eher mit einer Wut zu tun, die so projektiv aufgeladen ist, wie die des Säuglings, wenn die erwünschte Befriedigung seiner Bedürfnisse ausbleibt. Jemand muss daran schuld sein, damit die Wut abgeführt werden kann. Warum manche Gruppen zum Objekt der Projektionen werden und andere nicht, hat einen Grund. Die Wut auf sie deckt »ein Bedürfnis in einer sich ständig modernisierenden modernen Gesellschaft ab« (Claussen 1992, 164). Es hängt mit der Religion der Anderen und dem religiösen

Heilsversprechen in der nur scheinbar säkularisierten Gesellschaft zusammen.

Für den Zusammenhang von Projektion und Moderne hat schon die Kritische Theorie immer wieder auf die besondere Position hingewiesen, welche Juden/Jüdinnen in der warenproduzierenden Ökonomie zugewiesen wurde. Die Beobachtung, dass Juden/Jüdinnen im Zeitalter vor der Industrialisierung von fast allen handwerklichen Berufen ausgeschlossen blieben, diente Max Horkheimer und Theodor W. Adorno in ihren Ausführungen »Elemente des Antisemitismus« zur Erklärung ihrer Sonderposition im ökonomischen Gefüge der Gesellschaft (Horkheimer & Adorno 1944). Diese wirkt bis heute nach. Juden/Jüdinnen standen, so die Autoren, zumeist nur Bereiche des Verkaufs als mögliche Einkommensquellen offen. Horkheimer und Adorno übernahmen hier den Begriff der »Sphäre der Zirkulation«, der an die Analyse von Marx angelehnt war. Damit war für sie auch die Übernahme der Marxschen Analyse kapitalistischer Produktion verbunden. Demnach findet in der Sphäre der Produktion der Betrug statt, der die Voraussetzung der Kapitalakkumulation ist: Der Lohn ist immer kleiner als der Wert dessen, was durch die Arbeit produziert wird. Allerdings kommt dem Individuum der Umstand, gerade einmal so viel Lohn zu erhalten, wie zum Leben unbedingt notwendig ist, nicht in der Fabrik, sondern im Laden zu Bewusstsein: »Der Kaufmann präsentiert ihnen den Wechsel, den sie dem Fabrikanten unterschrieben haben. Jener ist der Gerichtsvollzieher fürs ganze System und nimmt das Odium für die andern auf sich. Die Verantwortlichkeit der Zirkulationssphäre für die Ausbeutung ist gesellschaftlich notwendiger Schein. (...) Darum schreit man: haltet den Dieb! und zeigt auf den Juden« (Horkheimer & Adorno 1944, 203). Moishe Postone argumentiert ähnlich: »Die Juden wurden nicht bloß als Repräsentanten des Kapitals angesehen (in diesem Fall wären die antisemitischen Angriffe wesentlich klassenspezifischer gewesen), sie wurden vielmehr zu Personifikationen der unfaßbaren, zerstörerischen, unendlich mächtigen, internationalen Herrschaft des Kapitals« (Postone 1982, 242). So werden Juden nicht nur als Repräsentanten des Kapitalismus gehasst, sondern umgekehrt auch als diejenigen, die das (Heils-)Versprechen des Kapitalismus bedrohen.

Kehren wir noch einmal zur Migration zurück. Die letzten großen Migrationsbewegungen wurden durch die Industrialisierung und ihren großen

Bedarf an frei verfügbaren Arbeiterreserven angestoßen. Die Beschleunigung der Moderne war und ist eng mit der Mobilisierung der Arbeit verbunden – mobil ist Arbeit nur, weil sie von Menschen ausgeübt wird, die der Notwendigkeit folgen, ihre Arbeitskraft zu verkaufen. Durch die Industrialisierung wurden Menschen doppelt frei, wie Karl Marx polemisierte. Sie wurden frei von den Produktionsmitteln, die sie brauchen, um ihren Lebensunterhalt eigenständig zu sichern, und sie wurden frei, stattdessen ihre Arbeitskraft zu verkaufen. Erst einmal aus den Bindungen der feudalen Welt gelöst, konnten die Menschen nicht anders, als sich als Tagelöhner zu verdingen. Sie gewannen natürlich auch etwas, wenn auch der Gewinn bis heute und im globalen Maßstab ungleich verteilt ist. Doch das, was sie verlorengeben mussten, wog womöglich schwerer: »Alle festen eingerosteten Verhältnisse mit ihrem Gefolge von altehrwürdigen Vorstellungen und Anschauungen werden aufgelöst, alle Neugebildeten veralten, ehe sie verknöchern können. Alles Ständische und Stehende verdampft, alles Heilige wird entweiht und die Menschen sind nun endlich gezwungen, ihre Lebensstellung mit nüchternen Augen anzusehen« (Marx & Engels 1848, 465). Wenn Marx von einer »nüchternen« Betrachtung spricht, meint er damit auch, dass zuvor der Sinn vernebelt war – durch das »Opium« der Religion (vgl. Kap. 2).

Das Trostmittel der Religion stand in der Moderne zur Disposition. An der Religion, genau genommen am jenseitigen Heilsversprechen der christlichen Kirche, der messianischen Erwartung, hat sich die Wissenschaft gerieben und die Moderne ihr Profil geschärft. Dass Religion als kollektive Imagination eine grandiose Leistung war, geriet dabei in Vergessenheit. Sigmund Freud und Karl Marx haben diesen Umstand erkannt, denn in der Religion findet für sie der Wunsch nach Linderungsmitteln seinen fruchtbaren Ausdruck. Marx zufolge ist sie »die Protestation gegen das Elend« (Marx 1844, 378); Freud sieht den Zusammenhang so: »Das Geheimnis ihrer Stärke ist die Stärke dieser Wünsche« (Freud 1927, 352). Religion ist eine Illusion, nämlich die Illusion der Erfüllung eines Wunsches: des Wunsches nach Schutz durch eine übermächtige Gestalt, wie Freud feststellt. An gleicher Stelle weist er eher beiläufig auf die andere Richtung hin, welche die religiöse Illusion einschlagen kann: »Als Illusion muss man die Behauptung gewisser Nationalisten bezeichnen, die Indogermanen seien die einzige kulturfähige Menschenrasse (...)« (ebd., 353). Mit diesem Verweis hat Freud *nolens volens* den Hinweis geliefert, dass

Marx die Fähigkeit der Menschen überschätzt hat, die Nüchternheit auszuhalten. An die Stelle des christlichen Messianismus trat in der Moderne lediglich ein anderes Versprechen: »(...) man könnte die modernen Menschen als schlecht säkularisierte Individuen charakterisieren« (Claussen 1992, 165).

Das Versprechen der Moderne lautet: Nicht erst am Tag des Jüngsten Gerichts, sondern im Hier und Jetzt kann das Heil gefunden werden. Die kapitalistische Warenproduktion liefert die Trostmittel, bis zur Einlösung des Versprechens durch den medizinisch-technischen Fortschritt. Schlägt allerdings die ökonomische Integration aufgrund der dem Kapitalismus innewohnenden Krisentendenzen fehl, dann mangelt es auch an Trostmitteln. Befindet sich die Wirtschaft in der Krise, dann ist das ganze Versprechen infrage gestellt, nicht nur die Teilhabe des einzelnen Individuums.

In einer schlecht säkularisierten Welt sind diejenigen, welche ausdrücklich einer Religion anhängen, eine Provokation, besonders, wenn diese Religion nicht auf das messianische Zeitalter wartet. Wenn das eigene Heilsgut seine Strahlkraft verliert, rettet nur noch die regressive Verschmelzung mit dem Phantasma der Nation – und die projektive Entladung der Aggression auf diejenigen, die es scheinbar schon immer besser wussten: Der Messias ist nicht gekommen.

Wenn wir in einer schlecht säkularisierten Welt leben, drängt sich der von Detlev Claussen verwendete Begriff der »Alltagsreligion« auf: »Eine Zerfallsform des Religiösen, die Alltagsreligion, deckt dieses Bedürfnis in einer sich ständig modernisierenden modernen Gesellschaft ab. (...) Das Massenmedium Antisemitismus fällt in diesem Punkt mit anderen Massenmedien wie Nationalismus, Rassismus, Fremdenhaß und Antiintellektualismus zusammen. Deswegen sprechen wir lieber vom Antisemitismus als integralem Bestandteil einer Alltagsreligion« (Claussen 1992, 164ff.). Im Folgenden soll sich die Untersuchung des Einflusses auf Antisemitismus und Islamfeindschaft an dieser Formulierung Claussens orientieren und Chauvinismus, Islamfeindlichkeit und primären, sowie sekundärem Antisemitismus als Alltagsreligion verstanden werden.

Auch in unseren Erhebungen finden wir Hinweise auf eine Alltagsreligion. Je höher das Bedrohungserleben (vgl. Kap. 5.4), desto stärker ist die Abwertung der anderen: Unter denen, die sich Sorgen um die Nation oder die geopolitische Lage machen, sind die Elemente der Alltagsreligion (Antisemitismus/Islamfeindschaft) am deutlichsten ausgeprägt. Dasselbe gilt für die Sorge um die zunehmende gesellschaftliche Beschleunigung. Ist sie groß, neigen die Befragten stärker der Abwertung von Juden/Jüdinnen und Muslimen/Musliminnen zu. Auch der enge Zusammenhang des Gefühls des Kontrollverlusts mit den Dimensionen Chauvinismus, Ausländerfeindlichkeit und Antisemitismus (vgl. Kap. 5.2) deutet in diese Richtung. Bei Kontrollverlust und Bedrohungsgefühlen fungieren Nationalismus, Antisemitismus und Ausländerfeindlichkeit als Alltagsreligion: Die Aufwertung des Eigenen und die Abwertung der anderen scheint von vielen als Sicherung in krisenhaften Zeiten erlebt zu werden.

ELEMENTE DER ALLTAGSRELIGION: EMPIRISCHE UNTERSUCHUNG

In der Erhebung von 2012 haben wir neben dem Fragebogen zur rechtsextremen Einstellung auch einen Fragebogen zum Antisemitismus eingesetzt, der nach primärem und sekundärem Antisemitismus differenziert (Imhoff 2010). Die Wissenschaft geht davon aus, dass sich der Antisemitismus in Deutschland in einer Kommunikationslatenz befindet, das heißt die Befragten äußern diese Einstellung auch dann eher nicht, wenn sie sie teilen (Bergmann & Erb 1986). Um neben dem manifesten, primären Antisemitismus auch Aspekte des latenten Antisemitismus erfassen zu können, haben wir einen Fragebogen ausgewählt, der mit dem sekundären Antisemitismus einen spezifisch deutschen Judenhass erfasst. Diesen spezifischen Antisemitismus finden wir dann vor, wenn Juden/Jüdinnen deswegen verurteilt werden, weil sie an den deutschen Angriffs- und Vernichtungskrieg erinnern. Als Vergangenheit, die nicht vergehen will, aber doch soll, werden in dieser Dimension antisemitische Vorurteile gefasst, die den Umweg über die Relativierung deutscher Verbrechen nehmen. Dieser sekundäre Antisemitismus muss auch als Bestandteil der Alltagsreligion gelten. Die eigene Nation wertzuschätzen ist schwer möglich, wenn diese für Auschwitz verantwortlich ist. Eine Nation, die so viel Schuld auf sich geladen hat, eignet sich nicht zur Identifikation – es sei denn, die Unvereinbarkeit von Wunsch und Realität wird kurzerhand auf die Opfer entladen.

Tabelle 4.2.1 bildet die Zustimmungswerte zu primär antisemitischen Aussagen im bundesdeutschen Gesamtwert und für Ost- und Westdeutschland ab. Hierfür haben wir die zustimmenden Aussagen zusammengefasst; die Prozentangaben zeigen den Anteil derer, die den Aussagen »zustimmen« beziehungsweise »voll und ganz zustimmen«. Wie ersichtlich, erreichen alle Aussagen antisemitischen Inhalts hohe Zustimmungswerte: Je nach Aussage, stimmt jeder Achte bis jeder Vierte den Aussagen zu.

Abbildung 4.2.1
Zustimmung zu den primär antisemitischen Aussagen (in Prozent)

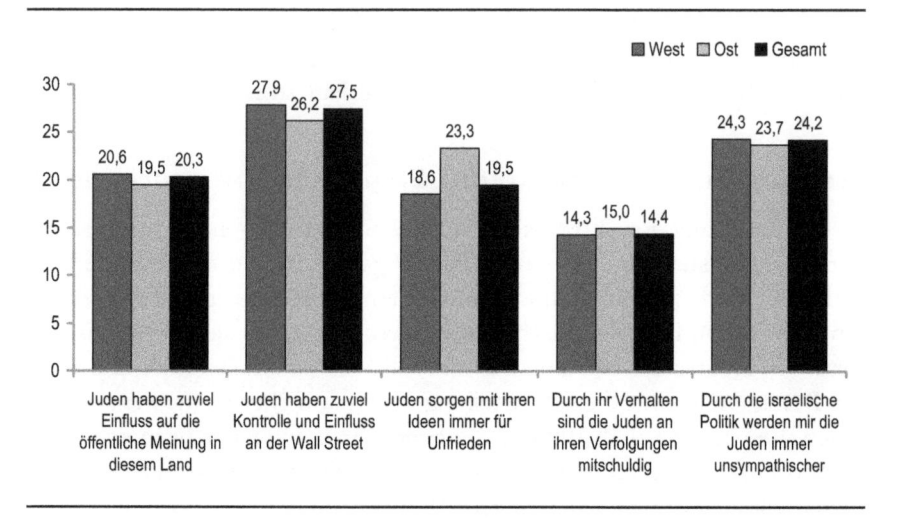

	West	Ost	Gesamt
Juden haben zuviel Einfluss auf die öffentliche Meinung in diesem Land	20,6	19,5	20,3
Juden haben zuviel Kontrolle und Einfluss an der Wall Street	27,9	26,2	27,5
Juden sorgen mit ihren Ideen immer für Unfrieden	18,6	23,3	19,5
Durch ihr Verhalten sind die Juden an ihren Verfolgungen mitschuldig	14,3	15,0	14,4
Durch die israelische Politik werden mir die Juden immer unsympathischer	24,3	23,7	24,2

Die Konstruktion des bedrohlichen »Fremden«, welcher Macht über das Eigene ausübt, tritt deutlich in Erscheinung. Dabei findet die Aussage die meiste Zustimmung, die mit einem klassisch antisemitischen Motiv operiert: Nahezu ein Drittel der Deutschen beklagt die enge Verbindung zwischen Juden/Jüdinnen und dem »raffenden Kapital« gegenüber der »schaffenden Wirtschaft«. In Variationen ist diese Fantasie über das »Ostküstenkapital« oder die »City von London« noch heute das am weitesten verbreitete »Gerücht über den Juden«. Eine andere antisemitische Aussage, welche ebenfalls bei jedem vierten Deutschen Zustimmung findet, greift das Motiv von Juden/Jüdinnen als »ewigen Fremden« auf. Dass beispielsweise deutsche oder französische Juden/Jüdinnen für die Regierungspolitik eines anderen Landes verantwortlich gemacht werden, schließt ihre Fremdartigkeit mit ein. Die Absurdität dieser Aussage wird vielleicht am ehesten deutlich, wenn sie variiert wird: »Die Politik der bayrischen Landesregierung macht mir die Katholiken immer unsympathischer«.

Abbildung 4.2.2
Zustimmung zu den sekundär antisemitischen Aussagen (in Prozent)

Aussage	West	Ost	Gesamt
Es macht mich wütend, dass die Vertreibung der Deutschen und die Bombardierung deutscher Städte immer als kleinere Verbrechen angesehen werden	32,3	30,9	32,0
Die Juden nutzen die Erinnerung an den Holocaust heute für ihren eigenen Vorteil aus	30,9	35,5	31,9
Reparationsforderungen an Deutschland nützen oft gar nicht mehr den Opfern, sondern einer Holocaust-Industrie von findigen Anwälten	41,7	47,4	42,8
Ich bin es leid, immer wieder von den deutschen Verbrechen an den Juden zu hören	41,3	23,6	37,7
Wir sollten uns lieber gegenwärtigen Problemen widmen als Ereignissen, die mehr als 60 Jahre vergangen sind	62,5	59,9	61,9

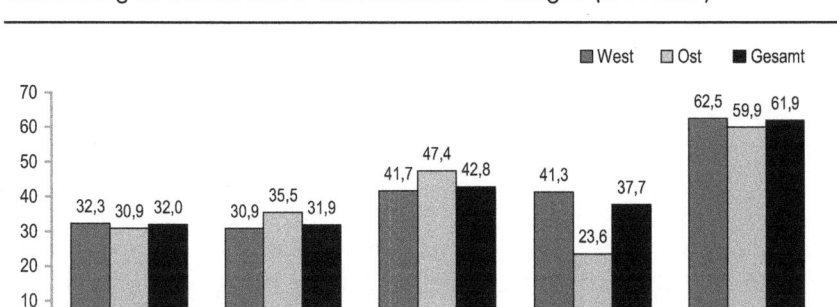

Zwischen 10% und 30% der deutschen Bevölkerung stimmen den primär antisemitischen Aussagen zu, was im Umkehrschluss auch bedeutet, dass diese Aussagen von 70% der Bevölkerung abgelehnt werden. Bei den sekundär antisemitischen Aussagen ist das anders. Die implizite Forderung nach einem Schlussstrich wird von der breiten Mehrheit der Bevölkerung geteilt. So wird zum Beispiel die implizite Relativierung der deutschen Verbrechen von über 30% der Befragten gewünscht. Noch mehr Zustimmung findet der antisemitische Vorwurf, die deutschen Verbrechen dienten den Opfern zu ihrem Vorteil: Über 40% (»Holocaust-Industrie«) beziehungsweise 30% (»Holocaust zum eigenen Vorteil«) der Befragten sind dieser Ansicht. Die direkte Zurückweisung einer Konfrontation mit den Verbrechen Deutscher, ohne eine Rechtfertigung bei den Opfern zu suchen, findet insbesondere im Westen mit über 40% hohe Zustimmung. Interessanterweise ist hier, ähnlich wie bei der Dimension »Verharmlosung des Nationalsozialismus« im Fragebogen zur rechtsextremen Einstellung, ein deutliches Ost-West-Gefälle zu beobachten. Jeder vierte Deutsche ist sekundär antisemitisch eingestellt und bei jedem Zehnten tritt der primäre Antisemitismus aus der Kommunikationslatenz (vgl. Tab. 4.2.1).

Tabelle 4.2.1
Zustimmung zu primär und sekundär antisemitischen Aussagen (in Prozent)

	Gesamt	West	Ost
Primärer Antisemitismus	11,5	11,3	12,6
Sekundärer Antisemitismus	23,8	24,9	18,8

Die Islamfeindschaft ist in den letzten Jahren zum zentralen Motiv der rassistischen Vorurteile in Deutschland geworden (Zick, Küpper & Hövermann 2011). Sie ist deswegen Bestandteil der Alltagsreligion, weil sich die Vorurteile, ganz ähnlich wie beim Antisemitismus, an religiöser Zugehörigkeit entzünden. Auch dieses Vorurteil hat seine motivationale Basis nicht nur in der Sichtbarkeit von kultureller Differenz, sondern auch und vor allem in dem Umstand, dass das Objekt des Hasses eine Religion ist. In unserer Erhebung von 2012 setzten wir einen Fragebogen ein, der Islamfeindschaft und Islamkritik getrennt erfasste, um eine an universellen Menschenrechten orientiere Religionskritik von der ressentiment-geladenen Aggression gegen andere zu unterscheiden (Imhoff & Recker 2012). Während islamkritische Aussagen auf 60,8% Zustimmung stießen, befürworteten 36,2% der Befragten alle islamfeindlichen Aussagen (Decker et al. 2012b). Diese Gruppe wurde aus den Probanden gebildet, die allen in Abbildung 4.2.3 genannten Aussagen durchschnittlich zustimmten. Die Aussagen finden jeweils mindestens rund 45% Zustimmung. Mit leichten Schwankungen finden islamfeindliche Aussagen die Zustimmung von mal knapp, mal deutlich mehr als jedem zweiten Deutschen.

Die Verbreitung des Chauvinismus in Deutschland wurde bereits an früherer Stelle als Bestandteil der rechtsextremen Einstellungen thematisiert. Die alltagsreligiöse Funktion des Phantasmas der Nation, so unsere Annahme, lässt sich als Verschmelzungsfantasie zur Kompensation von Kontrollverlust und zur Selbstwertregulierung verstehen. Die Zustimmung zu einzelnen nationalistischen Aussagen liegt im langjährigen Mittel bei 18,9% im Westen und 17,4% im Osten.

4 Traditionslinien der Moderne

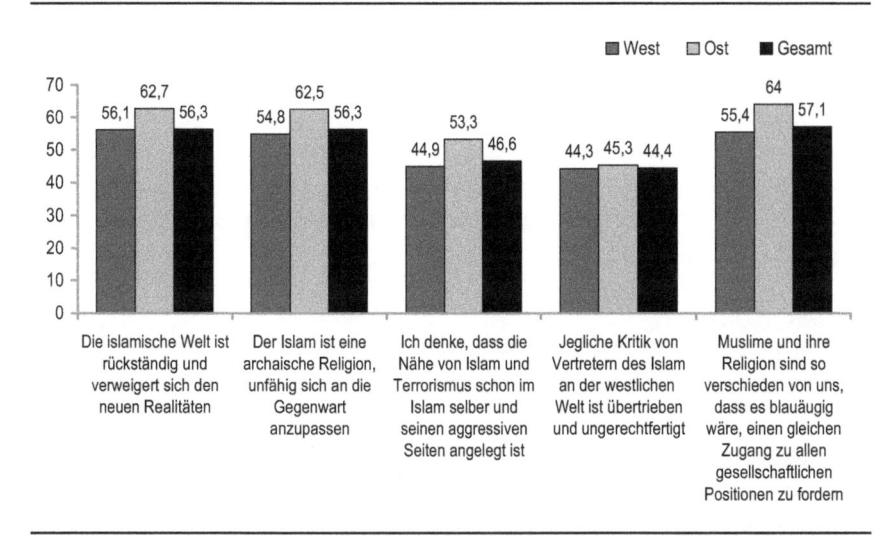

Abbildung 4.2.3
Zustimmung zu islamfeindlichen Aussagen (in Prozent)

■ West □ Ost ■ Gesamt

	Die islamische Welt ist rückständig und verweigert sich den neuen Realitäten	Der Islam ist eine archaische Religion, unfähig sich an die Gegenwart anzupassen	Ich denke, dass die Nähe von Islam und Terrorismus schon im Islam selber und seinen aggressiven Seiten angelegt ist	Jegliche Kritik von Vertretern des Islam an der westlichen Welt ist übertrieben und ungerechtfertigt	Muslime und ihre Religion sind so verschieden von uns, dass es blauäugig wäre, einen gleichen Zugang zu allen gesellschaftlichen Positionen zu fordern
West	56,1	54,8	44,9	44,3	55,4
Ost	62,7	62,5	53,3	45,3	64
Gesamt	56,3	56,3	46,6	44,4	57,1

Um die Wirkung der Alltagsreligion im Sinne Claussens zu beschreiben, haben wir einen Summenwert aus den Ergebnissen der verschiedenen Fragebögen gebildet. Berücksichtigt wurden die Fragebögen zur Islamfeindschaft, zum primären und sekundären Antisemitismus und zur Dimension Chauvinismus des Fragebogens zur rechtsextremen Einstellung (bei allen 18 Aussagen ist die Skalierung der Antworten jeweils 1–5, »lehne voll und ganz ab« bis »stimme voll und ganz zu«). Personen, die den Aussagen dieser Fragebögen durchschnittlich zustimmen, sollen mit dieser Operationalisierung als diejenigen gefasst werden, welche einer alltagsreligiösen Kompensation bedürfen. Um die Abhängigkeit des Wunsches nach alltagsreligiöser Kompensation vom Fehlschlagen der heilsökonomischen Integration und der Belastung durch eine sich stetig überholende Moderne zu bestimmen, soll mit einer Regressionsanalyse der Einfluss verschiedener Aspekte kontrolliert werden.

In die Regressionsanalyse gehen soziodemografische Merkmale der Probanden ein, deren Einfluss auf die Teilkomponenten der Alltagsreligion bekannt ist. Hierzu gehören erstens das Geschlecht (Männer stimmen durchschnittlich Aussagen rechtsextremen Inhalts häufiger zu als Frauen), zweitens das Alter (hier sind es die früheren Geburtsjahrgänge, die stärker rechtsextrem eingestellt sind als die späteren Geburtsjahrgänge) und drittens der formale Bildungsgrad (je niedriger, desto höher die rechtsextreme Einstellung). Der Einfluss der beschleunigten Modernisierung wurde mit der Zustimmung zu einer entsprechenden Aussage gemessen (vgl. Abb. 4.2.4). Darüber hinaus gingen die soziale und ökonomische Deprivation ein, sowie – als Maß für die Abhängigkeit der kompensatorischen Funktion der Alltagsreligion vom Fehlschlagen des heilsökonomischen Versprechens – die Einschätzung der wirtschaftlichen Lage in Deutschland allgemein.

Abbildung 4.2.4
Einfluss auf die Stärke der Alltagsreligion nach Claussen

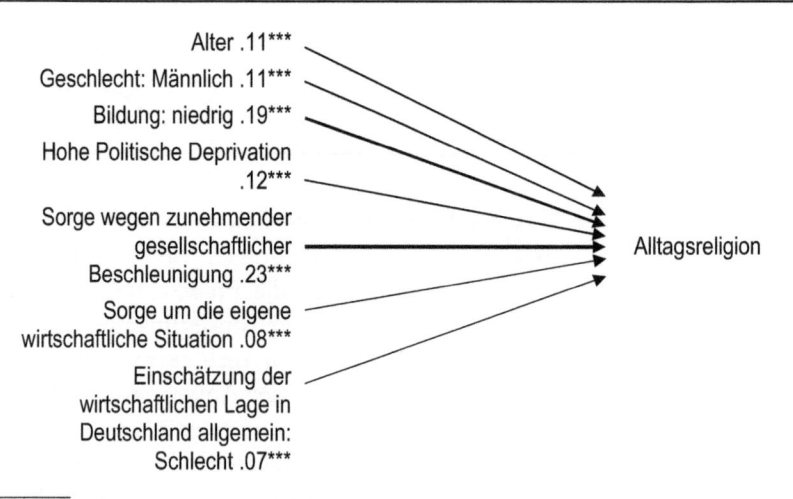

Alter .11***
Geschlecht: Männlich .11***
Bildung: niedrig .19***
Hohe Politische Deprivation .12***
Sorge wegen zunehmender gesellschaftlicher Beschleunigung .23***
Sorge um die eigene wirtschaftliche Situation .08***
Einschätzung der wirtschaftlichen Lage in Deutschland allgemein: Schlecht .07***

→ Alltagsreligion

Ohne Einfluss sind die relative ökonomische Deprivation und die relative soziale Deprivation
$R^2 = .18$

Abbildung 4.2.4 stellt die Regressionsanalyse für ganz Deutschland dar. Die soziodemografischen Merkmale Alter, Bildung und Geschlecht bestätigen sich als Einflussfaktoren auf die Alltagsreligion. Auch die anderen Elemente der Regressionsanalyse beeinflussen die Alltagsreligion deutlich. Die hohe politische Deprivation, die das Fehlschlagen der Integration in die Gesellschaft anzeigt, ist ein wichtiger Faktor für die Ausbildung der

Alltagsreligion. Das gilt für den Einfluss auf das gesellschaftliche Geschehen insgesamt, aber zunächst nicht für die eigene ökonomische Teilhabe. Diesbezüglich ist die Sorge um die wirtschaftliche Teilhabe in der Zukunft und die Einschätzung der allgemeinen ökonomischen Lage von höherem Gewicht. Den stärksten Einfluss hat allerdings die Sorge um die zunehmende gesellschaftliche Beschleunigung. Einerseits ist das ein Hinweis auf die Intensivierung des Heilsversprechens, andererseits kommt damit die Erfahrung der Überforderung durch die gesellschaftlichen Modernisierungsprozesse zum Ausdruck. Die soziale Deprivation (die Freisetzung des Individuums aus sozialen Strukturen) und die relative ökonomische Deprivation (die eigene gegenwärtige ökonomische Lage) bleiben dagegen ohne nennenswerten Einfluss. Die wirtschaftliche Situation wirkt sich dennoch auf die Ausbildung der Alltagsreligion aus, wenn die wirtschaftliche Lage in Deutschland insgesamt und die Sorge um die eigene wirtschaftliche Zukunft berücksichtigt werden.

FAZIT

Sowohl die antisemitische als auch die islamfeindliche Einstellung sind in Deutschland sehr verbreitet. Dass sich der Hass auf das andere an der Wahrnehmung religiöser Motive entzündet, ist empirisch gesichert. Unter der Oberfläche der säkularen Gesellschaft schwelt der Hass auf die Angehörigen jener Gruppe, die glauben, »es besser (zu) wissen« und damit zeigen, dass der christliche Messias, das »ewige Heil«, alles andere als ein »sicherer Besitz« ist: »Der Antisemitismus soll bestätigen, daß das Ritual von Glaube und Geschichte recht hat, indem er es an jenen vollstreckt, die solches Ritual verneinen« (Horkheimer & Adorno 1944, 209).

Angesichts der weiterhin starken christlichen Prägung unserer Gesellschaft und des Fortbestehens christlicher Milieus, die in diesen Traditionen verwurzelt sind, verwundert es nicht, dass es auch heute noch Relikte dieser religiösen Judenfeindschaft gibt (Expertenkreis 2011, 61f.). Hinzu kommen neue Formen des Antisemitismus, die unter anderem der Transformation des christlichen Heilsversprechens in die warenproduzierende Gesellschaft geschuldet sind. Diese Verschiebung der Heilserwartung – von christlicher Eschatologie zur kapitalistischen Moderne (vgl. Kap. 2) – führt nicht nur zum Hass auf Juden/Jüdinnen, sondern auch auf Muslime/Musliminnen.

Wie schon bei unserer Annahme, dass Wohlstand als narzisstische Plombe wirkt, konnten wir auch für die Alltagsreligion feststellen, dass die allgemeine wirtschaftliche Lage ein größeres Gewicht hat, als die eigene wirtschaftliche Situation. Dieser Befund deckt sich mit den Annahmen und Forschungsergebnissen der Terror Management Theorie (TMT) (Greenberg, Solomon & Pyszczynski 1997). Unsere Beobachtungen stützen deren These, dass der Fortbestand der Gesellschaften in der erlebten Form den Menschen eine säkulare Transzendenz ihrer eigenen Existenz – über die andauernde Existenz des Bestehenden hinaus – gewährt. Ferner bestätigten unsere Ergebnisse die These der TMT, dass Menschen dazu neigen, das Eigene zu stabilisieren und das Fremde abzuwehren, wenn sie den Bestand ihres kulturellen Referenzsystems als bedroht wahrnehmen.

Die Ökonomie gibt mit der Aussicht auf absoluten Reichtum und ihren als Körperprothesen fungierenden Waren ein Heilsversprechen. Die Waren sind tatsächlich »Fetische«, nur viel wörtlicher, als Marx und seine Nachfolger den Begriff verwendet hatten. Die angeblich säkularen Gesellschaften der Moderne sind vom Religiösen durchdrungen. Darüber hinaus gelingt es der Moderne so wenig, ihr Versprechen einzulösen, wie das Warten auf das messianische Morgen den Christen/innen gelohnt wurde. Das Heilsversprechen des Mittelalters musste immer weiter intensiviert werden. Wie das Christentum mit der Zeit, so bringt auch die moderne Gesellschaft mit ihrem Kult der Heilsökonomie die Wut auf Andersgläubige hervor.

5 Die demokratische Gesellschaft und ihre Mitglieder in einer stets sich überholenden Moderne

Ausgehend von den Überlegungen zum Prozess der Moderne in Kapitel 2, werden in diesem Kapitel eine Reihe von Annahmen vertiefend untersucht. Schon das sakrale Heilsversprechen war der Versuch der Selbstermächtigung, und die Moderne ist durchzogen von Heilserwartungen. Auch die narzisstische Plombe lässt die gesellschaftliche Rationalität zweifelhaft erscheinen. Die radikalisierte Zukunftserwartung zeigt weiterhin die Erwartung eines erlösenden Morgens an – und mündet in einer gesellschaftlichen Beschleunigung: einer Moderne, die sich stets selbst überholen muss.

Während der aufgeführte Untergrund mit der projektiven Entladung im Antisemitismus und in der Islamfeindschaft im vorangegangenen Kapitel Thema geworden ist, sollen hier die Bedingungen untersucht werden. Dazu werden die Verschwörungsmentalität (Kap. 5.1) und die Bedeutung des Kontrollverlusts für die Abwertung der Anderen (Kap. 5.2) betrachtet. Welche Möglichkeiten der Demokratie in der beschleunigten Gesellschaft noch zur Verfügung stehen, an welchem Ort sie sich realisieren kann und mit welchen Teilnehmenden, wird in Kapitel 5.3 untersucht. In Kapitel 5.4 werden schließlich die Konsequenzen eines Umbruchs betrachtet, der als Krise und damit als Bestands- und Selbstwertbedrohung ins Bewusstsein der Gesellschaftsmitglieder dringt.

5.1 Verschwörungsmentalität als Weltbild

Roland Imhoff & Oliver Decker

Der amerikanische, rechtsgerichtete Konservative (Gosa 2011) Alex Jones hat es mit seiner Website inforwars.com zu einiger Popularität gebracht. Jones stellt sich hier als aufrichtiger Kämpfer gegen die angeblich drohende New World Order (NWO) dar, als einen nur an der Wahrheit interessierten *truther*. Sein allmächtiger Gegner sei seit Napoleons Zeiten darauf aus, eine neue Weltordnung zu errichten – mithilfe der von ihm dominierten Institutionen wie der Weltbank, der UNO, den Regierungen dieser Welt, der WTO und dem militärisch-industriellen Komplex. In diesem Abschnitt argumentieren wir, dass diese Gedankenfolge symptomatisch für eine generalisierte politische Einstellung ist, für die wir den Begriff »Verschwörungsmentalität« verwenden. Sie ist ein bislang vernachlässigter Faktor in der Erklärung rechtsextremer Einstellungen durch prädisponierende Persönlichkeitsfaktoren.

Verschwörung und Autoritärer Charakter

Die Frage, welche individuellen Eigenschaften und Erfahrungen rechtsextreme und menschenfeindliche Weltsichten konstituieren, bewegt Sozialpsychologen seit der ersten Hälfte des 20. Jahrhunderts. Als erster ambitionierter und umfangreicher Ansatz gelten die »Berkeley-Studien« zum Autoritären Charakter (Adorno et al. 1950). Auf der Suche nach einer Antwort auf die Frage, was eine potenziell faschistische Persönlichkeit ausmacht, schlugen Adorno und seine Kolleg/innen vor, die autoritäre Persönlichkeit durch neun miteinander zusammenhängende Komponenten zu fassen. Demnach zeichneten sich autoritäre Persönlichkeiten aus: durch den Willen, sich Autoritäten unterzuordnen (autoritäre Submission); die Bereitschaft, sich andere unterzuordnen und zu bestrafen (autoritäre Aggression) sowie das Festhalten an Traditionen und Normen (Konventionalismus); ferner Aberglauben, Denken in Stereotypen, übermäßige Beschäftigung mit Macht und »toughness«, Ablehnung von schöngeistigen Dingen, Feindseligkeit und Zynismus, übertriebene Beschäftigung mit Sexuellem und Neigung zur Projektion, also die Überzeugung, dass in der Welt gefährliche Dinge vor sich gehen. Wiederholt zeigte sich ein positiver Zusammenhang zwischen dem so gemessenen Autoritarismus und antisemitischen Einstellungen: Je autoritärer sich eine Person in der Studie präsentierte, umso negativer äußerte sie sich auch gegenüber Juden. Dies belegt die Grundannahme, dass Autoritarismus ein Indikator für faschistische Einstellungen ist. Als weiterer Beleg gilt, dass ehemalige SS-Angehörigen noch 1965 höhere Werte als ehemalige Wehrmachtsangehörige auf der Autoritarismus-Skala erzielten (Steiner & Fahrenberg 1970).

Insbesondere aufgrund zahlreicher, nicht mehr dem Zeitgeist entsprechender psychoanalytischer Annahmen über die unbewusste Triebabwehr wurde das Konzept jedoch heftig kritisiert und geriet zunehmend in Vergessenheit – bis Bob Altemeyer eine Rekonzeptionalisierung vorschlug, die ohne psychodynamische Zusatzannahmen auskam. Sein *rechtsgerichteter Autoritarismus* (RWA) reduzierte das Konzept auf die drei Kernkomponenten autoritäre Submission, autoritäre Aggression und Konventionalismus (Altemeyer 1988). In der aktuellen Sozialpsychologie gilt der RWA als einer von zwei starken Prädiktoren ethnozentrischer (oder rassistischer) Einstellungen (Whitley 1999; Asbrock, Sibley & Duckitt 2010).

Trotz der breiten Akzeptanz des RWA-Konzepts bleibt die Frage offen, ob das Abstreifen der psychoanalytischen Komponenten das Autoritarismuskonstrukt nicht in seiner Erklärungskraft geschwächt hat (Decker 2010b). Diese Frage stellt sich zum einen für den Rückbezug der autoritären Persönlichkeit auf die Gesellschaft, die sie hervorbringt. Denn mit der Annahme des Persönlichkeitseinflusses war immer auch die Annahme einer sozialisatorischen Gewalt verbunden (Fromm 1936). Die Frage stellt sich aber auch für die Dynamik, die dem Autoritarismus zugrunde liegt und die über die drei Faktoren des RWA-Konzepts hinausgeht. Insbesondere die von den Autor/innen der Originalstudie *Projektivität* genannte Subskala umfasst eine Figur, die sich (auch) in rechtsextremen Diskursen findet und die in der Kernkonzeption der RWA fehlt. Unabhängig von der tatsächlich empirisch schwer belegbaren Annahme der Projektion nicht eingestandener Triebimpulse, fasste die Projektivitätsskala auch so etwas wie eine *Verschwörungsmentalität* im Sinne einer Sicht auf die Welt als von verborgenen Mächten gelenkt. Eine solche Mentalität vermag – so unsere Kernannahme in diesem Abschnitt – zusätzlich zur RWA rechtsextreme und andere manichäische Weltsichten zu erklären. Insbesondere die Tatsache, dass sich viele rechtsextreme Subkulturen häufig subversiv gerieren und antistaatlicher Codes bedienen, lässt sich nur schwer mit der überhöhten Bereitschaft erklären, sich Autoritäten unterzuordnen und Traditionen zu folgen.

Eine rhetorische Figur, die dabei gern bemüht wird, ist die der Verschwörung, zum Beispiel einer Verschwörung gegen die »weiße Rasse« durch »Agenten« des Multikulturalismus oder des Judentums. Finstere Mächte, die hinter den Kulissen agieren und die vorgeblich mächtigen Institutionen kontrollieren, werden für den beklagenswerten Zustand der Welt verantwortlich gemacht. Diese Verschwörungsidee ist auch die Keimzelle antisemitischer Wahnvorstellungen, wie sie zum Beispiel die »Protokolle der Weisen von Zion« verbreiten. Von ihrem ersten Auftauchen im Russischen Zarenreich um 1903, über den deutschen Nationalsozialismus, bis zur Charta der palästinensischen Hamas von 1988 galten diese frei erfundenen »Protokolle« als Beleg für die Existenz einer jüdischen Verschwörung und als Legitimation des eigenen Antisemitismus (Benz 2011). In dieser Fälschung tauchen etliche reale Phänomene (Wirtschaftskrisen, Krieg, Staatsverschuldung, Beseitigung der Vorrechte des Adels) als konkret geplante Machenschaften der »Weisen« auf, die das langfristige Ziel verfolgten, existierende Gemeinschaften zu zersetzen und die Weltherrschaft zu übernehmen. Exakt ein solches Denken, sichtbare Phänomene auf die Intentionen von hinter der Kulisse agierenden Mächten zurückzuführen, war in der Projektivitätsskala angelegt, wurde aber mit der Neukonzeptionalisierung vernachlässigt. Wir wollen die Verschwörungsmentalität im Folgenden als eine politische Einstellung und im Zusammenhang mit der rechtsextremen Einstellung näher untersuchen.

Verschwörungsmentalität und ihr Einfluss auf politische Einstellungen

Der Begriff der Verschwörungsmentalität geht auf Serge Moscovici (1987) zurück. Karl Popper (1958) hat diese Weltsicht als »Verschwörungstheorie der Gesellschaft« folgendermaßen zusammengefasst: »Diese Ansicht (...) entspringt natürlich der falschen Theorie, daß, was immer sich in einer Gesellschaft ereignet, das Ergebnis eines Planes mächtiger Individuen oder Gruppen ist. Besonders Ereignisse wie Krieg, Arbeitslosigkeit, Knappheit, also Ereignisse, die wir als unangenehm empfinden, werden von dieser Theorie als gewollt und planbar erklärt« (Popper 1958, 112).

5.1 Verschwörungsmentalität als Weltbild

Verschwörungsmentalität meint also eine Weltsicht, die die Welt als Resultat der (häufig sinistren) Entscheidungen und Intentionen von Verschwörern begreift. Die Annahme einer solchen allgemeinen Mentalität impliziert, dass es weniger der konkrete Inhalt oder die Plausibilität spezifischer Verschwörungstheorien sind, die zur Zustimmung führen, sondern vielmehr eine generelle Tendenz der Rezipierenden, an Verschwörungen zu glauben oder nicht.

Wie gut ist nun die Evidenz dafür? Anekdotische Evidenz findet sich zum Beispiel in der Tatsache, dass der Glaube an eine Verschwörungstheorie positiv mit dem Glauben an eine beliebige andere Verschwörungstheorie assoziiert ist (Swami, Chamorro-Premuzic & Furnham 2010), auch wenn sich beide logisch ausschließen (Wood, Douglas & Sutton 2012). Konkret: Personen, die sich überzeugt zeigten, dass Prinzessin Diana ihren eigenen Tod nur vorgetäuscht hat, waren auch eher der Meinung, dass sie Opfer eines Mordattentats des britischen Geheimdienstes wurde (ebd.). Bruder et al. (2012) baten mehrere tausend Personen aus den USA, England, Deutschland und der Türkei anzugeben, für wie wahrscheinlich sie 38 verschiedene Verschwörungstheorien hielten, die sich zum größten Teil auf bestimmte Vorfälle bezogen (z.B.: »Ich denke, Regierungen haben absichtlich HIV unter ethnischen Minderheiten verbreitet« oder »Ich denke, bessere Kfz-Motoren wurden bereits entwickelt, werden aber nicht kommerziell zur Verfügung gestellt, weil die Auto- und Ölindustrie zusammenarbeiten«). Auch hier zeigte sich deutlich, dass – bei allen existierenden Unterschieden – ein globaler Faktor *Verschwörungsmentalität* die Daten besser erklärte, als inhaltliche Kategorien es vermochten.

Die Entwicklung einer allgemeinen Skala der Verschwörungsmentalität, ohne konkrete Gruppen oder Verschwörungen zu nennen (Imhoff & Bruder 2012), erlaubt es, den Zusammenhang der allgemeinen Neigung, die Welt als von Verschwörungen gelenkt wahrzunehmen, und rechtsextreme Ideologiefragmente zu untersuchen. Das Beispiel des Antisemitismus zeigt, dass es zum *Inhalt* des antisemitischen Stereotyps gehört, Juden würden im Verborgenen mit Verschwörungen operieren (Kofta & Sedek 2005). Aber nicht nur das: Es besteht auch eine Affinität zwischen allgemeiner Verschwörungsmentalität und antisemitischen Einstellungen, auch dann, wenn diese Einstellungen ohne jegliche Referenz zu jüdischen Verschwörungen gemessen werden (Imhoff & Bruder 2012). Dieser Ansatz zur Messung der Verschwörungsmentalität erlaubt noch mehr: Zum

Beispiel die Überprüfung, inwiefern die häufig konstatierte Wesensverwandtschaft von antisemitischer Ideologie und extrem personalisierendem Antikapitalismus (z.B. Horkheimer & Adorno 1944; Postone 1986; Bergmann & Wetzel 2003) auf eine verschwörungstheoretische Weltsicht zurückzuführen ist. Horkheimer und Adorno, aber auch Postone, schließen an den »Fetisch-Charakter der Waren« an (Kap. 2.4) – jene von Marx festgestellte Verblendung eines ständig stattfindenden Betrugs um den Mehrwert. Es ist die Aneignung des Quantums der wertschaffenden Arbeit, welches als Surplus an denjenigen zurückfließt, der damit seine persönlich verfügbare Geldmenge vergrößert, und nicht an den Produzenten des Werts. Dieser eine Betrug macht – aus Sicht von Marx – ein ganzes ideologisches Gebäude notwendig, das ihn verschleiert: Ein Fetischismus ergreift die ganze Gesellschaft. So wird die Vorstellung genährt, hinter dem Rücken der Menschen vollzögen unsichtbare Mächte ominöse Vorgänge. Als Protagonisten dieser Vorgänge wurden die Juden ausgemacht, weil sie – so Horkheimer und Adorno – an der sichtbarsten Stelle der kapitalistischen Wertschöpfung auftraten: nämlich im Ladenlokal. Dort wurde offensichtlich, wie wenig für das bisschen Lohn zu haben war (für eine detaillierte Diskussion dieses Punkts siehe auch die Kap. 2.4 und 4.3).

Deswegen wurde »der Jude« zum personalisierten »raffenden Kapital«, wie ihn schon die Propaganda in Nazi-Deutschland darstellte. Imhoff und Bruder (2012, Studie 2) erfassten in ihren Untersuchungen sowohl die allgemeine Verschwörungsmentalität als auch den Antisemitismus und personalisierenden Antikapitalismus (z.B.: »Allen auf der Welt würde es besser gehen, wenn es weniger internationale Finanzspekulanten gäbe« oder als Beispiel einer umgekehrt gepolten Aussage: »Ich mag das Gerede von den ›Heuschrecken‹, die böswillig Firmen zerschlagen, nicht«). Eine Re-Analyse ihrer Daten ergibt, dass der signifikant positive Zusammenhang zwischen antisemitischen Einstellungen und personalisierender Kapitalismuskritik zusammenbrach, wenn der jeweilige Zusammenhang mit der Verschwörungsmentalität kontrolliert wurde. Antisemitismus und personalisierende Kapitalismuskritik treten also deswegen gemeinsam auf, weil beide durch eine verschwörungsaffine Weltsicht befördert werden. Rechnet man den Anteil, der auf eine solche Weltsicht zurückgeht, aus beiden Einstellungen heraus, hängen sie nicht mehr miteinander zusammen. Imhoff, Seyle und Newman (2012) zeigen anhand der Daten deutscher und US-amerikanischer Studierender, dass der Zusammenhang zwischen Antisemitismus und personalisierendem Antikapitalismus dadurch verdeckt wird, dass Antikapitalismus oftmals mit der Ablehnung jeglicher Ungleichheit assoziiert ist, was wiederum mit geringen Antisemitismus-Werten korrespondiert.

Für die hier vorliegende »Mitte«-Studie (Beschreibung der Stichprobe vgl. Decker, Kiess & Brähler 2012) wurden die Probanden gebeten, eine Kurzform der »Conspiracy Mentality Scale« (Imhoff & Bruder 2012) auszufüllen, indem sie das Maß ihrer Zustimmung zu folgenden fünf Aussagen signalisierten (s. Tab. 5.1.1):

– Die meisten Menschen erkennen nicht, in welchem Ausmaß unser Leben durch Verschwörungen bestimmt wird, die im Geheimen ausgeheckt werden.
– Es gibt geheime Organisationen, die großen Einfluss auf politische Entscheidungen haben.
– Die verschiedenen in den Medien zirkulierenden Verschwörungstheorien halte ich für ausgemachten Blödsinn.
– Es gibt keinen vernünftigen Grund, Regierungen, Geheimdiensten oder Medien zu misstrauen (umgekehrt gepolte Aussage).
– Politiker und andere Führungspersönlichkeiten sind nur Marionetten der dahinterstehenden Mächte (umgekehrt gepolte Aussage).

Die Skala erwies sich als intern konsistent ($\alpha = .74$), das heißt, die Probanden unterschieden sich relativ systematisch darin, wie sie den Aussagen zustimmten (bzw. die umgekehrt gepolten ablehnten). Um zu ermitteln, ob das Konstrukt der Verschwörungsmentalität tatsächlich einen zusätzlichen Beitrag zum Verständnis rechtsextremer oder allgemeiner menschenfeindlicher Einstellungen leisten kann, müsste es über etablierte Variablen wie Autoritarismus oder nationale Identifikation hinaus Varianz in rechtsextremen Einstellungen aufklären. Als Indikatoren rechtsextremer Ideologiefragmente werden hier die Skalen »Befürwortung rechtsautoritärer Diktatur«, »Chauvinismus«, »Ausländerfeindlichkeit«, »Antisemitismus«, »Sozialdarwinismus« und »Verharmlosung des Nationalsozialismus« herangezogen (vgl. Kap. 4).

Tabelle 5.1.1
Kurzform der Verschwörungsmentalitäts-Skala (Imhoff & Bruder, 2012) mit jeweiliger Zustimmung zu den einzelnen Aussagen

Aussage	1 stimme überhaupt nicht zu	2	3	4	5	6	7 stimme voll und ganz zu	M	SD
A	14,8%	12,5%	14,0%	25,1%	16,1%	9,7%	7,8%	3,76	1,78
B	11,0%	10,8%	14,1%	24,8%	18,3%	11,6%	9,3%	4,01	1,75
C	9,7%	14,1%	17,8%	22,5%	15,4%	9,9%	10,5%	3,91	1,76
D	18,4%	19,6%	20,8%	23,8%	9,3%	5,0%	3,1%	3,13	1,57
E	7,7%	9,1%	14,2%	29,8%	19,8%	10,1%	9,3%	4,12	1,62

Legende:

A = Die meisten Menschen erkennen nicht, in welchem Ausmaß unser Leben durch Verschwörungen bestimmt wird, die im Geheimen ausgeheckt werden.

B = Es gibt geheime Organisationen, die großen Einfluss auf politische Entscheidungen haben.

C = Die verschiedenen in den Medien zirkulierenden Verschwörungstheorien halte ich für ausgemachten Blödsinn. (umgekehrt gepolt)

D = Es gibt keinen vernünftigen Grund, Regierungen, Geheimdiensten oder Medien zu misstrauen. (umgekehrt gepolt)

E = Politiker und andere Führungspersönlichkeiten sind nur Marionetten der dahinterstehenden Mächte.

Tabelle 5.1.2
Vorhersage der Zustimmung zu rechtsextremen Ideologiefragmenten durch Autoritarismus, nationale Identifikation und Verschwörungsmentalität

Variablen	Befürwortung rechts-autoritärer Diktatur β	ΔR²	Chauvinismus β	ΔR²	Ausländer-feindlichkeit β	ΔR²	Anti-semitismus β	ΔR²	Sozial-darwinismus β	ΔR²	Verharm-losung des National-sozialismus β	ΔR²
Schritt 1		.25**		.16**		.15**		.14**		.23**		.17**
Autoritarismus	.47**		.32**		.30**		.32**		.45**		.39**	
Nationale Identifikation	-.07**		.13**		.15**		-.03		-.04*		-.06**	
Schritt 2		.03**		.09**		.09**		.12**		.05**		.02**
Verschwörungs-mentalität	.16**		.30**		.30**		.35**		.23**		.14**	

Alle Regressionsgewichte aus Schritt 2.
* $p < .05$, ** $p < .01$

In einem ersten Schritt überprüften wir den Einfluss von Autoritarismus und nationaler Identifikation. Die positiven Regressionsgewichte der Autoritarismus-Skala für jede Dimension rechtsextremer Einstellung (vgl. Tab. 5.1.2) bestätigte unsere Annahme, dass Autoritarismus ein sinnvoller Prädiktor rechtsextremer Einstellungen ist. Die nationale Identifikation (gemessen durch die eingeschätzte Nähe des Selbst mit den Deutschen auf einer visuellen Analogskala zunehmend überlappender Kreise) zeigt einen weniger klaren Zusammenhang, da ihre Regressionsgewichte generell geringer waren und diese auch nicht konstant in die gleiche Richtung wiesen. In Übereinstimmung mit Annahmen der sozialen Identitätstheorie (Tajfel & Turner 1979; Turner et al. 1987) zeigt sich ein positiver Zusammenhang zwischen der Identifikation mit der Eigengruppe und der Abwertung anderer Gruppen, allerdings nur für die Dimensionen »Ausländerfeindlichkeit« und »Chauvinismus«. Insbesondere in Bezug auf die Befürwortung einer rechtsextremen Diktatur und der Verharmlosung des Nationalsozialismus wird das Gegenteil erkennbar: Diejenigen, die sich selbst als »den Deutschen« besonders ähnlich empfinden, lehnen verharmlosende Aussagen eher ab. Dieser Befund ist gut vereinbar mit Adornos (1955) These, dass es eine starke Identifikation mit Deutschland auch in einem anderen Sinne gibt, nämlich für die Geschichte einzustehen und Verantwortung für eine Aufarbeitung zu übernehmen.

Wichtiger für die zentrale Fragestellung dieses Kapitels ist jedoch der Umstand, dass die Verschwörungsmentalität eine zusätzliche Erklärungskraft für jede einzelne der Dimensionen hat. Dazu wurde im jeweils zweiten Schritt die Verschwörungsmentalität als zusätzlicher Prädiktor eingeführt. Der durchgängig signifikante Zuwachs aufgeklärter Varianz indiziert, dass die Verschwörungsmentalität – in Übereinstimmung mit unseren Annahmen – zusätzlichen Erklärungswert besitzt, und zwar über den Autoritarismus und die nationale Identifikation hinaus. Unabhängig von diesen ersten beiden Variablen erlaubt die Verschwörungsmentalität demnach eine Vorhersage der individuellen Zustimmung zu den abgefragten Ideologiefragmenten. Ein beinahe identisches Muster zeigt sich, wenn man als abhängige Variablen Kurzskalen des primären und sekundären Antisemitismus (Imhoff & Banse 2009) beziehungsweise der Islamophobie (Imhoff & Recker 2012) einsetzt (vgl. Tab. 5.1.3).

Tabelle 5.1.3
Vorhersage der Zustimmung zu Vorurteilen durch Autoritarismus, nationale Identifikation und Verschwörungsmentalität

	Variablen	primärer Antisemitismus β	ΔR²	sekundärer Antisemitismus β	ΔR²	Islamophobie β	ΔR²
Schritt 1			.10**		.06**		.10**
	Autoritarismus	.26**		.17**		.24**	
	Nationale Identifikation	-.03		.11**		.14**	
Schritt 2			.14**		.09**		.05**
	Verschwörungs-mentalität	.38**		.31**		.22**	

Alle Regressionsgewichte aus Schritt 2. * $p < .05$, ** $p < .01$

Verschwörungsmentalität – ein Phänomen der extremen Rechten?

Der allgemeine Glaube daran, dass die Geschicke der Welt von Mächten gelenkt werden, die hinter den Kulissen agieren, prädisponiert also zur Akzeptanz rechtsextremer Ideologiefragmente. Doch heißt das im Umkehrschluss, dass der Glaube an Verschwörungen ein exklusives Phänomen des rechten Spektrums ist? Bereits inhaltlich scheint das nicht plausibel zu sein. Einerseits gibt es Verschwörungstheorien, die mit rechtsextremen Weltbildern vereinbar sind, zum Beispiel der Glaube an eine jüdische Weltverschwörung oder die Idee einer alles überwachenden, übermächtigen (und vermeintlich zu liberalen) Regierung. Andererseits sind nicht alle Theorien klar rechtsextrem konnotiert, zum Beispiel wenn sie sich mit Verschwörungen zum Zwecke der Unterdrückung von Afroamerikaner/innen beschäftigen. Der oben zitierte Zusammenhang von Verschwörungsmentalität mit einer extrem verkürzten Form personalisierten Antikapitalismus findet sich zum Beispiel auch in zahlreichen, scheinbar linken Argumentationssträngen. Ein Blick auf den Zusammenhang zwischen Parteinähe (»Wenn am nächsten Sonntag Bundestagswahl wäre, welche Partei würden Sie dann wählen?«) und Verschwörungsmentalität im vorliegenden Datensatz zeigt auch bei Personen, die sich als Anhänger linker Parteien beschreiben, Zustimmung.

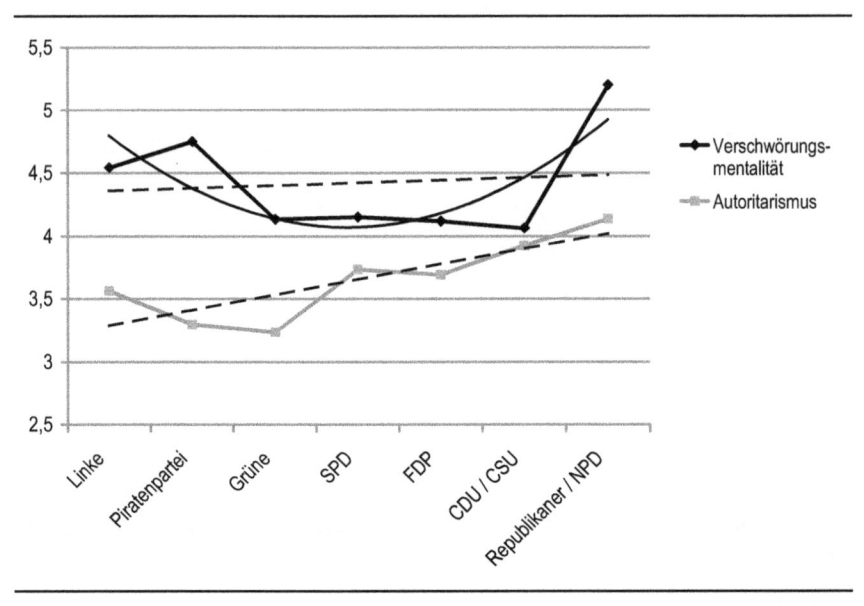

Abbildung 5.1.1
Verschwörungsmentalität und Autoritarismus bei Parteianhängern

Für den Autoritarismus zeigt sich der erwartete lineare Zusammenhang (gestrichelte Linie, linearer Kontrast: $t(1649) = 4.50$, $p < .001$) über das Parteispektrum von links nach rechts. Je stärker der Autoritarismus der Befragten ausgeprägt ist, desto weiter rechts verorten sie ihre Parteipräferenz. Für die Verschwörungsmentalität jedoch zeigt sich ein anderes Muster: Ein linearer Zusammenhang, der den rechts verorteten Befragten einen stärkeren Glauben an Verschwörungstheorien attestieren würde als den links verorteten, lässt sich nicht beobachten (linearer Kontrast: $t(1645) = 1.06$, $p = .29$). Wie man Abbildung 5.1.1 entnehmen kann, sind sowohl Anhänger/innen rechter Parteien als auch (in geringerem Ausmaß) Anhänger/innen linker Parteien überproportional geneigt, Verschwörungen zu vermuten (durchgezogene Linie in Abb. 5.1.1, quadratischer Kontrast: $t(1645) = 3.79$, $p < .001$; für einen ähnlichen Befund siehe Inglehart 1987). Dies liefert vielleicht einen Anhaltspunkt zur Erklärung des viel beschworenen Antisemitismus von links (Haury 2002). Bei der Frage, warum insbesondere der politische »Rand« stärker durch eine Verschwörungsmentalität charakterisiert ist, lohnt es sich, nach plausiblen disponierenden Faktoren zu suchen. So könnte das Empfinden, selbst nur geringe Kontrolle und Einflussmöglichkeiten zu haben, nicht nur die Wahl kleinerer Parteien attraktiv machen, sondern auch die Erklärung, übermächtige Verschwörungen anderer hätten die eigene Ohnmacht herbeigeführt.

KONTROLLDEPRIVATION UND VERSCHWÖRUNGSMENTALITÄT

Was bringt Menschen nun dazu, die Welt in Verschwörungen zu denken? Ein in der Literatur gut etablierter Faktor zum Verständnis des temporären Glaubens an spezifische Verschwörungstheorien (auch mit Bezug auf soziologische Anomietheorien) ist das Gefühl von Kontrollverlust. Individuen erleben Situationen, in denen sie sich machtlos und ausgeliefert fühlen, als – zumindest in einem gewissen Grade – kontrollierbar, wenn die Situation ihnen nicht völlig unerklärlich ist, sondern als Resultat von geheimen Verschwörungen verstanden wird. Das Individuum ermächtigt sich durch diese Annahme gewissermaßen, weil es die Verschwörung durchschaut und den Gegner erkannt zu haben meint. Es ist der verzweifelte Versuch, an den voraufgeklärten Zustand allgemeingültiger Werte anzuschließen. Dass das Produkt dabei nur ein Schatten jener »verdampften und entweihten« Sicherheiten ist, ändert nichts an ihrem alltagsreligiösen Charakter und ihrer Funktion, Sicherheit und Kontrolle zu vermitteln (vgl. Kap. 2.1).

Whitson und Galinsky (2008) baten Probanden, sich entweder an eine bedrohliche Situation zu erinnern, über die sie keine Kontrolle hatten, oder an eine bedrohliche Situation, über die sie Kontrolle hatten. Im Anschluss lasen beide Gruppen zwei fiktive Geschichten, in denen der Hauptperson etwas Unangenehmes widerfuhr (z.B. wurde eine erwartete Beförderung nicht gewährt). Sie sollten dann angeben, in welchem Maß dieses Ereignis Resultat einer geheimen Verschwörung war. Es zeigte sich, dass Probanden, die einen Kontrollverlust erinnert hatten, stärker dazu neigten, eine Verschwörung zu vermuten, als die anderen Probanden.

Jenseits solcher hypothetischer Szenarien baten Sullivan, Landau und Rothschild (2010) die Probanden, einzuschätzen, wie wahrscheinlich es bei einer anstehenden Wahl zum Senat der USA wäre, dass der von ihnen präferierte Kandidat durch Verschwörungen der Gegenseite benachteiligt würde, zum Beispiel durch Manipulation der Wahlautomaten. Erneut zeigte sich, dass das experimentell erzeugte Gefühl, wenig Kontrolle zu haben, die Neigung verstärkte, an Verschwörungen zu glauben.

Im Gegensatz zu diesen Studien geht es uns nicht um den Glauben an eine spezifische Verschwörung, sondern um eine allgemeine und generelle Verschwörungsmentalität. Diese Mentalität wird als zeitlich relativ stabiles Merkmal aufgefasst. Es ist allerdings denkbar, dass die wiederholte und langfristige Erfahrung mangelnder Kontrolle über das eigene Leben eine Rolle in der Ausbildung der Verschwörungsmentalität spielt. Um dies zu überprüfen, werfen wir nun einen Blick auf den Zusammenhang von Verschwörungsmentalität und verschiedenen Indikatoren der Kontrolldeprivation.

Ein Zugang zum Gefühl mangelnder Kontrolle über das eigene Leben ist die Frage nach der Sicherheit beziehungsweise Unsicherheit des Arbeitsverhältnisses. Erwartungsgemäß korreliert die Dauer bisheriger Arbeitslosigkeit (schwach) positiv mit der Verschwörungsmentalität ($r = .09$, $p = .02$). Für Menschen, die im Berufsleben stehen, ist das Gefühl, im Berufsalltag ungerecht behandelt zu werden, ein positiver Prädiktor ($r = .08$, $p < .001$). Im direkten Vergleich steigt der Grad der Verschwörungsmentalität von Befragten mit unbefristeten Arbeitsverträgen zu Befragten mit befristeten Arbeitsverträgen bis hin zu Befragten ohne Arbeitsverträge ($F(2, 1162) = 3.47$, $p = .03$) linear an (Abb. 5.1.2). Das Gefühl also, prekärer und unsicherer Beschäftigung zu unterliegen, scheint ein plausibler Risikofaktor für die Entwicklung einer verschwörungstheoretischen Sicht auf die Welt zu sein.

Neben objektiven Indikatoren, wie der beruflichen Situation, sind subjektive Indikatoren, wie das Gefühl der Unsicherheit und Kontrolldeprivation, wichtig, vermutlich sogar entscheidender. So zeigt sich, dass auch das Gefühl mangelnder politischer Kontrolle (z.B.: »Leute wie ich haben sowieso keinen Einfluss darauf, was die Regierung tut«) mit der Verschwörungsmentalität zusammenhängt (Tab. 5.1.4). Dies mag auf den ersten Blick nicht weiter verwundern und dazu einladen, die umgekehrte Wirkrichtung zu vermuten: Wenn das Handeln der Regierung von im Geheimen operierenden Gruppen und Verschwörern gelenkt wird, hat das Individuum natürlich nur wenig Einfluss. Ein analoger Zusammenhang lässt sich jedoch auch für das Gefühl der interpersonellen Deprivation nachweisen (z.B.: »In meiner unmittelbaren Umwelt gibt es nicht genügend Menschen, die mich so nehmen, wie ich bin«). Schließlich zeigt sich auch: Je schlechter die eige-

5.1 Verschwörungsmentalität als Weltbild

ne oder die nationale wirtschaftliche Lage momentan beziehungsweise in einem Jahr beurteilt wird, desto eher werden Verschwörungen vermutet.

Abbildung 5.1.2
Verschwörungsmentalität mit Standardmessfehler in Abhängigkeit vom Arbeitsverhältnis

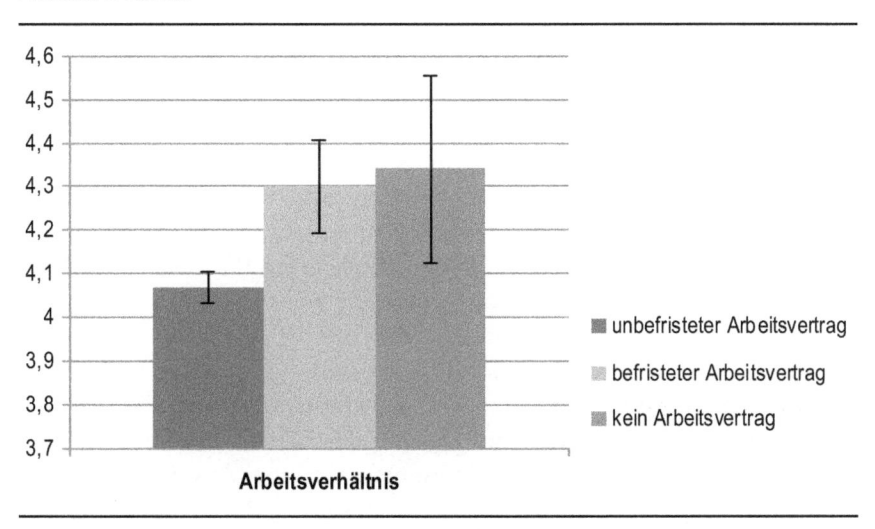

Tabelle 5.1.4
Zusammenhang von Verschwörungsmentalität mit Deprivation (Einschätzung der wirtschaftlichen Lage)

Variable	r
Politische Deprivation	.13***
Interpersonelle Deprivation	.13***
Eigene wirtschaftliche Lage heute	-.17***
Eigene wirtschaftliche Lage in einem Jahr	-.19***
Wirtschaftliche Lage in Deutschland heute	-.21***
Wirtschaftliche Lage in Deutschland in einem Jahr	-.23***

*** $p < .001$

Roland Imhoff & Oliver Decker

Verschwörungsmentalität und der Status quo

Ein Problem der Erklärungsansätze rechtsextremer Einstellungen mit dem Autoritarismus besteht darin, dass das Erscheinungsbild neonazistischer Subkulturen auf der Verhaltensebene und die Kernkomponenten des RWA nicht gut zusammenpassen. Das RWA-Konstrukt mit seinem Fokus auf Autoritätshörigkeit und Konventionalismus kann zwar das Festhalten an vermeintlichen Traditionen gut erklären, in Bezug auf die politischen Ziele rechtsextremer Bewegungen müsste es aber konstatieren, dass sie in Übereinstimmung mit der Regierung (autoritäre Submission) den Erhalt des Status quo (Konventionalismus) verfolgen. Dies ist offenkundig nicht der Fall. Neonazistische Gruppen agieren offen gegen den Staat, fordern mitunter die nationale Revolution und den gewaltsamen Umsturz der Verhältnisse. Dieses subversive, umstürzlerische Potenzial ist Teil der Verschwörungsmentalität, die auf einem generalisierten Misstrauen gegenüber Autoritäten und Mächtigen fußt (Imhoff & Bruder 2012). Autoritäre Charaktere wollen Autoritäten, die stark und mächtig sind, damit sie ihre Unterwerfung vor sich selbst rechtfertigen können. Werden die Autoritäten schwach, ziehen sie dasselbe destruktive Ressentiment auf sich, wie jede als schwach wahrgenommene Gruppe. Aus diesem Grund können demokratische Regierungen für autoritäre Personen nur schwer Bindekraft entwickeln.

Studien zur Nuklearkatastrophe von Fukushima kamen zu dem Ergebnis, dass das Vorhaben, den Status quo zu ändern – in diesem Beispiel: aus der Kernenergie auszusteigen – sowohl mit der Verschwörungsmentalität als auch mit RWA zusammenhängt. Interessanterweise hat aber die Verschwörungsmentalität einen hohen günstigen Einfluss, während RWA einen hohen negativen Einfluss auf individuelle und kollektive Änderungsvorhaben hat.

Auch in der vorliegenden Studie wurden die Befragten gebeten, alle Möglichkeiten zu nennen, die sie zur politischen Einflussnahme in einer Sache nutzen würden, die ihnen wichtig ist. In Übereinstimmung mit den zitierten Ergebnissen zeigte sich, dass mit steigender Verschwörungsmentalität auch die Bereitschaft stieg, den Status quo mit konventionellen Mitteln[1] zu verändern beziehungsweise im eigenen Sinne zu beeinflussen

---

1 Die Partizipation an unkonventionellen Methoden (z.B. Hausbesetzung, ungenehmigte Demonstrationen, Gewalt) hing nicht mit den beiden Prädiktoren zusammen.

(ß = .05, p = .02). Hohe Ausprägungen des RWA waren hingegen mit weniger politischer Partizipation assoziiert (ß = -.10, p < .001). Hier ist zu beachten, dass die Effektstärke vergleichsweise gering ist: Die Bereitschaft zu politischer Partizipation steht in keinem besonders starken Zusammenhang mit den beiden erfassten generalisierten politischen Einstellungen. Dennoch lässt sich festhalten, dass die Verschwörungsmentalität und der Autoritarismus – trotz aller Gemeinsamkeiten und Verbindungen – entgegengesetzt auf die Bereitschaft wirken, politische Veränderung zu initiieren.

Fazit

Diese »Mitte«-Studie bestätigt bisherige Forschungsergebnisse dahingehend, dass Individuen sich relativ konsistent darin unterscheiden, wie sehr sie die Welt als von geheimen Verschwörungen gelenkt betrachten. Diese Verschwörungsmentalität trägt zur Varianzaufklärung rechtsextremer Ideologiefragmente und vorurteilsbeladener Einstellungen bei, und zwar über die Einflussfaktoren »Autoritarismus« und »Identifikation mit Deutschen« hinaus. Gleichzeitig erweist sich die Verschwörungsmentalität als nicht redundant zum RWA, weil sie einerseits nicht eindeutig dem rechten politischen Spektrum zuzuordnen ist und andererseits die Bereitschaft, den Status quo zu ändern, eher stärkt als schwächt. Die Verschwörungsmentalität hängt dabei mit persönlicher, sozialer und ökonomischer Deprivation und Gefühlen des Kontrollverlusts zusammen. Insbesondere Befragte mit prekären Beschäftigungsverhältnissen und längerer Arbeitslosigkeit wiesen hohe Werte auf.

5.2 Ausser Kontrolle? Ethnozentrische Reaktionen und gruppenbasierte Kontrolle

Immo Fritsche, Janine Deppe & Oliver Decker

Ökonomische und soziale Krisen erhöhen das Potenzial ethnozentrischer und somit rechtsextremer Einstellungen. Dies ist der Tenor zahlreicher sozialwissenschaftlicher Arbeiten und populärpsychologischer Annahmen

Immo Fritsche, Janine Deppe & Oliver Decker

zu den Wurzeln von Intoleranz und Konflikten zwischen Gruppen. Nicht nur das Erstarken des Nationalsozialismus in den späten 1920er- und 1930er-Jahren, sondern auch rechtsextreme Gewalt in Ostdeutschland zur Nachwendezeit wurden auf das Wirken komplexer ökonomischer und allgemeiner gesellschaftlicher Krisen zurückgeführt (Falter et al. 1983; Fritsche, Jonas & Kessler 2011). Ethnozentrische und rechtsextreme Reaktionen sind demzufolge dann besonders stark ausgeprägt, wenn Krisen von Mitgliedern der Gesellschaft als bestandsgefährdend (Habermas 1973) erlebt werden. Doch weshalb sollte dies so sein? Welches sind die (sozial-) psychologischen Mechanismen, die von sozialen Krisen zu ethnozentrischem Denken und Handeln führen?

In diesem Kapitel beleuchten wir insbesondere die grundlegenden motivationalen Ursachen von Ethnozentrismus und Rechtsextremismus aus Perspektive der Forschung zur motivierten sozialen Kognition. Demnach sollten gesellschaftliche Krisen die Befriedigung psychologischer Grundbedürfnisse, wie jene nach Kontrolle, Unsicherheitsreduktion, Selbstwert oder Zugehörigkeit, gefährden. Die Betonung, Mitglied einer Gruppe zu sein, und (extremes) Verhalten im Sinne dieser Gruppe kann bestimmte dieser Grundbedürfnisse befriedigen, weshalb Ethnozentrismus als Reaktion auf die Bedrohung psychologischer Grundbedürfnisse verstanden werden kann (s. Fritsche et al. 2011). Diese Annahme ist mit der Beobachtung sehr gut in Deckung zu bringen, dass die starke Wirtschaft als Objekt der Gruppenidentifikation und damit der Selbstwertregulation als »narzisstische Plombe« dient, die den Zusammenhang von ökonomischen Krisen und anti-demokratischer Einstellung bedingt (Decker et al. eingereicht, vgl. auch Kap. 2). Das folgende Kapitel beschäftigt sich exemplarisch mit dem Einfluss von *Kontrollbedürfnissen* auf unterschiedliche Facetten des Rechtsextremismus und ethnozentrischer Einstellungen als motivierte soziale Kognitionen (Jost et al. 2003).

Ethnozentrismus

Ethnozentrismus (Sumner 1906) beschreibt das Denken in kollektiven Kategorien des »Wir« (Eigengruppen) versus die »Anderen« (Fremdgruppen), wobei die Maßstäbe der eigenen Gruppe bestimmen, wie Personen die Welt wahrnehmen und bewerten. Eigengruppen werden hierbei im Vergleich zu Fremdgruppen in der Regel positiver betrachtet, was das

Verhältnis zwischen Gruppen belasten und möglicherweise zu offenem Konflikt oder zu sozialer Diskriminierung von Fremdgruppenmitgliedern führen kann (Kessler & Fritsche 2011).

Rechtsextreme Einstellungen können als extreme Form ethnozentrischen Denkens verstanden werden. Diese in der modernen Autoritarismusforschung zunehmend prominente Perspektive begreift Aggression gegenüber sozial Abweichenden, konventionelles Denken und Verhalten sowie Autoritätsgehorsam – die drei Komponenten des »rechtsgerichteten Autoritarismus« (Altemeyer 1988) – als Ausdruck des Bestrebens, die normative Integrität einer eigenen Gruppe zu stützen und zu schützen (Kreindler 2005). Auch wenn der Begriff Autoritarismus in der sozialwissenschaftlichen Forschung lange als Persönlichkeitsmerkmal im Sinne einer »critical typology« verwendet wurde (Adorno 1950), hatten bereits die Autor/innen einer früheren Studie auf seine Situationsabhängigkeit hingewiesen (Fromm 1936, 149) – eine Annahme, die durch neuere Studien bestätigt wird. Autoritäres Denken kann durch situative Bedingungen, wie zum Beispiel kollektives oder individuelles Bedrohungserleben, angeregt werden (Duckitt 1989; Stellmacher & Petzel 2005) und stellt insofern einen allgemeinen gruppenpsychologischen Prozess dar. Diese Annahme zur »autoritären Persönlichkeit« wird vor allem aus einer funktionalistisch-situativen Perspektive betont, um eine – oftmals unbewusst aktivierte – Handlungstendenz zu erfassen, die stets Gefahr läuft, die Freiheiten und Grundrechte der Einzelnen zu missachten und Konflikten und Ungerechtigkeiten in Intergruppenbeziehungen Vorschub zu leisten.

Neben den Komponenten des Autoritarismus werden auch generalisierte negative Einstellungen gegenüber Fremdgruppen zu den Bestandteilen rechtsextremer Einstellungen gezählt. Beide Dimensionen reflektieren unterschiedliche Aspekte des Ethnozentrismus. Autoritäre Einstellungen zielen auf die »Verteidigung« der Eigengruppe nach innen, indem Gruppenmitglieder in Übereinstimmung mit Gruppennormen handeln, bestehende Hierarchien durch Gehorsam stützen und Abweichende bestrafen. Bei der Abwertung von Fremdgruppen geht es hingegen um die Erhöhung der Eigengruppe durch vorteilhafte Vergleiche zwischen den Gruppen. Sie beschreibt daher einen *Inter*gruppenprozess (Kreindler 2005) mit der Funktion der Eigengruppen-Aufwertung.

PSYCHISCHE URSACHEN ETHNOZENTRISCHEN DENKENS UND HANDELNS

Aus der Perspektive der sozialen Kognitionsforschung lassen sich kognitive von motivationalen Erklärungen unterscheiden. Während kognitive Erklärungen basale Prozesse der Wahrnehmung und Informationsverarbeitung betrachten, geht es bei den motivationalen um menschliche Bedürfnisse und Ziele, die ethnozentrisches Denken beeinflussen können. Unter Bedingungen gesellschaftlicher Krisen und daraus resultierender individueller Bedrohungswahrnehmungen sollten insbesondere die motivationalen Ansätze dazu beitragen können, erhöhten Ethnozentrismus zu erklären.

Die wohl prominenteste *kognitive Erklärung* ethnozentrischen Verhaltens stellen die Prozesse der Selbstkategorisierung und der sozialen Identität (Tajfel & Turner 1979; Turner et al. 1987) dar: Demnach definieren Menschen ihr Selbst über soziale Vergleiche mit Anderen auf unterschiedlichen Ebenen der sozialen Inklusivität. Das heißt, dass Menschen ihr Selbstkonzept sowohl auf der Ebene der individuellen Person als auch auf der Ebene gemeinsamer Gruppen, wie zum Beispiel ethnische Gruppen, Geschlechts- oder Meinungsgruppen (»soziale Identität«), definieren. Im Falle der *personalen* Selbstdefinition erkennen Menschen sich selbst über den Vergleich mit anderen Individuen (»ich« versus »er«: z.B. Anna versus Thomas), während sie ihre *soziale* Identität über den Vergleich mit anderen Gruppen definieren (»wir« versus »sie«: z.B. Deutsche versus Nicht-Deutsche). Die Selbstdefinition über eine Gruppe führt dazu, dass Personen auch im Sinne wahrgenommener Gruppennormen denken und handeln, also gegebenenfalls eine sozial diskriminierte Minderheit oder eine als antagonistisch erlebte Fremdgruppe weiter abwerten.

Welche personale oder soziale Selbstdefinition für eine Person wichtig ist, wird wesentlich durch Merkmale der Situation und deren Wahrnehmung durch die Person bestimmt. Beispielsweise läge es nahe, dass eine Person sich als deutschstämmige/r Deutsche/r definiert, wenn sie in eine Diskussion über das Zusammenleben von Deutschstämmigen und Migrant/innen verwickelt wird. Andererseits würde eine Diskussion über ungleiche Partizipationsmöglichkeiten von »kleinen Leuten« und »Großverdienern« in dieser Situation mit hoher Wahrscheinlichkeit eine andere Selbstdefinition auf den Plan rufen beziehungsweise »salient« werden lassen (z.B. »Durchschnittsverdiener«). Die Kategorie »Deutschstämmige«

wäre in dieser Situation nachrangig und ein Denken im Sinne ethnischer Egoismen weniger wahrscheinlich (stattdessen wäre möglicherweise eher klassenkämpferisch getönte Rhetorik zu erwarten).

Neben situativen Einflüssen auf die Selbstkategorisierung bringen Personen allerdings auch situationsübergreifende Präferenzen mit. So unterscheiden sie sich hinsichtlich ihrer Neigung, mit der sie in einer Situation eine bestimmte kollektive Identität (z.B. »Deutsche« oder »kleine Leute«) annehmen.

Doch dies ist nur der halbe Erklärungsansatz. Um erhöhten Ethnozentrismus unter Bedingungen gesellschaftlicher Bedrohungswahrnehmungen erklären zu können, bedarf es auch eines *motivationalen* Ansatzes.

MOTIVE ETHNOZENTRISCHEN DENKENS UND HANDELNS

Gesellschaftliche Krisen sind nicht zuletzt deshalb so problematisch, weil sie die Erfüllung menschlicher Grundbedürfnisse bedrohen. Hiermit ist nicht nur die Bedrohung materiell-physiologischer Bedürfnisse gemeint. Gerade in wohlhabenden Industriegesellschaften schlagen sich Krisen besonders in der Bedrohung *psychischer* Grundbedürfnisse nieder. Die Forschungsliteratur kennt unterschiedliche psychische Grundbedürfnisse beziehungsweise -motive (Fiske 2003; Pittman & Zeigler 2007), die sich in der Regel auf einen gemeinsamen Kern von mindestens vier Motiven reduzieren lassen. Demnach bedürfen Menschen des Gefühls, subjektiv wichtige Ereignisse in ihrer Umwelt beeinflussen zu können *(Kontrolle)*, sich sicher zu fühlen über die Regeln und den Zustand der Welt oder des Selbst *(Unsicherheitsreduktion)*, einer positiven Bewertung ihrer selbst *(Selbstwert)* sowie des Gefühls von *Zugehörigkeit* (Fritsche, Jonas & Kessler 2011).

Gruppenmitgliedschaft und kollektives Denken/Handeln sind in der Lage, diese Grundbedürfnisse zu befriedigen. So kann die Wahrnehmung mangelnder persönlicher Handlungsfähigkeit beziehungsweise mangelnder *Kontrolle* dadurch reduziert werden, dass Personen im Rahmen bedeutsamer kollektiver Identitäten denken und handeln (Fritsche et al. 2011). Das unangenehme Gefühl fehlender persönlicher Kontrolle kann somit gleichsam durch die Wahrnehmung hoher kollektiver Kontrolle reduziert oder aufgelöst werden. Ein Beispiel gibt der bekannte Slogan Barack Obamas im US-Präsidentschaftswahlkampf des Jahres 2008, »Yes, we can!«, der nicht zuletzt deshalb erfolgreich gewesen sein dürfte, weil er den Anhängern Obamas das Erleben kollektiver Kontrolle ermöglichte. Entsprechend eines Modells gruppenbasierter Kontrolle (Fritsche, Jonas & Fankhänel 2009; Fritsche et al. 2013) zeigte sich in vorangegangenen experimentellen Studien, dass ethnozentrisches Denken und Handeln – wie im sogenannten »ingroup bias« (die relative Besserbewertung von Mitgliedern der eigenen Gruppe gegenüber jenen einer fremden Gruppe), gruppenstützendes Verhalten oder auch die Ausrichtung nach Eigengruppennormen dann anstiegen, wenn die Teilnehmenden an Bereiche ihres Lebens erinnert wurden, in denen sie selbst nur geringe Kontrolle besitzen (z.B. Risiko, arbeitslos zu werden, Beziehungsverlust oder Tod; zusammenfassend bei Fritsche, Jonas & Kessler 2011).

Andere Arbeiten (Kay et al. 2008, 2009) verweisen auf einen weiteren psychischen Mechanismus, der erhöhtes rechtskonservatives Denken als Reaktion auf Kontrollbedrohung nahelegt. Die Konfrontation mit persönlichem Kontrollmangel lässt die Welt als zufallsgesteuert und chaotisch erscheinen. Um diesen Eindruck zu kompensieren, so die Hypothese, werden herrschende Systeme eher angenommen und verteidigt. Beispielsweise waren US-amerikanische Versuchspersonen unter Kontrollbedrohung gegenüber der nationalen Regierung der USA und gegenüber einem kontrollierenden Gott positiver eingestellt (Kay et al. 2008). Kaum etwas könnte besser die Folgen der von Durkheim untersuchten gesellschaftlichen Anomie und die aus ihr resultierende Betonung starrer normativer Systeme beschreiben. Es wird das Erbe religiöser Bezugssysteme erkennbar (vgl. Kap. 2). Sowohl der Ansatz gruppenbasierter Kontrolle (Fritsche et al. 2011) als auch jener der kompensatorischen Kontrolle (Kay et al. 2009) legen erhöhte ethnozentrische beziehungsweise rechtskonservative Einstellungen unter Kontrollbedrohung nahe.

Das Bedürfnis, *Unsicherheit* über die Welt und die Position des Selbst in ihr zu reduzieren, können Personen dadurch erreichen, dass sie eine kollektive Identität zur Grundlage ihrer Selbstdefinition machen, die durch klare Normen und Erwartungen (soziale Selbststereotype) gekennzeichnet ist. Die Identifikation mit einer radikalen politischen Partei könnte beispielsweise die Grundlage für eine sichere Selbstdefinition bilden, da sich solche Parteien durch distinkte, eindeutige Positionen auszeichnen, deren Übernahme auch das Individuum besonders werden lässt. Experimentelle Befunde im Rahmen der »Uncertainty-Identity Theory« (Hogg 2007) stützen diese Annahmen. Sie zeigen, dass die Identifikation mit einer Gruppe sowie die daraus resultierende Favorisierung eigener im Vergleich zu fremden Gruppen dann zunahm, wenn die Probanden in unsicheren Situationen handeln mussten oder wenn sie auch nur an solche Situationen erinnert wurden. In weiteren Forschungslinien (z.B. Kruglanski et al. 2006) wiesen Personen, die in hohem Maße motiviert sind, Unsicherheit zu reduzieren (»need for cognitive closure«) eine erhöhte Präferenz für klare Unterschiede zwischen Gruppen auf, die sich in erhöhtem »ingroup bias« äußerten.

Ethnozentrische Prozesse können ebenfalls zur Regulation des Selbstwerts beitragen. Es gehört zu den grundlegenden Annahmen der Theorie der sozialen Identität (Tajfel & Turner 1979), dass die Identifikation mit eigenen Gruppen und die differenziellen Urteile und Handlungsweisen gegenüber eigenen und fremden Gruppen der Befriedigung des Bedürfnisses dienen, das Selbst positiv zu sehen. Die eigene Gruppe aufwertende Vergleiche mit statusniedrigeren Gruppen oder auch die direkte Abwertung von Vergleichsgruppen sind Beispiele dafür, wie ethnozentrisches Denken und Handeln den subjektiven Wert des (sozialen) Selbst steigern können. Die Befundlage stützt die Annahme, dass erhöhter »ingroup bias« mit einem erhöhten Selbstwert assoziiert ist (Aberson, Healy & Romero 2000) und bedrohter beziehungsweise instabiler Selbstwert die Tendenz zu selbst-defensivem und ethnozentrischem Verhalten erhöht (McGregor et al. 2005).

Was das menschliche Bedürfnis nach Zugehörigkeit anbelangt, so ist die Bedeutung von Gruppenmitgliedschaften für den Umgang mit bedrohter Zugehörigkeit selbstevident. Tatsächlich zeigten Personen, die an die Möglichkeit zukünftiger Einsamkeit erinnert wurden oder nachdem sie Situationen sozialer Zurückweisung ausgesetzt waren, eine gesteigerte Tendenz, sich eigenen Gruppen anzuschließen (z.B. durch erhöhte Mimikry in Interaktionen mit Mitgliedern eigener Gruppen; Lakin, Chartrand & Arkin 2008).

ETHNOZENTRISMUS UND DIE BEDROHUNG PERSÖNLICHER KONTROLLE

Um zu erklären, weshalb ethnozentrische Einstellungen gerade dann gedeihen, wenn gesellschaftliche Krisen als Bestandsbedrohung soziale Relevanz erhalten, sollten neben sozial-kognitiven vor allem sozial-motivationale Erklärungen Berücksichtigung finden. Für die »Mitte«-Studie haben wir uns aufgrund der Überlegungen zur Bedeutung der Bestandsbedrohung (vgl. Kap. 2.1) auf die Kontrollmotivation als einen möglichen Prädiktor rechtsextremer ethnozentrischer Einstellungen (Kay et al. 2009; Fritsche, Jonas & Kessler 2011) konzentriert.

Mit neun Items wurde die persönliche Kontrollwahrnehmung in verschiedenen Bereichen des Lebens erfasst. Die hier verwendeten Items entstammen der »Spheres of Control Scale« von Paulhus und Van Selst (1990). Der Skala liegt die Annahme zugrunde, dass Individuen von drei separaten Lebensbereichen umgeben sind, für welche die individuelle Erwartung besteht, selbst Einfluss ausüben zu können. Der erste Bereich bezieht sich auf Kontrollerwartungen der persönlichen Erreichbarkeit von Zielen im nicht-sozialen Umfeld *(personelle Kontrolle)*. Dem schließt sich der Bereich der *interpersonellen Kontrolle* an, welcher die wahrgenommene Möglichkeit zur Einflussnahme in dyadischen Beziehungen (zwischen zwei Personen) und innerhalb von sozialen Gruppen erfasst, wie etwa die persönliche Kontrollierbarkeit über die Vertretung eigener Interessen und die Aufrechterhaltung von Beziehungen. Den dritten Bereich der *soziopolitischen Kontrolle* kennzeichnet die Erwartung, gesellschaftliche und politische Entwicklungen aktiv beeinflussen zu können.

In der vorliegenden Studie wurden die Bereiche jeweils mit drei Items erfasst (jeweils siebenstufig von 1 = stimme nicht überein bis 7 = stimme überein) und zu drei Skalen zur Messung personeller (PC), interpersoneller (IPC) und soziopolitischer Kontrolle (SPC) zusammengefasst (PC: z.B. »Wenn ich hart dafür arbeite, kann ich das, was ich will, üblicherweise auch erreichen«; IPC: z.B. »Ich finde es oft schwierig, Anderen meine Meinung zu vermitteln«; SPC: z.B. »Es ist unmöglich, wirklichen Einfluss auf die Aktivitäten von großen Konzernen zu haben«). Die jeweiligen Items einer Skala wurden in Richtung hoher Kontrolle gepolt und aufsummiert. Jeder Skalenwert kann daher zwischen den Werten 3 und 21 variieren.[2]

---

2 Personelle Kontrolle weist mit α = 0,79 eine gute interne Konsistenz auf, interpersonelle Kontrolle mit α = 0,57 und soziopolitische Kontrolle mit α = 0,47 zeigen geringe interne Konsistenzen. Aufgrund der ungleichmäßigen Aufteilung von positiv und negativ formulierten Items über die Teilskalen hinweg kann das Vorliegen eines Methodenfaktors nicht ausgeschlossen werden: Während personelle Kontrolle über drei positiv formulierte Items gemessen wurde (hohe Kontrolle), dominierten in der interpersonellen sowie der soziopolitischen Kontrollskala jeweils die negativ formulierten Items (Kontrollbedrohung). Weiterhin korrelieren die einzelnen Kontrollskalen positiv miteinander

Neben den einzelnen Kontrollbereichen wurde eine Gesamtskala zur Erfassung der Kontrollwahrnehmung über die drei Kontrollsphären hinweg gebildet und in den Analysen zum Zusammenhang von Kontrollempfinden und Ethnozentrismus berücksichtigt. Die folgenden Ergebnisse werden sowohl getrennt für die drei Kontrollbereiche als auch für die aggregierte Gesamtskala zur Kontrollwahrnehmung dargestellt.

Die Kontrollwahrnehmungs-Scores lagen in allen Teilskalen im mittleren Skalenbereich (personelle Kontrolle: $M = 15{,}43$; $SD = 3{,}38$; interpersonelle Kontrolle: $M = 12{,}78$; $SD = 3{,}21$; soziopolitische Kontrolle: $M = 9{,}33$; $SD = 3{,}15$).

Tabelle 5.2.1
Zusammenhänge zwischen Kontrollwahrnehmungen und rechtsextremen Einstellungen

Subskala Rechtsextremismus	Personelle Kontrolle	Inter- personelle Kontrolle	Sozio- politische Kontrolle	Kontrolle gesamt
Befürwortung rechtsautoritärer Diktatur	-.09***	-.10***	.07**	-.06**
Chauvinismus	.04*	-.09***	-.12***	-.08***
Ausländerfeindlichkeit	-.03	-.12***	-.03	-.09***
Antisemitismus	-.05*	-.10***	-.01	-.08***
Sozialdarwinismus	-.04	-.10***	.07***	-.03
Verharmlosung des Nationalsozialismus	-.11***	-.13***	.11***	-.07**
Gesamtskala Rechtsextremismus	**-.05***	**-.13***	**.01**	**-.08***

$*p < .05$; $** p < .01$; $*** p < .001$; ohne Sternchen = nicht signifikant

---

(PC mit IPC: $r = 0{,}35$, $p < 0{,}001$; PC mit SPC: $r = 0{,}06$, $p < 0{,}01$ und IPC mit SPC: $r = 0{,}13$, $p < 0{,}001$).

KONTROLLBEDROHUNG UND ETHNOZENTRISMUS

Geringe Kontrolle in wichtigen Bereichen des eigenen Lebens geht, so die Annahme, mit einer Zunahme von ethnozentrischen Einstellungen einher. Dieser vermutete Zusammenhang wird durch die Daten weitgehend bestätigt (alle Ergebnisse s. Tab. 5.2.1). So korrelieren Kontrollwahrnehmungen (Gesamtskala) und rechtsextreme Einstellungen (Gesamtskala) statistisch signifikant zu $r = -.08$. Obgleich die Höhe dieses Zusammenhangs eher gering ist, zeigt sich doch ein konsistentes (und statistisch signifikantes) Bild über nahezu alle Bereiche rechtsextremer Einstellungen hinweg. Bis auf die Einstellungsdimension »Sozialdarwinismus« waren geringe Kontrollwahrnehmungen mit erhöhten rechtsextremen Einstellungen assoziiert. Dieses Muster kann im Sinne der Ethnozentrismus-Hypothese interpretiert werden. Im Gegensatz zu den übrigen Teilskalen stellt Sozialdarwinismus eine ideologische Komponente des Rechtsextremismus dar, die inhaltlich nicht mit Ethnozentrismus assoziiert ist. Die anderen Komponenten sind entweder direkt (»Chauvinismus«) oder indirekt (»Abwertung von Fremdgruppen und abweichenden innergesellschaftlichen Gruppen«, »Befürwortung autoritärer Strukturen«) mit dem Konstrukt des Ethnozentrismus verbunden. In Übereinstimmung mit dem Modell gruppenbasierter Kontrolle (Fritsche et al. 2011) sollte das Denken und Handeln als Gruppenmitglied eine spezifische schützende Reaktion auf Kontrollbedrohung darstellen.

Die allgemeine negative Korrelation von Kontrollwahrnehmung und rechtsextremen Einstellungen spiegelt sich auf den einzelnen Subskalen der Kontrollwahrnehmung unterschiedlich wider. Die stärksten und konsistentesten Zusammenhänge treten für die Subskala *interpersonelle Kontrolle* auf. Wer glaubt, in zwischenmenschlichen Interaktionen wenig Einfluss zu besitzen, akzeptierte rechtsextreme Aussagen in höherem Maße (Korrelation mit Gesamtskala Rechtsextremismus bei $r = -.13$).

Auch *personelle Kontrollwahrnehmungen* korrelierten insgesamt signifikant negativ mit der Gesamtskala Rechtsextremismus ($r = -.05$). Allerdings lässt sich dieser Zusammenhang nur für die Einstellungsskalen »Befürwortung rechtsautoritärer Diktatur«, »Antisemitismus« und »Verharmlosung des Nationalsozialismus« gegen den Zufall absichern ($p < .05$). Weder für »Ausländerfeindlichkeit« noch für »Sozialdarwinismus« zeigten sich signifikante Zusammenhänge mit personaler Kontrolle, und für die Einstellungsskala »Chauvinismus« kehrt sich der Zusammenhang sogar um. Eine mögliche Erklärung dieses entgegengesetzten Zusammenhangs mag in der korrelativen Natur der vorliegenden Daten liegen. Es ist auf ihrer Grundlage nicht möglich, die Richtung eines möglicherweise zugrunde liegenden Kausalzusammenhangs zu bestimmen. So kann die Korrelation zwischen Kontrolle und ethnozentrischem Denken entweder auf ethnozentrische Reaktionen auf Kontrollwahrnehmungen oder auf Konsequenzen ethnozentrischen Denkens für Kontrollwahrnehmungen zurückgehen. Obgleich wir bislang die erstgenannte Kausalstruktur unterstellt haben (Kontrollbedrohung führt zu ethnozentrischem Denken), ist auch die umgekehrte Richtung des Zusammenhangs konsistent mit den Modellen kompensatorischer (Kay et al. 2009) und gruppenbasierter Kontrolle (Fritsche et al. 2011). Demnach würde das Denken und Handeln als Gruppenmitglied dazu führen, dass allgemeine Kontrollwahrnehmungen von Personen ansteigen. Da die Subskala *personelle Kontrolle* in besonderem Maße kontextunabhängige, allgemeine Kontrollwahrnehmungen der Person erfasst, mag es sein, dass sich der schützende Effekt ethnozentrischen Denkens hier stärker abbildet. Die geringe positive Korrelation stünde dann für das gleichzeitige Wirken zweier Effekte (Kontrollbedrohung erhöht Ethnozentrismus und Ethnozentrismus verringert Kontrollbedrohung). Längsschnittliche Forschungen sollten zukünftig zwischen diesen Wirkungen differenzieren. Nachweise für den Effekt der Kontrollbedrohung finden sich bereits in experimentellen Studien (s. Fritsche et al. 2011).

Für die Subskala *soziopolitische Kontrolle* lassen sich keine konsistenten Zusammenhangsmuster identifizieren. Obgleich geringe soziopolitische Kontrolle mit einem höheren Ausmaß an Chauvinismus einherging, zeigen sich unerwartet umgekehrte Zusammenhänge für die zwei autoritären Einstellungskomponenten »Befürwortung rechtsautoritärer Diktatur« und »Verharmlosung des Nationalsozialismus« sowie für »Sozialdarwinismus«. Je mehr soziopolitische Kontrolle angegeben wurde, desto stärker waren diese Komponenten des Rechtsextremismus ausgeprägt. Keine signifikanten Zusammenhänge traten für die Komponenten »Ausländerfeindlichkeit« und »Antisemitismus« auf. Die inhaltliche Interpretation wird dadurch erschwert, dass die interne Konsistenz der Subskala soziopolitischer Kontrolle mangelhaft ist. Daher bleibt unklar, ob Kontrollwahrnehmungen in der soziopolitischen Sphäre angemessen erfasst wurden.

Ein inhaltlicher Interpretationsversuch könnte allerdings darauf aufbauen, dass die Subskala *soziopolitische Kontrolle* als einzige der drei Skalen weniger die *persönliche* Kontrolle über wichtige Umweltaspekte erfasst, als vielmehr die Einschätzung, ob soziopolitische Entwicklungen *überhaupt* durch *irgendjemanden* kontrollierbar sind. Die positiven Korrelationen mit der Befürwortung oder Legitimierung autoritärer Herrschaftsformen mögen darin begründet liegen, dass autoritäre Führung die grundsätzliche Kontrollierbarkeit soziopolitischer Entwicklungen durch Herrschende sachlogisch voraussetzt.

MECHANISMEN DER BESTANDSBEDROHUNG

Bedrohte Kontrollwahrnehmungen erhöhen solche rechtsextremen Einstellungen, die in direktem oder indirektem Zusammenhang mit ethnozentrischem Denken stehen. Dies bestätigt die Annahme aus Modellen kompensatorischer und gruppenbasierter Kontrolle, dass Kontrollbedürfnisse ethnozentrisches und rechtskonservatives Denken erhöhen können. Die Daten der vorliegenden Studie replizieren daher vorangegangene laborexperimentelle Befunde im Feldkontext und unterstreichen die Bedeutung grundlegender psychischer Bedürfnisse für das Verständnis ethnozentrischer und rechtsextremer Einstellungen.

Es bleibt die eingangs und in Kapitel 2 formulierte Vermutung, dass gesellschaftliche – zum Beispiel ökonomische – Krisen rechtsextreme Einstellungen steigern können, wenn sie bestandsbedrohend wahrgenommen werden und dies zu einem gewissen Anteil durch die Bedrohung psychischer Grundbedürfnisse erklärt werden kann. Die vorliegenden Daten liefern Hinweise darauf, dass diese Annahme zutrifft. Wir haben dies am Beispiel des vermuteten negativen Effekts eines objektiven persönlichen Krisenindikators (hier das selbstberichtete Einkommen) auf rechtsextreme Einstellungen untersucht.

Wie Abbildung 5.2.1 illustriert, sagt das Einkommen der Teilnehmer/innen deren rechtsextreme Einstellung (Gesamtindex) in einer Regressionsanalyse vorher. Rechtsextreme Einstellungen waren demnach bei geringem Einkommen stärker vertreten. Die folgende Mediationsanalyse gemäß Preacher und Hayes (2008) zeigt, dass dieser Effekt des Einkommens auf den Rechtsextremismus statistisch vollständig durch Kontrollwahrnehmungen vermittelt wurde.[3] Dies bedeutet, dass das Einkommen rechtsextreme Einstellungen nur deshalb erhöhte, weil ein geringes Einkommen gleichzeitig mit geringen Kontrollwahrnehmungen assoziiert war. Dieser beispielhafte Befund unterstützt die Vermutung, dass Effekte objektiver persönlicher Krisenindikatoren auf den Rechtsextremismus über reduzierte persönliche Kontrollwahrnehmungen erklärt werden können und die Kontrollbedrohung daher einen entscheidenden Prozess darstellt, der von bestandsbedrohenden Krisen zu ethnozentrischen Reaktionen führt.

Abbildung 5.2.1
Der Effekt des Einkommens auf rechtsextreme Einstellungen wird vollständig durch Kontrollwahrnehmungen vermittelt

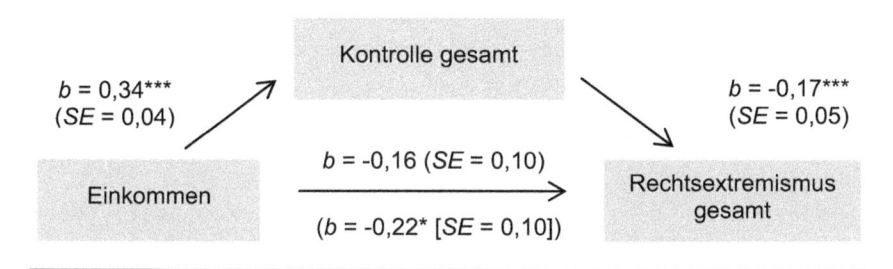

$b = 0{,}34^{***}$
$(SE = 0{,}04)$

Kontrolle gesamt

$b = -0{,}17^{***}$
$(SE = 0{,}05)$

Einkommen

$b = -0{,}16\ (SE = 0{,}10)$

$(b = -0{,}22^*\ [SE = 0{,}10])$

Rechtsextremismus gesamt

$^*p < .05$; $^{**}\ p < .01$; $^{***}\ p < .001$; ohne Sternchen = nicht signifikant

Fazit

Kommt es zum Erleben von bestandsbedrohenden Krisen, kann dies zu einer Erhöhung rechtsextremer Einstellungen in der Bevölkerung beitragen. Obgleich diese weitreichende Annahme im Rahmen des gegenwärtigen Kapitels sicherlich nicht in hinreichender Ausführlichkeit untersucht werden konnte, finden sich doch Hinweise darauf, wie derartige Effekte entstehen können. Wir nahmen an, dass bestandsbedrohende Krisen die Befriedigung grundlegender psychischer Bedürfnisse infrage stellen und

---

3   $f = -.06$ (signifikant gemäß Bootstrapping-Methode: 95%-Konfidenzintervall schließt den Wert »0« nicht ein [untere Grenze = -,10; obere Grenze = -0,03]); es liegt eine vollständige statistische Mediation vor, da der Effekt des Einkommens dann seine statistische Signifikanz verliert, wenn der gleichzeitige Einfluss der Kontrollwahrnehmung im Vorhersagemodell berücksichtigt wird.

ethnozentrisches Denken ein – weitgehend unbewusster (Fritsche et al. 2012) – Mechanismus zur persönlichen Bewältigung solcher Bedrohungen ist (Fritsche et al. 2011; Kay et al. 2009). Am Beispiel bedrohter Kontrollbedürfnisse konnten wir diesen Mechanismus anhand der vorliegenden Daten bestätigen.

Demnach stimmen Personen, die selbst wenig Kontrolle über ihre (soziale und nicht-soziale) Umwelt wahrnehmen, ethnozentrisch-rechtsextremen Positionen eher zu. In der zuletzt vorgestellten Mediationsanalyse lässt sich ergänzend zeigen, dass diese Effekte bedrohter Kontrolle die Wirkung von objektiver Deprivation (z.B. durch geringes Einkommen) auf die politische Einstellung (Rechtsextremismus) erklären können. Im erfolgreich getesteten Modell führt ein geringes Einkommen zu verringerten Kontrollwahrnehmungen, welche ihrerseits rechtsextreme Einstellungen beeinflussen. Diese Ergebnisse geben erste Hinweise darauf, dass Effekte objektiver Krisensymptome durch das Wirken sozial-motivationaler Prozesse erklärt werden können.

5.3 Wo ist der Ort der Demokratie heute? Öffentlichkeit und Partizipation 2012

Oliver Decker, Johannes Kiess & Elmar Brähler

Die Agora

»Strukturwandel der Öffentlichkeit« war eine Formulierung, welche den Verlust der politischen Öffentlichkeit durch das sich in der Breite durchsetzende Fernsehen bezeichnen sollte (Habermas 1962). Das gedruckte Wort, ob Zeitungen, Zeitschriften oder Bücher, wurde in dem Moment als Voraussetzung des demokratischen Prozesses erklärt, als es sich, der Zeitdiagnose Habermas' nach, auf dem Rückzug befand. Diese Öffentlichkeit wurde deshalb als Voraussetzung der Demokratie benannt, weil sie Privates – nämlich private Interessen – sichtbar und verhandelbar machte. Öffentlichkeit dient im Idealfall sowohl der Möglichkeit, partikulare Interessen zu formulieren und anderen Interessen gegenüberzustellen, als auch der Erfüllung einer Kontrollfunktion (vgl. Kap. 2.3).

Diese Agora ist heute »ortlos« geworden, auch weil eine Präsenzdemokratie nicht mehr zu organisieren ist. Deshalb erlangt Öffentlichkeit einen besonderen Stellenwert für das demokratische Miteinander, und die Medien sind das Organ dieser Öffentlichkeit. Durch sie können sich die Bürger/innen über aktuelles Geschehen informieren, es bewerten und die Relevanz für die eigene Lebensführung genauso abwägen wie die Notwendigkeit zum aktiven Engagement. Auch dieses hat nicht mehr nur einen Ort, sondern es realisiert sich an mehreren. In jedem Fall ist für eine Demokratie die Beteiligung der Bürger/innen essenziell und diese Beteiligung kann sich auf zweierlei Weise manifestieren: als Öffentlichkeit und als Partizipation.

Soweit zum Ideal. Für die Realität stellte Habermas eine weitaus ungünstigere Prognose. Außerdem kann mit Blick auf den steigenden Stellenwert des Internets als Kommunikationsmedium (Schenk & Wolf 2006) durchaus zu Recht von einem *neuen* Strukturwandel der Öffentlichkeit gesprochen werden. Gibt es diesmal Anlass zur Hoffnung oder geht auch diese neue Agora auf Kosten der demokratischen Teilnahme? Mit dem Internet ist eine reziproke Kommunikation möglich geworden, das heißt, nicht nur die Information kann über das Medium organisiert werden, sondern auch Formen der aktiven Beteiligung. Das hat bereits zu enthusiastischen Erwartungen geführt und gibt etwa der Piraten-Partei eine Vorreiterrolle, da sie auf diese Interaktion setzt. Gleichzeitig ist im Internet als Medium radikalisiert, was bereits als Merkmal der Entwicklung in den klassischen Medien beschrieben worden ist: Viele Eindrücke verlangen gleichzeitig nach Aufmerksamkeit, jeder Link im Hypertext kommt als potenzieller Imperativ »Hierher gesehen!« daher. Das gilt nicht nur für die Werbung, sondern auch für die beständige Präsenzpflicht, welche die Social-Media-Kanäle wie Twitter auslösen. »Die Zahl der Kommunikation nimmt ebenso zu, wie sich ihre Abfolge beschleunigt« (Münch & Schmidt 2005). Das betrifft Telefongespräche, rund um die Uhr sendende Fernseh- und Radiokanäle und insbesondere das Internet. Die sich selbst überholende Moderne wirkt auch hier: »Vermehrung, Beschleunigung, Verdichtung« (Münch & Schmidt 2005). Nur, wo alles Aufmerksamkeit fordert, nimmt eines ab: die Konzentration. Die strukturellen Bedingungen des Internets – so die Sorge – verunmöglichen, was gerade das Ziel ist, nämlich Aufmerksamkeit für das politische Geschehen aufzubringen. Das wird auch nicht dadurch besser, dass die ökonomische Struktur der alten wie neuen Medien den Leser, Zuschauer oder Betrachter zunehmend eher als Produkt, denn als Abnehmer sieht.

Um die partizipative Teilhabe ist es seit einigen Jahren nicht gut bestellt. Als Gegenprobe zur rechtsextremen Einstellung dokumentieren die »Mitte«-Studien immer auch die Einstellung der Befragten zur Demokratie und mit der politischen Deprivation auch den Willen zum politischen Engagement. Die geringe Akzeptanz, die die Demokratie erfährt und die ebenso hoch ausgeprägte politische Deprivation, war uns Anlass genug, nach den Gründen hierfür zu fragen. In Gruppendiskussionen stellte sich sehr klar heraus (Decker et al. 2008): Demokratie überhaupt als eigenes Projekt zu begreifen, fällt vielen Menschen schwer.

Dabei geht es einerseits um die politische Beteiligung, andererseits aber auch um die Teilhabe an der Öffentlichkeit. Zur Dokumentation der politischen Partizipation haben wir in der Erhebung 2012 einen Fragebogen eingesetzt, mit dem die Probanden ihre grundsätzliche Bereitschaft zu einer bestimmten Partizipationsform angeben konnten und, ob sie diese Form selbst schon einmal gewählt haben. Insgesamt wurden 13 Formen präsentiert. Die Gestaltung des Fragebogens orientierte sich an einem bereits im ALLBUS 2008 eingesetzten Verfahren.[4] Weiterhin wurden die Probanden um die Angabe gebeten, welche Medien sie wie häufig nutzen (»täglich«, »mehrmals in der Woche«, »ein paar Mal im Monat«, »seltener als ein paar Mal im Monat«, »nie«). Da es um die Erfassung des Zugangs zum sozialen Geschehen ging, wurden neben Zeitung, Radio und Fernseher auch Internet, Laptop, Smartphone und Telefon als mögliche Alternativen angeboten. Diese wurden in einer Faktorenanalyse unterteilt in »Alte Medien« (Zeitung, Radio, Fernseher, Telefon) und »Neue Medien« (Handy/Smartphone, Computer/Laptop, Internet).[5]

Um die Agora – also den ideellen Ort sowohl der informationellen Teilhabe als auch der engagierten Teilnahme – zu beschreiben, haben wir eine Typenbildung vorgenommen. Typenbildungen dienen in den Sozial-

---

4   Zur Darstellung der Items und der Ausprägung des politischen Engagements vgl. Kapitel 3.1; in einer Überprüfung der Faktorenstruktur zeigte sich, dass das Item »Mich an Wahlen beteiligen« eine geringe Ladung auf beiden Faktoren hatte, weshalb dieses keinen Eingang in die im Folgenden verwendete Dimension »konventionelle Methoden« gefunden hat. Der Fragebogen zur politischen Partizipation hat ohne dieses Item eine interne Konsistenz von $\alpha = .87$.

5   Mit einem $\alpha = .67$ ist die Konsistenz des Fragebogens zufriedenstellend.

wissenschaften nicht dem Zweck, über Häufigkeiten oder Verteilungen eine Aussage zu treffen. Vielmehr handelt es sich um ein heuristisches Verfahren, das, um beim Beispiel der hier gestellten Frage zu bleiben, erfasst, wer sich auf der Agora befindet. Vermittels dieser »Idealtypen« (Weber 1920) kann ein politisches Geschehen beschrieben und als »critical typology« (Adorno 1950, 749) herangezogen werden, um gesellschaftliche Entwicklungen zu reflektieren.

Zur Typenbildung wurde das statistische Verfahren einer nicht-hierarchischen Clusteranalyse gewählt. So wurden Gruppen gewonnen, die sich hinsichtlich der vier eben genannten Merkmalsausprägungen (Nutzung »Alte Medien/Neue Medien«, Nutzung »Konventionelle/Unkonventionelle Partizipation«) am ähnlichsten sind. Gleichzeitig unterscheiden sich diese in der Clusteranalyse gefundenen Gruppen in diesen Merkmalen möglichst deutlich voneinander. In einem nächsten Schritt lassen sich die Gruppen dann entlang weiterer soziodemografischer Merkmale (z.B. Einkommen oder Alter) und politischer Einstellungen, die in der Befragung erhoben wurden, untersuchen. So lassen sich die einzelnen Gruppen »idealtypisch« beschreiben. Dieser Vorgang ist eine Abstraktion. Es wird in der Realität wahrscheinlich keine direkte, singuläre Entsprechung der beschriebenen Typen geben. Idealtypen gewinnen ihre Berechtigung zur Beschreibung von komplexen Situationen, bei dem bekanntes und verfügbares Wissen genutzt wird, um Auskunft über eine weniger bekannte oder weniger gut zugängliche Situation zu gewinnen.

In der Clusteranalyse wurden neun Typen gebildet, die im Folgenden zunächst nach ihrer Ausprägung grafisch dargestellt werden (Abb. 5.3.1). Die Größe der Wolke gibt die durchschnittliche Abweichung vom politischen Engagement in der Gruppe an.

Deutlich wird, dass die politische Partizipation (auf der y-Achse sind konventionelle und unkonventionelle Formen zusammengefasst dargestellt) bei den meisten Gruppen sehr gering ausgeprägt ist. Orientiert man sich am Mittelwert, so zeigen fünf der neun Gruppen weit unterdurchschnittliches politisches Engagement: Sie beteiligen sich fast nicht am politischen Geschehen.

Oliver Decker, Johannes Kiess & Elmar Brähler

Abbildung 5.3.1
Typen der politischen Partizipation

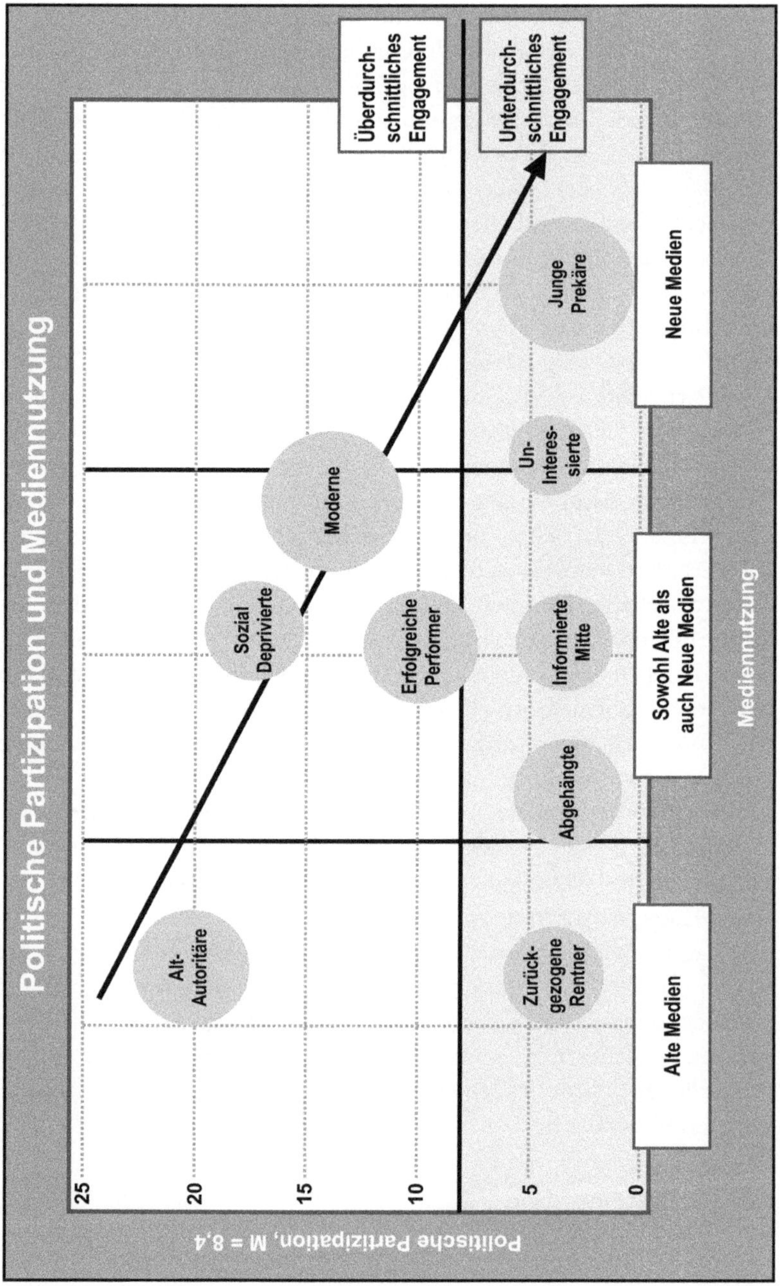

Die Mediennutzung auf der x-Achse ist unterteilt in die Nutzung vornehmlich Alter Medien, der Nutzung von sowohl Alten als auch Neuen Medien und der Nutzung vornehmlich Neuer Medien. Die Distanz zwischen diesen Gruppen fällt ebenfalls ins Auge. Es ist auch auffällig, dass sich bei den Gruppen mit hohem politischen Engagement vor allem diejenigen finden, die Alte Medien nutzen, während mit zunehmender Nutzung Neuer Medien auch die politische Teilhabe in den Gruppen sinkt. Die tendenziell mit der Nutzung Neuer Medien verbundene, abnehmende Partizipation ist durch den Pfeil dargestellt.

Die Typen

(1) Die jungen Prekären
Die erste Gruppe ist die jüngste, im Mittel ist sie $(M =)$ 32,2 Jahre alt, Standardabweichung $SD = 13{,}7$, was sich zum Beispiel im Einkommen niederschlägt: Ein Drittel hat weniger als 1.000 € Nettohaushaltseinkommen monatlich zur Verfügung, drei Viertel weniger als 2.000 €, wohingegen die Hälfte aller Befragten über mindestens 2.000 € verfügt. Diese Gruppe ist häufig prekär beschäftigt und überdurchschnittlich von Arbeitslosigkeit betroffen. Sie nutzt zwar die Neuen Medien, aber dafür die Alten am wenigsten von allen Gruppen. In der Onlinenutzung stehen die jungen Prekären an der Spitze: Viele von ihnen nehmen täglich Internetangebote wie Social Media, E-Mail oder Videoportale in Anspruch. Diese Gruppe ist nicht nur politisch inaktiv, sie hat auch die niedrigsten Zustimmungswerte zum Rechtsextremismus. Auch beim Antisemitismus und der Islamfeindschaft sind die Werte niedrig. Nur mit geringem Abstand erreicht diese Gruppe den zweitniedrigsten Wert bei der politischen Partizipation; sie beherbergt aber auch diejenigen, die am wenigsten politisches Engagement überhaupt zeigen. Politische Partizipation scheint diesem Eindruck nach vielen jungen Menschen kein lohnenswertes Projekt zu sein. Dazu passt, dass der Wert der politischen Deprivation in dieser Gruppe relativ hoch ist, das heißt, sie glauben nicht, das politische Geschehen beeinflussen zu können. Paradoxerweise ist dennoch die Zustimmung zur Demokratie überdurchschnittlich hoch. Die eigene wirtschaftliche Situation wird mäßig bis schlecht eingeschätzt, aber die Sorgen um die Gesamtwirtschaft halten sich in Grenzen. Zwischenmenschliche Beziehungen sind durch Verlustangst geprägt. Konfessionell sind sie überwiegend nicht gebunden.

(2) Die Uninteressierten
Auch die zweite Gruppe ist mit 34,2 Jahren ($SD = 15$) recht jung, öfter im Westen als im Osten wohnhaft und im Vergleich zu Typus 1 häufiger weiblich. Auch hier werden Hoffnungen auf eine neue, engagierte Generation eher enttäuscht. Typus 2 gibt sich wenig politisch ambitioniert und ist auch in der Mediennutzung nicht besonders aktiv, wenn auch Online-Angebote wie E-Mail und Social Media fast so häufig wie in der ersten Gruppe genutzt werden. Wieder finden antidemokratische oder ressentimentgeladene Einstellungen deutlich weniger Zuspruch als in der Grundgesamtheit. Stattdessen scheint die auf Neue Medien und Onlinenutzung beschränkte Beteiligung an der demokratischen Öffentlichkeit keineswegs zu höherer politischer Partizipation zu führen. Diese zweitjüngste Gruppe hat wieder überdurchschnittlich häufig Erfahrung mit Arbeitslosigkeit gemacht, doch ist sie wirtschaftlich deutlich besser gestellt als Typus 1. Ihr formaler Bildungsgrad ist hoch, die Belastung durch Sorgen und umweltbezogene Ängste dagegen gering. Auch die Uninteressierten zeigen sich in ihrem Beziehungsverhalten eher ängstlich.

(3) Die erfolgreichen Performer
Die dritte Gruppe lässt sich kurz als männlich, engagiert, erfolgreich, integriert und mittleren Alters ($M = 46$, $SD = 14,3$) beschreiben. Nur 30% dieses Typus haben weniger als 2.000 € im Monat und lediglich 5% unter 1.000 € zur Verfügung. Der formale Bildungsgrad ist überdurchschnittlich hoch. Auffallend niedrig ist die Betroffenheit von Arbeitslosigkeit. Die Zustimmungswerte zur rechtsextremen Einstellung und zum Autoritarismus liegen unter dem Durchschnitt, beim sekundären Antisemitismus weist die Gruppe allerdings mit 26% den zweithöchsten Wert auf. Die erfolgreichen Performer glauben sehr stark an sich selbst und an ihre Fähigkeiten. Zudem nehmen sie sich als dominant und richtungsweisend wahr. Diese Gruppe zeichnet sich durch eine hohe Mediennutzung aus, wobei eine gewisse Tendenz zu Zeitung, Radio und Fernseher vorliegt. Ihre politische Partizipation ist sehr engagiert, wobei unkonventionelle Methoden gemieden und konventionelle angestrebt werden.

(4) Die informierte Mitte
Die informierte Mitte ist genauso selten politisch engagiert wie die ersten beiden Gruppen. Allerdings nutzt dieser Typus sowohl die Alten als

auch die Neuen Medien häufig. Mit 572 von den 2.415 insgesamt in dieser Studie Befragten sind dieser Gruppe relativ viele Fälle zugewiesen. Das verstärkt den Eindruck, dass in der sogenannten Medien- oder Kommunikationsgesellschaft die Nutzung von vielfältigen Kommunikationsmitteln zwar selbstverständlich ist, sich daraus aber nicht notwendigerweise eine politische Öffentlichkeit ergibt. Typus 4 gehört eher zur mittleren Generation (M = 44,5, SD = 14,8). Sonst ähnelt sie der Gruppe der Uninteressierten, zum Beispiel hinsichtlich (relativ) guter Einkommensverhältnisse, niedriger Zustimmungswerte zu Rechtsextremismus und Autoritarismus und des Bildungsgrades. Die Erfahrung von Arbeitslosigkeit und prekärer Beschäftigung ist in der informierten Mitte niedriger.

(5) Die zurückgezogenen Rentner/innen
Eine ebenfalls große Anzahl von Fällen ist dem Typus 5 zuzuordnen. Hier versammelt sich ein großer Teil der älteren Deutschen, das Durchschnittsalter liegt bei M = 65,9 (SD = 11,1). Diese Gruppe hat auch den niedrigsten Wert bei der Onlinenutzung und verwendet fast ausschließlich die Alten Medien, diese aber häufig. Der Anteil der Ostdeutschen ist mit 28,4% deutlich über dem Erwartungswert. Auch wenn Medien genutzt werden – das Partizipationsverhalten ist wiederum niedrig. Das ist auch deshalb auffällig, weil Ältere eventuell zwar heute nicht mehr politisch aktiv sind, aber unter Umständen auf die Lebensspanne gesehen partizipiert haben. Nicht jedoch diese Gruppe.

Die meisten zurückgezogenen Rentner/innen haben ein eher geringeres, aber nicht sehr niedriges Einkommen zwischen 1.000 € und 2.000 €. Sie haben seltener Erfahrung mit Erwerbslosigkeit oder prekärer Beschäftigung gemacht und sind nicht wirtschaftlich depriviert. Dafür sind sie in der politischen und der sozialen Dimension stärker von Deprivation betroffen. Der Prozentsatz der Befragten mit Abitur liegt mit 5,4% sehr niedrig, was sich vor allem durch die Altersstruktur erklärt. Überdurchschnittlich häufig sind sie religiös gebunden. Sie geben deutlich häufiger und bei vielen Dingen an, sich Sorgen zu machen, etwa über Frieden, Kriminalität, die eigene Gesundheit, Migration und die ständige Beschleunigung in der Gesellschaft. Diese Gruppe weist mit 32% den höchsten Wert beim sekundären Antisemitismus auf und ist auch überdurchschnittlich islamfeindlich (und unterdurchschnittlich islamkritisch).

(6) Die Alt-Autoritären

Diese Gruppe unserer Clusterbildung ist vorwiegend männlich (60,5% bei sonst durchschnittlich 46,2%) und mit 67,4 Jahren ($SD = 10$) auch relativ alt. Die Alt-Autoritären nutzen selten Neue Medien oder Online-Angebote, aber relativ häufig die Alten Medien. Wir haben hier die höchste Partizipationsbereitschaft, und zwar sowohl was konventionelles als auch was unkonventionelles Engagement betrifft. Dieses Engagement beunruhigt allerdings beim Blick auf die politische Einstellung mit sehr hohen Werten auf der Rechtsextremismus- und der Autoritarismus-Skala. Jeder Fünfte aus dieser Gruppe weist ein rechtsextremes Weltbild auf und 39% zeigen sich autoritär orientiert. Der hohe Wert beim primären Antisemitismus (28%) ist bedrohlich. Im Gegensatz zur anderen Seniorengruppe (Typus 5) machen sich die Alt-Autoritären weniger Sorgen, erreichen bei den Fragen zum Bindungsverhalten (AAS, Schmidt et al. 2004) besonders hohe Werte und sind stark mit den Deutschen identifiziert. Dieser Typus ist zudem materiell vergleichsweise gut abgesichert. Nur 2,9% haben weniger als 1.000 € zur Verfügung, fast 40% mehr als 2.000 €.

(7) Die sozial Deprivierten

Diese Gruppe ist weniger eindeutig zu beschreiben. Sie nutzt die Alten Medien unterdurchschnittlich, die Neuen Medien und das Internet dagegen überdurchschnittlich häufig. Sie hat auch überdurchschnittliche Partizipationswerte, vor allem bei den konventionellen, aber auch bei den unkonventionellen Formen. Mit $M = 38,9$ Jahren ($SD = 17,3$) ist Typus 7 recht jung, aber von der Altersstruktur her auch heterogen. Der Anteil der Ostdeutschen und der Männer sind jeweils deutlich über dem Erwartungswert. Fast 50% der Gruppe sind konfessionslos (Erwartungswert: 23,7%), und mehr als jeder Vierte hat das Abitur oder einen höheren Bildungsabschluss erreicht. Bei mittlerer Einkommenssituation sind Erwerbslosigkeit und prekäre Beschäftigung verbreitet, das heißt, es gibt viele Zeit- oder Leiharbeitsverhältnisse. Die Zustimmung zum Rechtsextremismus ist mit 20% sehr hoch, die zum Autoritarismus und zum primären wie sekundären Antisemitismus dagegen nicht. Zudem ist dieser Typus am wenigsten islamfeindlich eingestellt. Soziale Deprivation ist eine verbreitete Erfahrung in dieser Gruppe, was sich in den sehr auffälligen Ergebnissen zur Erfahrung in Bindungen wiederfindet – Verlustängste, Schwierigkeiten mit Nähe und Vertrauen prägen die Beziehungen. Die Demokratie in

Deutschland, wie sie im Grundgesetz steht und wie sie real funktioniert, sehen die Befragten dieser Gruppe skeptisch.

(8) Die Modernen
Die Gruppe der Modernen erreichte in allen vier für die Clusterbildung herangezogenen Bereichen hohe Werte. Zusammengenommen ist die berichtete politische Partizipation fast so hoch wie bei der Spitzengruppe der Alt-Autoritären. Alte Medien herrschen vor, aber auch Neue werden konsumiert und E-Mail, Social Media und andere Online-Angebote genutzt. Mit 45,7 Jahren (SD = 14,1) liegen die Modernen nur knapp unter dem Durchschnitt. Die Ostdeutschen sind mit 10% deutlich unterrepräsentiert – Typus 8 ist eine Gruppe von Westdeutschen. Sie gehören zu den Besserverdienern, sind kaum von Erwerbslosigkeit oder prekärer Beschäftigung betroffen, durchschnittlich gebildet und öfter religiös gebunden. Mit 6% ist ihre Zustimmung zur rechtsextremen Einstellung nicht stark ausgeprägt, dasselbe gilt für die Islamfeindschaft und den Antisemitismus. Relativ verbreitet ist vielmehr die Islamkritik. Der Demokratie des Grundgesetzes stimmt diese Gruppe eher zu, ihre reale Umsetzung sieht sie dagegen kritischer. Sowohl bei der politischen als auch bei der sozialen Deprivation sind die Modernen am wenigsten betroffen. Sie haben kaum Ängste und können vertrauensvolle Bindungen mit viel Nähe eingehen. Das spricht für ein gewisses Selbstbewusstsein, welches auch hinter dem hohen politischen Engagement zu vermuten ist. Sorgen machen sich die Befragten dieser Gruppe eher über die Gefahren der Atomkraft, die Energieressourcen oder den Umweltschutz, kaum jedoch über die eigene Gesundheit, Kriminalität, Zuwanderung oder die nachlassende Bedeutung des Westens.

(9) Die Abgehängten
Dem Modernen gegenüber steht der Abgehängte. Dieser Typus hat in allen Bereichen die niedrigsten Werte: Keiner liest weniger Zeitung, nutzt weniger Online-Angebote und andere Neue Medien, partizipiert politisch weniger. Mit M = 60,4 Jahren (SD = 15,3) liegt das Alter gut zehn Jahre über dem Erwartungswert, und mit 28,2% sind auch deutlich mehr Ostdeutsche vertreten. Nur 5,2% haben Abitur, knapp 50% sind konfessionslos, 8% waren zum Zeitpunkt der Befragung arbeitslos und über 20% prekär beschäftigt. Obwohl aufgrund der Altersvarianz einige der Abgehängten

bereits im Ruhestand sind, ist der Anteil derjenigen mit Kurz- oder Leiharbeitsverhältnissen in befristeten Verträgen hoch. Auch das Einkommen liegt deutlich unter dem Durchschnitt. In dieser Gruppe ist nicht nur die Deprivation in allen drei Dimensionen am höchsten, sondern ihre Mitglieder erfahren sich auch selbst als »überflüssig«. Die Zustimmung zur Demokratie in Deutschland ist bei ihnen (Castel 2000) deutlich vermindert, die »Nähe zu den Deutschen« am höchsten. Mit dieser ethnischen Identifikation wird augenscheinlich etwas kompensiert, was auch für die Zustimmung zu antidemokratischen Einstellungen gilt. Rechtsextrem zeigen sich 38%, autoritär eingestellt 49% und primär antisemitisch 33% (sekundär antisemitisch 21%). 53% äußerten sich islamfeindlich.

Fazit

Die Demokratie findet ohne die meisten Menschen statt. Die politische Teilnahme ist beunruhigend wenig ausgeprägt und die öffentliche Teilhabe gering. Viel ist also nicht los auf der Agora. Die Teilhabe stützt sich noch immer auf die Alten Medien, während der Anteil der Neuen Medien verhältnismäßig klein ist. Zwar werden die medialen Möglichkeiten von allen Befragten regelmäßig genutzt, allerdings unterscheiden sich die Gruppen sehr deutlich voneinander darin, auf welche Optionen sie zurückgreifen. Liegt politisches Engagement vor, spielen die Neuen Medien keine oder eine nachgeordnete Rolle. Spielen Neue Medien eine große Rolle, ist das politische Engagement gering.

Dass ausgerechnet die jungen Gruppen politisch so wenig engagiert sind, muss auch deswegen Sorge bereiten, weil die Demokratie diese weniger von Ressentiments bestimmten Akteure durchaus brauchen würde. Es kann ein Alterseffekt sein, dass die älteren Generationen ein stärkeres Engagement berichten: Zum einen hatten die Älteren durch ihre bereits längere Lebensdauer auch absolut mehr Gelegenheit dazu, eine Partizipationsform aktiv zu wählen und dann in dieser Erhebung darüber zu berichten. Allerdings sollte nicht allzu euphorisch auf das Internet und andere Neue Medien gesetzt werden, wenn Wege gesucht werden, die Bürger/innen wieder stärker in die Entscheidungsfindung einzubeziehen, denn es ist auch nicht unwahrscheinlich, dass das Internet und seine Nutzung denselben Bedingungen unterliegen, wie die sich stets selbst überholende Moderne insgesamt.

Während die politisch aktiven Gruppen alle noch ohne das Internet sozialisiert worden sind, ist das bei der Gruppe der Jungen Prekären und der Gruppe der Uninteressierten anders. Das bedeutet auch, dass alle anderen – außer diesen beiden Typen – ihre Erfahrungen in der Nutzung der demokratischen Öffentlichkeit noch entlang von Medien gemacht haben, die Konzentrationsfähigkeit voraussetzen. Nicht, dass das von allen in der älteren Generation behauptet werden kann, aber diese sozialisatorisch erworbene Fähigkeit zu einer längeren Aufmerksamkeitsspanne ist die Bedingung für demokratische Partizipation. Wenn diese Fähigkeit fehlt, ist auch die noch so intensive Mediennutzung kein Garant für demokratische Öffentlichkeit. Wenn diese Fähigkeit dagegen greift, wie bei der Gruppe der Modernen, scheint auch der Rückgriff auf internetbasierte Medien einer demokratischen Öffentlichkeit nicht im Weg zu stehen. Verstärkt muss die Mediensozialisation als ein Kernbereich der politischen Sozialisation begriffen werden. Nicht nur das Verständnis formaldemokratischer Institutionen der Gesellschaft ist Voraussetzung für ihre Nutzung, sondern auch die Fähigkeit zur Konzentration auf die dort verhandelten Inhalte und Interessen. Diese Bündelung der Aufmerksamkeit aber muss eingeübt werden – je früher, desto besser (Türcke 2012, 79ff.).

5.4 Bedrohungserleben und Kontakthypothese

Oliver Decker, Johannes Kiess & Elmar Brähler

In die Diskussion um das Entstehen antidemokratischer Einstellungen gingen in den letzten Jahren zwei Fragestellungen ein: Zum einen steht der Einfluss des Bedrohungserlebens auf die politische Einstellung im Vordergrund (Schlueter, Schmidt & Wagner 2008; Cohrs & Ibler 2009), zum anderen gewinnt die Kontakthypothese an Bedeutung. Beide Thesen sollen in diesem Kapitel unabhängig voneinander überprüft werden. Ihnen ist gemeinsam, dass sie im Hintergrund ein Intergruppengeschehen annehmen. Beiden geht es um psychodynamische Prozesse: Sie betrachten Identifikationen des Individuums mit der eigenen Gruppe, die durch den Wunsch nach Selbstwertregulation motiviert sind, sowie ihre Folgen (vgl. Kap. 2). Der Selbstwert ließe sich demnach festigen durch Identifikation mit Stärke und Macht im Sinne des Autoritären Charakters, beziehungsweise der narzisstischen Plombe, aber auch durch die »Abwertung der Anderen« (Zick, Küpper & Hövermann 2011).

In der Sprache einer um motivationale Annahmen ergänzten Sozialkognition handelt es sich bei dem, was oben psychoanalytisch als Prothetisierung beschrieben wurde, um eine Selbstvervollständigung aufgrund der Notwendigkeit der Stabilisierung eines positiven Selbstbildes und dem Bedürfnis nach Kontrolle (Stangor & Thompson 2002). Aus dieser Sicht teilen Individuen die Menschen und Objekte ihrer Umwelt in eine überschaubare Menge an Kategorien ein, um in dieser Welt handlungsfähig zu sein. Sie »konstruieren« auf diesem Weg immer wieder ihre Umwelt und sich selbst – und passen gegebenenfalls die den Kognitionen zugrundeliegenden Schemata an neue Erfahrungen an. Vorurteile sind – sehr kurz definiert – fehlgeleitete Kategorisierungen. Ihre Entstehung hängt mit dem Bedürfnis nach einem positiven Selbstbild und mit der Rolle, die die eigene Gruppe dabei spielt, zusammen (Tajfel & Turner 1979, vgl. auch Kap. 5.2).

Die Terror-Management-Theorie (TMT) nimmt das Movens der Selbstaufwertung und Selbstvergewisserung zum Ausgangspunkt. Wegen ihrer konzeptionellen Nähe zum in Kapitel 2 vorgestellten Spannungsfeld von Säkularisierung und Ressentiment ist sie hier besonders interessant. Wo es das Bedürfnis nach einer Rückversicherung der Kategorien über sich selbst und die Welt gibt, dort kann ein grundlegender Mangel an einer solchen Sicherheit vermutet werden, welcher diese Rückversicherung überhaupt erst notwendig macht. Als Antriebskraft dieser sozial-kognitiven Vergleichsprozesse wird die Todesangst, beziehungsweise Konfrontation mit der eigenen Vergänglichkeit, angenommen (Greenberg, Solomon & Pyszczynski 1997). Der soziologische Befund der Anomie wird somit in eine individuelle, psychische Reaktion übersetzt. Die TMT überträgt das eigene kulturelle Referenzsystem in eine Art säkulare Transzendenz. Sie geht davon aus, dass die eigene Kultur als Schutzschild gegen die Angst vor der eigenen Vergänglichkeit dient. Solange die Stabilität des eigenen Kulturkreises angenommen werden kann, wird es auch nach dem individuellen Tod eine Form des Gedächtnisses geben. Das kulturelle Überzeugungssystem dient demnach als »anxiety buffer«. Es kann definiert werden als ein sozial geteiltes System von Überzeugungen über die Welt, das dem Menschen dabei hilft, seinem Leben Ordnung, Bedeutung und Dauer zu verleihen. Nur wenn das kulturelle Wertesystem Bestand hat, können seine Mitglieder auf die symbolische Transzendenz des Todes rechnen. Durch die Identifikation mit diesem hoch bewerteten Bezugssystem und die Überzeugung, seine Standards und Werte zu erfüllen und damit einen individuellen Beitrag zu seinem Bestand zu leisten, können Menschen zudem zu einem positiven Selbstbild finden.

Vor diesem Hintergrund werden Bedrohungen des kulturellen Referenzsystems zu fundamentalen Bedrohungen des Selbstwertes ihrer Mitglieder. Vorurteile gewinnen ihre Bedeutung in diesem Verständnis durch ihre Funktion: Mit der Abwertung von Anderen, von einer als fremd wahrgenommenen Gruppe (»Out-Group«), geht die Aufwertung der eigenen Gruppe einher. Was »fremd« ist, ist dabei relativ variabel. Der allgemeine Stigmatisierungsdruck in der Gesellschaft resultiert aus der Gefahr, als »fremd« oder »abweichend« ausgemacht und »abgewertet« zu werden (Decker et al. 2008). Alternativ kann der Selbstwert etwa auch durch nationale Symbole reguliert werden, was nur implizit, aber nicht ausdrücklich mit der Abwertung des Anderen einhergeht (Jonas & Fritsche 2005; ausführliche Darstellung vgl. Fritsche, Jonas & Kessler 2011).[6]

Unabhängig von den Bedingungen der Fremdgruppenabwertung gewinnt damit – gewissermaßen als Gegengift – die Frage an Bedeutung, ob Kontakt mit »Fremden« Vorurteile verhindert. Die Kontakthypothese (Pettigrew 1986) versucht, das Phänomen zu erklären, dass die Ausländerfeindlichkeit oft gerade dort am höchsten ist, wo kaum Migrant/innen leben. Außerdem eröffnet sie eine Interventionsmöglichkeit (Weins 2011). Der Zusammenhang auch zum Bedrohungserleben kann als gesichert gelten (Wagner et al. 2006; Pettigrew, Wagner & Christ 2011).

BEDROHUNGSERLEBEN

Die Bedrohung der eigenen Gruppe aktiviert die Fremdgruppenabwertung. Um diese Annahme zu überprüfen, wurden die Probanden gefragt, welche ausgewählten Bereiche ihnen in welchem Ausmaß Sorgen bereiten. Der Fragebogen bot die Möglichkeit, auf einer fünfstufigen Skala von »überhaupt keine Sorgen« (1) bis »sehr starke Sorgen« (5) zu antworten.

---

6 Dass die »Deutsche Mark« diese Funktion erfüllen kann, verweist weniger auf die konzeptionelle Nähe der narzisstischen Plombe zur TMT, sondern vor allem auf die Validität der aus unterschiedlicher Perspektive gemachten Beobachtung.

Die Probanden wurden nach der Stärke der Sorgen befragt, die sie sich bezogen auf insgesamt 18 Bereiche machen, welche anschließend zu Dimensionen zusammengefasst wurden.[7] Zur Überprüfung unserer Hypothese berechneten wir die Mittelwertsunterschiede zwischen den beiden Gruppen, die sich in ihren Antworten am deutlichsten voneinander unterschieden: die Gruppe, die über gar keine Sorgen in der entsprechenden Dimension berichtete, und die, welche durchgängig sehr große Sorgen angab.

Dann wurden die Probanden beider Gruppen auf wahrgenommene Out-Group-Abwertung untersucht, die bestimmt wurde mit den jeweiligen Antworten zur Islamfeindschaft, zum primären und sekundären Antisemitismus (vgl. Kap. 4.2) und zur Ausländerfeindlichkeit. Als zusätzliches Maß wurde die Dimension Sozialdarwinismus herangezogen, um damit die Bereitschaft zur Abwertung von als schwach wahrgenommenen Gruppen zu bestimmen (vgl. Kap. 4.1).

Die Mittelwerte dieser vier Fragebögen konnten für den Vergleich herangezogen werden, da sie alle auf einer fünf-stufigen Likert-Skala beantwortet wurden. Der Wert »1« zeigt eine sehr ablehnende und der Wert »2« eine ablehnende Haltung an. Der Wert »3« kennzeichnet eine indifferente Haltung (teils Zustimmung/teils Ablehnung). Oberhalb des Wertes »3« sind die Antworten als Zustimmung zu deuten. Der maximale Wert »5« steht für die völlige Zustimmung zu allen Aussagen des entsprechenden Fragebogens. Zusätzlich wurde ein grafisch gestalteter Fragebogen für die Einschätzung der Identifikation mit den Deutschen eingesetzt. In sieben Stufen nähern sich zwei Kreise (»Selbst« und »Deutsche«) aneinander an, bis sie beim Wert sieben zur Deckung kommen (Schubert & Otten 2002).

Die Mittelwertsunterschiede für das nationale Bedrohungserleben (z.B. »Kriminalität in Deutschland«, »Wirtschaftliche Entwicklung«) waren auch bei ungleicher Varianz durchgehend hoch signifikant ($p < .001$; vgl.

---

7 Bei der faktorenanalytischen Überprüfung zeigte sich der Fragebogen nicht mit allen Items konsistent. Es wurden mit 11 Items drei Dimensionen gebildet, die jeweils gute bis sehr gute Konsistenzen aufwiesen: Nationales Bedrohungserleben $\alpha = .7$; Geopolitisches Bedrohungserleben $\alpha = .71$; Umweltbezogenes Bedrohungserleben $\alpha = .83$. Zusätzlich ging wegen der Vorüberlegungen in Kapitel 2.3 noch das Item »Sorgen über die zunehmende Beschleunigung in der Gesellschaft« mit in die folgende Auswertung ein.

5.4 Bedrohungserleben und Kontakthypothese

Abb. 5.4.1). Die Gruppe derjenigen mit sehr hohem Bedrohungserleben ($N = 76$) zeigte fast durchgehende Zustimmung zu allen Bereichen der Out-Group-Abwertung: Diese Probanden sind islamfeindlich, antisemitisch und ausländerfeindlich eingestellt. Einzig beim Sozialdarwinismus sind ihre Werte nicht manifest zustimmend. Aber auch hier fällt der deutliche Abstand zu denjenigen auf, die sich nicht bedroht fühlen und sich keine Sorgen machen ($N = 25$).

Abbildung 5.4.1
Mittelwertsvergleich Out-Group-Abwertung und nationales Bedrohungserleben

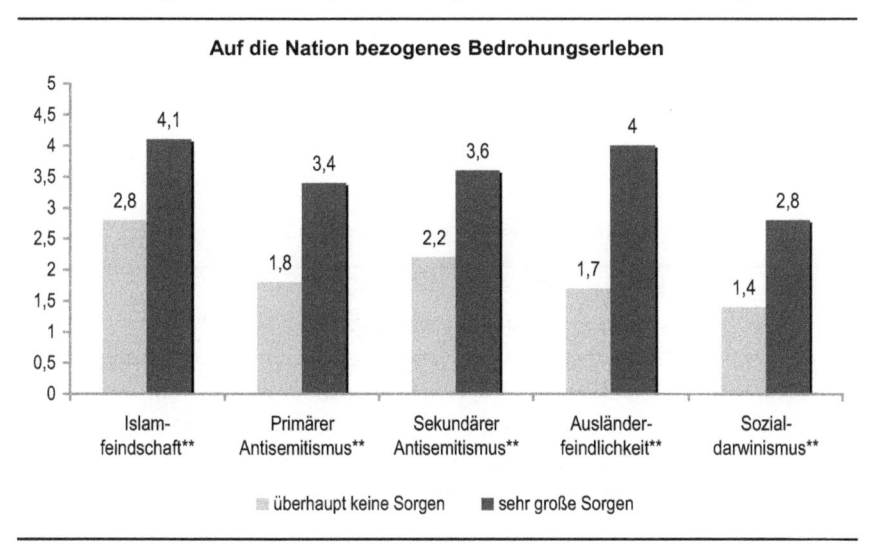

Auf die Nation bezogenes Bedrohungserleben

	überhaupt keine Sorgen	sehr große Sorgen
Islamfeindschaft**	2,8	4,1
Primärer Antisemitismus**	1,8	3,4
Sekundärer Antisemitismus**	2,2	3,6
Ausländerfeindlichkeit**	1,7	4
Sozialdarwinismus**	1,4	2,8

Die Probanden beider Gruppen geben ihre Nähe zu den Deutschen mit $M = 5,2$ (Gruppe »Überhaupt keine Sorgen«) und $M = 5,8$ (Gruppe »Sehr große Sorgen«) als hoch an. Der Unterschied zwischen den Gruppen ist damit nicht sehr ausgeprägt. Bei dem auf die eigene Nation bezogenen Bedrohungserleben besteht in der Identifikation mit »Deutsch-Sein« kein Unterschied.

Abbildung 5.4.2
Mittelwertsvergleich Out-Group-Abwertung und geopolitische Bedrohung

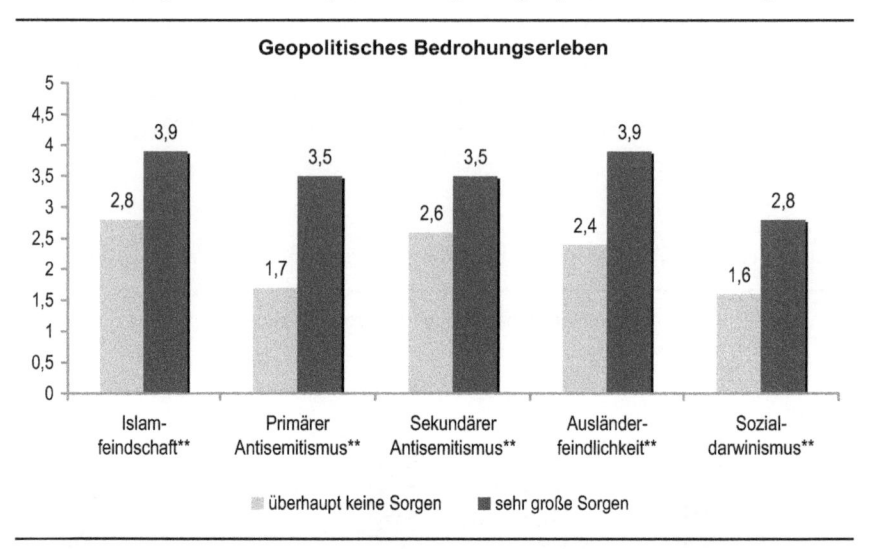

Geopolitisches Bedrohungserleben

	Islam-feindschaft**	Primärer Antisemitismus**	Sekundärer Antisemitismus**	Ausländer-feindlichkeit**	Sozial-darwinismus**
überhaupt keine Sorgen	2,8	1,7	2,6	2,4	1,6
sehr große Sorgen	3,9	3,5	3,5	3,9	2,8

Die Bedrohung durch geopolitische Ereignisse (z.B. »Globaler Terrorismus«, »Destabilisierung ganzer Regionen in der Welt«, »Bedeutungsverlust des Westens«) zeigt ebenfalls hoch signifikante Mittelwertsunterschiede. Auch wenn zwischen der Gruppe mit dem größten Bedrohungserleben und der Gruppe ohne Bedrohungserleben die Unterschiede nicht mehr ganz so groß sind, so bilden sich dennoch sehr klare Signifikanzen ab. Die Identifikation mit der eigenen Gruppe ist dagegen für beide Gruppen ähnlich ausgeprägt ($M = 5,5$ bei »Keine Sorgen«, $N = 50$; $M = 5,3$ bei »Sehr große Sorgen«, $N = 42$).

Das umweltbezogene Bedrohungserleben (z.B. »Sorgen über den Klimawandel«, »Sorgen über die Atomkraft«) scheint in Deutschland weitgehend unabhängig von der politischen Einstellung zu sein (vgl. Abb. 5.4.3). Selbst die signifikanten Unterschiede sind nicht sehr groß. Beide Gruppen geben zudem eine hohe Identifikation mit den Deutschen an ($M = 5,5$ bei »Keine Sorgen«, $N = 65$; $M = 5,7$ bei »Sehr große Sorgen«, $N = 146$).

5.4 Bedrohungserleben und Kontakthypothese

Abbildung 5.4.3
Mittelwertsvergleich Out-Group-Abwertung und umweltbezogenes Bedrohungserleben

Umweltbezogenes Bedrohungserleben

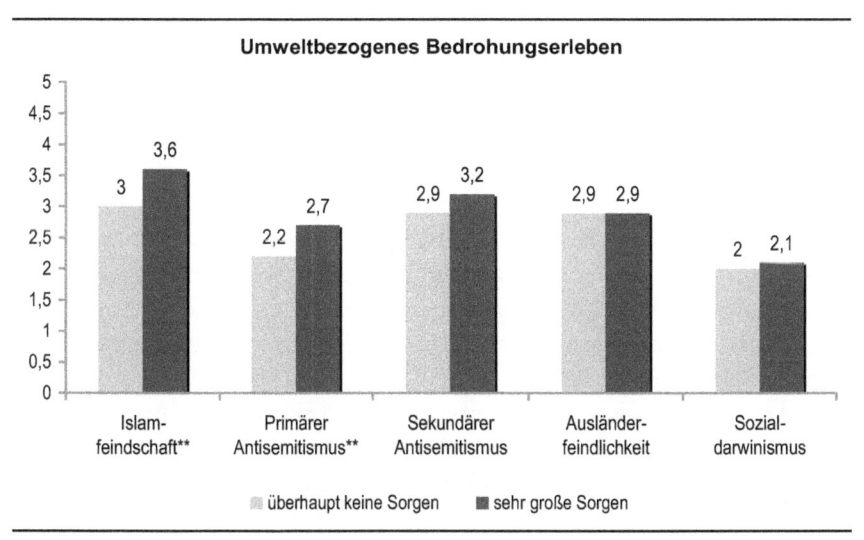

	Islam-feindschaft**	Primärer Antisemitismus**	Sekundärer Antisemitismus	Ausländer-feindlichkeit	Sozial-darwinismus
überhaupt keine Sorgen	3	2,2	2,9	2,9	2
sehr große Sorgen	3,6	2,7	3,2	2,9	2,1

Abbildung 5.4.4
Mittelwertsvergleich Out-Group-Abwertung und Beschleunigung in der Gesellschaft

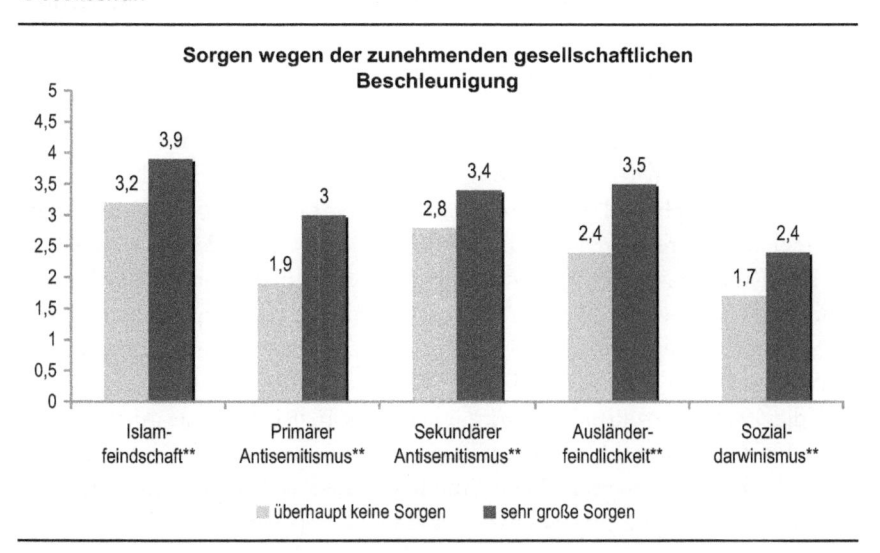

Sorgen wegen der zunehmenden gesellschaftlichen Beschleunigung

	Islam-feindschaft**	Primärer Antisemitismus**	Sekundärer Antisemitismus**	Ausländer-feindlichkeit**	Sozial-darwinismus**
überhaupt keine Sorgen	3,2	1,9	2,8	2,4	1,7
sehr große Sorgen	3,9	3	3,4	3,5	2,4

Der Bestand des eigenen kulturellen Referenzsystems kann auch durch innergesellschaftliche Prozesse wie die Beschleunigung bedroht werden. Die Frage nach der »Sorge über die Beschleunigung« kann zwar nicht über die individuell erfahrene Beschleunigung oder über das Ausmaß ihrer Konsequenzen für den Probanden Auskunft geben, wohl aber darüber, wie stark die Bevölkerung die gesellschaftlichen Transformationen wahrnimmt und wie diese Wahrnehmung mit gruppenbezogenen Ressentiments zusammenhängt. Im Sinne der TMT kann das Bedrohungserleben zudem als Hinweis darauf angesehen werden, dass eine auf das kulturelle Referenzsystem gerichtete Bedrohung erlebt wird. Die Mittelwertsunterschiede sind für diese Dimension deutlich größer als beim umweltbezogenen Bedrohungserleben. Die in allen Bereichen der Out-Group-Abwertung anzutreffenden Unterschiede sprechen für die Annahme, dass die Wahrnehmung der gesellschaftlichen Beschleunigung als Bedrohung des Selbstwertes beziehungsweise der Gruppenkohäsion erlebt wird. Interessant ist, dass auch der weiterhin geringe Unterschied in der Identifikation mit der eigenen Gruppe (»Nähe zu den Deutschen«) nun signifikant wird ($M = 5{,}6$ bei »Keine Sorgen«, $N = 308$; $M = 6$ bei »Sehr große Sorgen«, $N = 240$).

FAZIT FÜR DEN STELLENWERT DES BEDROHUNGSERLEBENS

Die Bedeutung der Aufwertung der eigenen Gruppe, um dem Bedrohungserleben des kulturellen Wertesystems zu begegnen, konnte im Extremgruppenvergleich bestätigt werden. Der geringe Einfluss der umweltbezogenen Sorge weist in dieselbe Richtung, denn die Bedrohung der Umwelt gefährdet nicht unmittelbar das kulturelle Referenzsystem. Im Sinne der Terror-Management-Theorie, aber auch in Hinblick auf die psychodynamische Selbstwertregulation scheint die bedrohte Umwelt die Strategien zur Fremdgruppenabwertung nicht auf den Plan zu rufen.

Das Referenzsystem ist jedoch durch die Beschleunigung in der Gesellschaft infrage gestellt. Die Bedrohung, die in den Konsequenzen der sich selbst überholenden Moderne liegt, zeigt sich in den deutlicheren Mittelwertsdifferenzen der beiden Extremgruppen. Hier finden wir Hinweise auf die Zwangsstruktur der primär auf das heilsbringende Morgen gerichteten Gegenwart. Die Abwertung der Anderen ist auf jeden Fall eine deutliche Reaktion hierauf. Nicht im gleichen Maße lässt sich die Relevanz der eigenen Gruppe zwischen den beiden Gruppen unterscheiden. Offensichtlich ist sie auch bei denen groß, die die Bedrohungen nicht empfinden.

KONTAKTHYPOTHESE

Zur Überprüfung der Kontakthypothese haben wir die Probanden zu ihren Berührungspunkten mit Migrant/innen befragt. Dabei wurde unterschieden, in welchen Lebensbereichen der Kontakt stattfindet (vgl. Tab. 5.4.1).

Tabelle 5.4.1
Kontakt zu Migrant/innen (in Prozent)

Kontakt ...	West	Ost
in der eigenen Familie/Verwandtschaft	21,3	6
am Arbeitsplatz	50,4	19,5
in der Nachbarschaft	61,4	29
im Freundes-/Bekanntenkreis	56	22,9

Sehr deutlich wird der geringe Anteil an Kontakten, der auf Ostdeutsche entfällt. Er ist durchaus erwartungskonform, denn schließlich lebt der Großteil der Migrant/innen nach wie vor in Westdeutschland. Der Anteil an Kontakten im Familien- und Verwandtenkreis ist mit 6% in Ostdeutschland gegenüber 21,3% in Westdeutschland besonders niedrig. In den anderen Bereichen werden immerhin von je 20 bis 30 % Ostdeutscher ebenfalls Kontakte berichtet.

Hinsichtlich unserer Ausgangsfrage ist interessant, ob die Zustimmungswerte zur Dimension Ausländerfeindlichkeit des Rechtsextremismusfragebogens tatsächlich sinken (vgl. Kap. 3), wenn Kontakte bestehen. Außerdem prüften wir, ob zwischen Ostdeutschen mit Kontakt zu Migrant/innen zu denen ohne ein Unterschied besteht. Die Annahme ist, dass bei generell signifikant höheren Zustimmungswerten zu ausländerfeindlichen Aussagen im Osten, diejenigen mit Kontakt zu Migrant/innen ähnlich niedrige Werte erreichen wie die westdeutschen Probanden.

Für diese Untersuchung haben wir für den Fragebogen zum Kontakt zwei Gruppen gebildet: erstens, die Gruppe derer, die in Familie und Verwandtschaft oder Freundes- und Bekanntenkreis Kontakt zu Migrant/innen hat, also jene Probanden, die im sozialen Nahbereich über Kontakt verfügen; zweitens die Gruppe, die am Arbeitsplatz oder in der Nachbarschaft in Kontakt mit Migrant/innen steht, also nicht im emotionalen und sozialen Nahbereich. Die zweite Gruppe tritt nicht aktiv mit Migrant/innen in Kontakt, sondern wird durch die soziale Realität einer Einwanderungsgesellschaft mit ihnen konfrontiert.

74,7% der Westdeutschen, aber nur 38,6% der Ostdeutschen haben entweder in der Nachbarschaft oder am Arbeitsplatz Kontakt zu Migrant/innen. Ähnlich fällt das Ergebnis für den Familien- und Freundeskreis aus: 58,5% der Westdeutschen und nur 24% der Ostdeutschen haben im nächsten Umfeld Kontakt zu Migrant/innen.

Insgesamt liegt die Zustimmung zu ausländerfeindlichen Aussagen bei den Befragten mit deutscher Staatsbürgerschaft, die Kontakt zu Migrant/innen haben, signifikant niedriger als bei denen ohne Kontakt (alle folgenden Unterschiede $p < .001$): Wer keinen Kontakt hat, stimmt ausländerfeindlichen Aussagen ($M = 3{,}3$) häufiger zu und die Stärke der Zustimmung (> 3) lässt eine Bewertung dieser Gruppe als manifest ausländerfeindlich eingestellt zu. Demgegenüber lehnen diejenigen mit Kontakt die ausländerfeindlichen Aussagen ($M = 2{,}3$) auch eher ab. Abbildung 5.4.5 schlüsselt die Ergebnisse getrennt für Ost- und Westdeutschland auf.

Die Ostdeutschen allerdings, die im Familienkreis Kontakt zu Migrant/innen haben, stimmen ausländerfeindlichen Aussagen signifikant weniger zu als die Ostdeutschen ohne Kontakt ($p < .001$), sogar geringfügig seltener als Westdeutsche mit Kontakt im Familien- und Freundeskreis. Auch der Unterschied in Westdeutschland zwischen den beiden Gruppen (»Kontakt«/»Kein Kontakt«) ist hoch signifikant ($p < .001$). Ferner stimmen diejenigen mit sozialen Kontakten zu Migrant/innen am Arbeitsplatz oder in der Nachbarschaft tendenziell ausländerfeindlichen Aussagen eher zu als die mit Kontakt im emotionalen Nahbereich, sind aber immer noch hoch signifikant schwächer ausländerfeindlich eingestellt – und das gilt für Ost und West – als die Gruppe ohne jeden Kontakt. Die Gruppe ohne Kontakte überschreitet den Wert »3«, zeigt also eine deutlich ausländerfeindliche Einstellung.

5.4 Bedrohungserleben und Kontakthypothese

Abbildung 5.4.5
Mittlere Zustimmung zur Dimension »Ausländerfeindlichkeit« bei Ost- und Westdeutschen mit und ohne Kontakten zu Migrant/innen

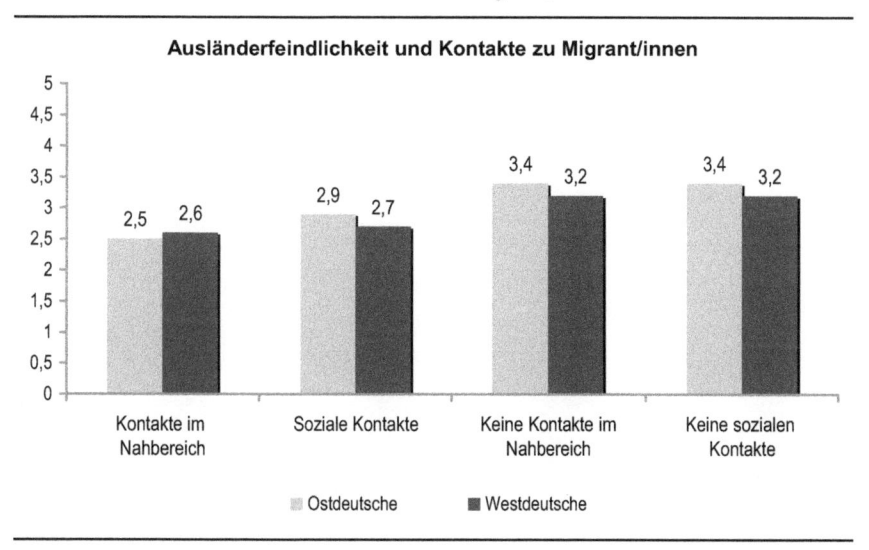

Ausländerfeindlichkeit und Kontakte zu Migrant/innen

	Kontakte im Nahbereich	Soziale Kontakte	Keine Kontakte im Nahbereich	Keine sozialen Kontakte
Ostdeutsche	2,5	2,9	3,4	3,4
Westdeutsche	2,6	2,7	3,2	3,2

Fazit

Der Kontakt zu Migrant/innen wirkt sich positiv auf die Einstellung ihnen gegenüber aus – persönliche Kontakte stehen Vorurteilen im Weg. Der direkte Kontakt im persönlichen Umfeld ist dabei noch durchschlagender als die bloße Gegenwart von Migrant/innen im Arbeits- oder Wohnumfeld. Dies spricht für den Einfluss der Identifikation und lässt den Schluss zu, dass der Aufbau unmittelbarer Beziehungen mit dem Abbau von Vorurteilen einhergeht. Wenn zum Beispiel Migrant/innen und autochthone Deutsche in einer Fußballmannschaft zusammenspielen, wird das dem Abbau von Vorurteilen dienlicher sein, als wenn sie zwar zusammen auf dem Platz stehen, aber gegeneinander antreten. Das wiederum wäre immer noch besser als getrennte Fußballfelder.

6 Fragebogen zur rechtsextremen Einstellung – Leipziger Form (FR-LF)

Oliver Decker, Andreas Hinz, Norman Geißler & Elmar Brähler

Zur Erfassung rechtsextremer Einstellungen wurde ein Fragebogen zur rechtsextremen Einstellung (Fragebogen zum Rechtsextremismus – Leipziger Form, FR-LF) zu sechs Messzeitpunkten an einer repräsentativen Bevölkerungsstichprobe eingesetzt (2002, 2004, 2006, 2008, 2010 und 2012). Zur Überprüfung der Dimensionalität und der teststatistischen Güte des Fragebogen wurden in einem ersten Schritt die Erhebungen für die Jahre 2002, 2004 und 2006 zusammengefasst ($N = 9.396$). Für die Normierung konnten folgende Fragebögen eingesetzt werden, die in der Erhebung 2006 zusätzlich zum Fragebogen zur rechtsextremen Einstellung zum Einsatz kamen: Fragebogen zum Autoritarismus (Kurzfassung) (Decker & Brähler 2000; Schmidt, Stephan & Herrmann 1995), zur sozialen Dominanzorientierung (Sommer, Stellmacher & Brähler 2003), zum Sexismus (Endrikat 2003) und zur Gewaltbereitschaft (Ulbrich-Herrmann 1998). Zur Kreuzvalidierung wurden die Erhebungen der Jahre 2008, 2010 und 2012 herangezogen und die Dimensionalität des Fragebogens anhand dieser kumulierten Stichprobe überprüft.

Die sechsdimensionale Struktur des FR-LF konnte bestätigt werden und zeigte bei beiden Stichproben eine sehr gute interne Konsistenz ($\alpha = .94$), ist also zum Einsatz in sozialpsychologischen Untersuchungen gut geeignet. Unter Validierungsgesichtspunkten ist die Nähe zur Autoritarismus-Skala ($r = .51$) hervorzuheben.

Die Forschung zu rechtsextremen Einstellungen ist ein wesentliches und aktuelles Thema der Sozialpsychologie. Die Wurzeln der Rechtsextremismusforschung reichen in die 1930er-Jahre zurück. Die Autoritarismusforschung wurde zunächst auf psychoanalytischer Basis – als Persönlichkeitsmessung – begonnen. Die ersten Forschungsprojekte, die »Studien zu Autorität und Familie«, wurden im Wesentlichen von Erich Fromm verantwortet, Herbert Marcuse und Max Horkheimer wirkten daran mit (Horkheimer, Fromm & Marcuse 1936). Als die ersten Ergebnisse dieser empirischen Untersuchung ausgewertet waren, kam das Frankfurter Institut für Sozialforschung zu einer anderen Schlussfolgerung, als erwartet: Man begann unmittelbar mit den Vorbereitungen für den Gang ins Exil. In den USA wurde die in Frankfurt begonnene Forschung mit den Arbeiten der Berkley-Gruppe um Theodor W. Adorno (Adorno et al. 1950) fortgesetzt. Ziel dieser Forschergruppe war zum einen die Erfassung antidemokratischer Haltungen in der Bevölkerung und zum anderen die Entwicklung eines Instruments zur Unterscheidung zwischen demokratischer und antidemokratischer Einstellung, das mit dem Fragebogen zur autoritären Persönlichkeit geschaffen wurde. Insgesamt war das Projekt mit seinem breiten empirischen Zugang – heute würde man von einer empirischen Triangulierung oder einem Mixed-Method-Zugang sprechen – ein Meilenstein der empirischen Sozialforschung (Fahrenberg & Steiner 2004).

Seitdem ist die Autoritarismusforschung ein prosperierendes Forschungsfeld, untersucht aber schwerpunktmäßig die Erscheinungsformen des Autoritarismus und weit seltener seine sozialisatorischen Bedingungen. Bereits früh sind die sozialisationstheoretischen Annahmen, aber auch das methodische Vorgehen der Studien in die Kritik gekommen (Christie & Jahoda 1954) und sie sind um zahlreiche andere theoretische und methodische Ansätze ergänzt worden (Altemeyer 1988), bzw. in der Forschung sind ihnen neue Zugänge an die Seite gestellt worden (Allport 1958; Inglehart 1977; Tajfel & Turner 1979). Die Forschungslandschaft zu Vorurteil und antidemokratischer Einstellung ist in den vergangenen Jahrzehnten sehr heterogen geworden (Heitmeyer 1987), obwohl dem Autoritarismus-Konzept noch immer die beste Erklärungskraft zuerkannt wird (Fuchs 2003) und in jüngerer Zeit wird die Persönlichkeit wieder stärker als ein Einflussfaktor rechtsextremer Einstellung diskutiert (Hopf 1993; Oesterreich 2000; Winkler 2005). Heute wird dieses Forschungsfeld trotzdem eher mit dem Begriff des Rechtsextremismus verbunden, obwohl dieser aus der Politik in die Wissenschaft getragen worden ist. Trotz seiner politischen Implikationen und sprachlogischen Schwierigkeiten findet er breite Verwendung, um die disperate Forschung unter einem Begriff zu bündeln (Decker et al. 2010; Kiess 2011). Die heute mit dem Begriff des Rechtsextremismus verbundenen Forschungsprojekte verfolgen neben psychologisch-sozialpsychologischen (Six 1997; Zick 1996) auch soziologischpsychologische Ansätze (Decker, Niedermayer & Brähler 2002).

Bei der Forschung zur rechtsextremen Einstellung fällt vor allem die Heterogenität der eingesetzten Fragebögen auf und damit die Schwierigkeit, die Ergebnisse trotz der immensen Forschungsaktivität (Winkler, Jaschke & Falter 1996) zueinander in Beziehung zu setzen. Zudem lagen lange Zeit keine standardisierten und an einer bevölkerungsrepräsentativen Stichprobe normierten Fragebögen zum Rechtsextremismus vor. Im Jahr 2001 veranlasste dieser Mangel führende Politikwissenschaftler zur Konzeption eines Fragebogens zur rechtsextremen Einstellung. Der in den »Mitte«-Studien verwendete Fragebogen zum Rechtsextremismus ist das Ergebnis dieser Konsensuskonferenz.[1] Die Konsensusgruppe einigte sich auf folgende Definition:

> »Der Rechtsextremismus ist ein Einstellungsmuster, dessen verbindendes Kennzeichen Ungleichwertigkeitsvorstellungen darstellen. Diese äußern sich im politischen Bereich in der Affinität zu diktatorischen Regierungsformen, chauvinistischen Einstellungen und einer Verharmlosung bzw. Rechtfertigung des Nationalsozialismus. Im sozialen Bereich sind sie gekennzeichnet durch antisemitische, fremdenfeindliche und sozialdarwinistische Einstellungen.«

Hieraus wurden sechs Dimensionen der rechtsextremen Einstellung abgeleitet, die das mehrdimensionale rechtsextreme Einstellungsmuster ausmachen:

(1) Befürwortung einer rechtsautoritären Diktatur
Diese Dimension untersucht ein Gesellschaftsverständnis, das keine abweichenden politischen Einstellungen toleriert (»Volksgemeinschaft«) und eine diktatorische Staatsform befürwortet, die nicht durch demokratische

---

1 An dieser Konsensuskonferenz waren beteiligt: Elmar Brähler (Leipzig), Michael Edinger (Jena), Jürgen Falter (Mainz), Andreas Hallermann (Jena), Joachim Kreis (Berlin), Oskar Niedermayer (Berlin), Karl Schmitt (Jena), Siegfried Schumann (Mainz), Richard Stöss (Berlin), Bettina Westle (Erlangen), Jürgen Winkler (Mainz).

Entscheidungsprozesse gekennzeichnet sind. Hierfür wird das imaginierte Wohl oder gemeinsame Interesse eines »Volkes« imaginiert.

Dieser Dimension werden folgende Aussagen zugewiesen:
- Im nationalen Interesse ist unter bestimmten Umständen eine Diktatur die bessere Staatsform. (RD1)
- Wir sollten einen Führer haben, der Deutschland zum Wohle aller mit starker Hand regiert. (RD2)
- Was Deutschland jetzt braucht, ist eine einzige starke Partei, die die Volksgemeinschaft insgesamt verkörpert. (RD3)

(2) Chauvinismus
Diese Skala untersucht das ideologische Bild eines »deutschen Interesses«, das nach außen durchgesetzt werden muss. In der Imagination eines Interesses aller Deutschen hat diese Dimension eine inhaltliche Nähe zur Befürwortung diktatorischer Regierungsstile und einer »Volksgemeinschaft« als Schicksalsgemeinschaft. Abgeleitet werden daraus auch die Forderung nach einem starken Nationalgefühl.

Dieser Dimension werden folgende Aussagen zugewiesen:
- Wir sollten endlich wieder Mut zu einem starken Nationalgefühl haben. (CH1)
- Was unser Land heute braucht, ist ein hartes und energisches Durchsetzen deutscher Interessen gegenüber dem Ausland. (CH2)
- Das oberste Ziel der deutschen Politik sollte es sein, Deutschland die Macht und Geltung zu verschaffen, die ihm zusteht. (CH3)

(3) Ausländerfeindlichkeit
Im Mittelpunkt dieser Dimension steht eine Vorstellung einer Volkssgemeinschaft mit ihren antidemokratischen und rassistischen Implikationen. Migrant/innen werden als Gruppe identifiziert, nicht als Individuen, und diese Anderen werden projektiv aufgeladen.

Dieser Dimension werden folgende Aussagen zugewiesen:
- Die Ausländer kommen nur hierher, um unseren Sozialstaat auszunutzen. (AF1)
- Wenn Arbeitsplätze knapp werden, sollte man die Ausländer wieder in ihre Heimat zurückschicken. (AF2)
- Die Bundesrepublik ist durch die vielen Ausländer in einem gefährlichen Maß überfremdet. (AF3)

(4) Antisemitismus
Diese Dimension untersucht die klassische antisemitische Projektion einer »rassischen Unterscheidbarkeit« von Juden, die im Sinne einer manichäischen Welterklärungsideologie einerseits als »minderwertig«, andererseits als »omnipotent« definiert werden. In dieser Dimension wird ein primärer Antisemitismus erfasst.

Dieser Dimension werden folgende Aussagen zugewiesen:
– Auch heute noch ist der Einfluss der Juden zu groß. (AS1)
– Die Juden arbeiten mehr als andere Menschen mit üblen Tricks, um das zu erreichen, was sie wollen. (AS2)
– Die Juden haben einfach etwas Besonderes und Eigentümliches an sich und passen nicht so recht zu uns. (AS3)

(5) Sozialdarwinismus
Wie der Rassismus, so biologisiert auch der Sozialdarwinismus das gesellschaftliche Geschehen. Neben der Biologisierung gesellschaftlicher Zusammenhänge unterliegt der Sozialdarwinismus auch anders als der auf den Begründer der Evolutionstheorie Charles Darwin zurückgehende Darwinismus einer kausalen und nicht einer finalen Begründung von Auswahlprozessen. In der kausalen Logik des Sozialdarwinismus müssen sich Stärkere durchsetzen, damit die Gattung als Ganze überleben kann. Dies impliziert eine Sichtweise auf scheinbar »schwache« Mitglieder der Gesellschaft als Ballast oder »unwertes Leben«. Dies unterscheidet sich vom finalen Darwinismus, der das Überleben einer Population post festum mit der Frage nach den Gründen für die beste Anpassung an eine ökologische Nische untersucht.

Dieser Dimension werden folgende Aussagen zugewiesen:
– Wie in der Natur sollte sich in der Gesellschaft immer der Stärkere durchsetzen. (SD1)
– Eigentlich sind die Deutschen anderen Völkern von Natur aus überlegen. (SD2)
– Es gibt wertvolles und unwertes Leben. (SD3)

(6) Verharmlosung des Nationalsozialismus
Kern dieser Skala ist neben der Leugnung des Zivilisationsbruchs durch das nationalsozialistische Deutschland auch die Hervorhebung »guter Seiten« des Nationalsozialismus.

Dieser Dimension werden folgende Aussagen zugewiesen:
- Ohne Judenvernichtung würde man Hitler heute als großen Staatsmann ansehen. (NS1)
- Die Verbrechen des Nationalsozialismus sind in der Geschichtsschreibung weit übertrieben worden. (NS2)
- Der Nationalsozialismus hatte auch seine guten Seiten. (NS3)

Dieses Instrument wurde erstmals von uns 2002 mit 30 Items und einer fünfstufigen Skala (lehne völlig ab; lehne überwiegend ab; stimme teils zu, teils nicht zu; stimme überwiegend zu; stimme voll und ganz zu) verwendet. (Decker & Brähler 2005; Decker et al. 2002). Seit 2004 wird ein Fragebogen mit 18 Items eingesetzt; die Items werden zu den sechs oben genannten Dimensionen zusammengefasst und ermöglichen die Erfassung der rechtsextremen Einstellung in mehreren Dimensionen. Der individuelle Testwert ergibt sich durch die Summation aller 18 Antworten, woraus ein Summenwert zwischen 18 und 90 resultiert. Ein hoher Testwert steht dabei für eine starke rechtsextreme Einstellung. Als Cut-Off-Wert für rechtsextreme Einstellungen kann der Wert 63 verwendet werden, der dem Mittelwert der Antworten über alle 18 Items von 3,5 entspricht. Mit dem Begriff eines »manifest rechtsextremen Weltbildes« beschreiben wir die Einstellung von Probanden, die in der Erhebung einen Wert > 63 erreichen und damit im Mittel allen Aussagen zustimmen.

Dieses Kapitel verfolgt das Ziel, anhand der vorliegenden bevölkerungsrepräsentativen Stichproben der Erhebungen 2002 bis 2012 die faktorenanalytische Überprüfung vorzustellen. Weiterhin soll durch Bezugsetzung zu anderen Skalen ein Beitrag zur Konstruktvalidierung geleistet werden.

6.1 Methoden

Mit der Durchführung der insgesamt sechs repräsentativen Befragungen beauftragten wir das unabhängige Meinungsforschungsinstitut USUMA.[2] Die Stichprobenziehung für die Befragung erfolgte auf Grundlage der

---

[2] In den Jahren 2006–2012 mit Förderung beziehungsweise Teilförderung der Friedrich-Ebert-Stiftung.

ADM-Stichprobenbasis (Arbeitsgemeinschaft Deutscher Meinungsforschungsinstitute). USUMA setzte das von der ADM entwickelte Ziehungsprogramm »EASY-Sample« ein. Dieses Programm lässt geschichtete Ziehungsverfahren nach Regionen (z.b. Bundesländer, Regierungsbezirke, Kreise und Gemeinden) zu: In diesen sogenannten Sample-Points werden die Haushalte um eine Teilnahme gebeten.

Die Haushalte in den Sample-Points wurden nach einem Zufallsprinzip ausgewählt, dem »Random-Route-Verfahren«. Die Zielperson im Haushalt wurde nach dem Schwedenschlüssel zufällig ausgewählt. Das bedeutet, dass erst die komplette Haushaltsstruktur aufgelistet und erst dann die Person ausgewählt wird, die um Teilnahme an der Befragung gebeten wird, und zwar die, welche im Haushalt als nächstes Geburtstag hat. Dies stellt eine weitere Zufallsauswahl sicher und gewährleistet die Mischung der Befragten hinsichtlich Alter, Geschlecht und anderen soziodemografischen Merkmalen. Ist die ausgewählte Person zum Zeitpunkt des Besuches nicht im Haushalt, dann sucht der/die Interviewer/in den Haushalt bis zu dreimal auf, um das Interview zu führen. Anderenfalls wird das Interview als Ausfall bewertet.

Der Fragebogen wird von den Befragten selbst ausgefüllt. Die Interviewer/innen sind beim Ausfüllen anwesend und stehen für Fragen zur Verfügung (face-to-face-Interviews). Zielgruppe ist die deutschsprachige Bevölkerung ab 14 Jahren. In allen Erhebungswellen wurden nur geschulte und erfahrene Interviewer aus dem deutschlandweiten Feld von USUMA eingesetzt.

In Tabelle 6.1.1 sind die ausgewählten soziodemografischen Merkmale der kumulierten Stichprobe 2002–2006 aufgeführt. In die Untersuchung sind deutsche Staatsbürger, unabhängig vom Migrationshintergrund, eingegangen. Die erste kumulierte Stichprobe mit den Daten aus den Erhebungen der Jahre 2002, 2004 und 2006 umfasst 6.890 Westdeutsche und 2.506 Ostdeutsche. In Tabelle 6.1.2 sind die soziodemografischen Merkmale der kumulierten Stichprobe 2008–2012 zusammengefasst. In der folgenden Darstellung kann die Anzahl der Probanden variieren, wenn einzelne Fragen von Befragten nicht beantwortet worden sind (Verkleinerung der Untersuchungsgruppe). Hinsichtlich der beschriebenen Merkmale (z.B. Alter, Geschlecht, Ost/West, Einkommensgruppen) entspricht die Untersuchungsgruppe der Allgemeinbevölkerung. Somit kann von der Repräsentativität der Stichprobe ausgegangen werden.

Tabelle 6.1.1
Soziodemografische Merkmale der kumulierten Stichprobe 2002–2006

		Gesamtgruppe (N = 9.396)		Westdeutsche (N = 6.890)		Ostdeutsche (N = 2.506)	
		absolut	in %	absolut	in %	absolut	in %
Alter in Jahren	Mittelwert	48,49		48,17		49,38	
	Standardabweichung	17,95		17,67		18,66	
Altersgruppen	bis 20 Jahre	619	6,6	449	6,5	170	6,8
	21–30 Jahre	1.168	12,4	825	12,0	343	13,7
	31–40 Jahre	1.596	17,0	1.246	18,1	350	14,0
	41–50 Jahre	1.679	17,9	1.270	18,4	409	16,3
	51–60 Jahre	1.464	15,6	1.086	15,8	378	15,1
	61–70 Jahre	1.752	18,6	1.264	18,3	488	19,5
	ab 70 Jahre	1.118	11,9	750	10,9	368	14,7
Geschlecht	männlich	4.422	47,1	3.211	46,6	1.211	48,3
	weiblich	4.974	52,9	3.679	53,4	1.295	51,7
Partnerschaft	ja (leben mit Partner)	5.615	59,8	4.110	59,7	1.505	60,1
	nein (leben ohne Partner)	3.781	40,2	2.780	40,3	1.001	39,9
Bildung	Schule	8.087	86,1	6.000	87,1	2.087	83,3
	Studium	1.309	13,9	890	12,9	419	16,7
Kirchenzugehörigkeit	nein	2.519	26,9	759	11,0	1.760	70,6
	ja	6.852	73,1	6.118	89,0	734	29,4

Tabelle 6.1.2
Soziodemografische Merkmale der kumulierten Stichprobe 2008–2012

		Gesamtgruppe (N = 7.252)		Westdeutsche (N = 5.757)		Ostdeutsche (N = 1.495)	
		absolut	in %	absolut	in %	absolut	in %
Alter in Jahren	Mittelwert	49,99		48,98		53,89	
	Standardabweichung	18,35		18,41		17,60	
Altersgruppen	bis 20 Jahre	450	6,2	401	7,0	49	3,3
	21–30 Jahre	878	12,1	726	12,6	152	10,2
	31–40 Jahre	1.005	13,9	835	14,5	170	11,4
	41–50 Jahre	1.291	17,8	1.083	18,8	208	13,9
	51–60 Jahre	1.305	18,0	1.009	17,5	296	19,8
	61–70 Jahre	1.194	16,5	856	14,9	338	22,6
	ab 70 Jahre	1.129	15,6	847	14,7	282	18,9
Geschlecht	männlich	3.384	46,7	2.639	45,8	745	49,8
	weiblich	3.868	53,3	3.118	54,2	750	50,2
Partnerschaft	ja (leben mit Partner)	4.248	58,6	3.297	57,3	951	63,6
	nein (leben ohne Partner)	3.004	41,4	2.460	42,7	544	36,4
Bildung	Schule	6.183	85,3	4.946	85,9	1237	82,7
	Studium	1.069	14,7	811	14,1	258	17,3
Kirchenzugehörigkeit	nein	1.677	23,3	706	12,3	971	66,3
	ja	5.508	76,7	5.015	87,7	493	33,7

MESSINSTRUMENTE FÜR DIE REFERENZKONSTRUKTE

In der Untersuchung von 2006 ($N = 4.872$) wurden neben der Skala zum Rechtsextremismus folgende Fragebögen eingesetzt, um dem Rechtsextremismus verwandte Konstrukte abzubilden:

- AF: Fragebogen zum Autoritarismus (Kurzfassung) (Decker & Brähler 2000; Schmidt et al. 1995). Diese Kurzform des AF erfasst autoritäre Einstellungen mit vier Items in Anlehnung an die Studie zum Autoritären Charakter und dem dort entwickelten Fragebogen.
- SDO: Fragebogen zur sozialen Dominanzorientierung (Sommer et al. 2003). Der SDO umfasst vier Items, welche die Zustimmung zur Gleichwertigkeit sozialer Gruppen erfassen.
- FSE: Fragebogen zum Sexismus (Endrikat 2003). Dieser Fragebogen besteht aus vier Fragen, welche die Einschätzung der Frauendiskriminierung und die Zustimmung zu Rollenstereotypen erfassen.
- Fragebogen zur Gewaltbereitschaft (Ulbrich-Hermann 2003). Dieser Fragebogen erfasst die Gewaltbereitschaft als verhaltensorientierte Einstellungskomponente mit sechs Items.

Interessant dabei ist die Abgrenzung des Rechtsextremismus von verwandten Konzepten, die für die Bestimmung nicht-rechtsextremer, aber dennoch antidemokratischer Einstellungen herangezogen werden können. Darüber hinaus ermöglichen die ergänzenden Fragebögen die Beschreibung zusätzlicher Aspekte der rechtsextremen Einstellung, wie etwa der Gewaltbereitschaft.

6.2 ERGEBNISSE

In Tabelle 6.2.1 sind die Mittelwerte und Standardabweichungen der Rechtsextremismus-Items sowie die korrigierten Trennschärfekoeffizienten bezogen auf die Gesamtskala dargestellt. Weiterhin enthält die Tabelle den Mittelwert, die Standardabweichung sowie den internen Konsistenzkoeffizienten (Cronbachs Alpha, α) der Gesamtskala sowie der sechs Dimensionen. Die interne Konsistenz der Gesamtskala ist mit .94 sehr gut. Die empirische Verteilung der Rechtsextremismus-Skalenwerte weicht sowohl von der Normalverteilung (Kolmogorov-Smirnov-Z = 4.48; $p < .001$) als auch der Gleichverteilung ab (Kolmogorov-Smirnov-Z = 27.33;

$p < .001$). Sie ist etwas flacher als die Normalverteilung (Kurtosis = -.57) und rechtsschief (Schiefe =.18).

Tabelle 6.2.1
Deskriptive Statistik des Fragebogens zur rechtsextremen Einstellung (kumulierte Stichprobe 2002–2006)

Item		M	SD	r	α
Befürwortung einer rechtsautoritären Diktatur		6,57	3,00		.77
RD1	Im nationalen Interesse ist unter ...	1,96	1,09	.51	
RD2	Wir sollten einen Führer haben, der ...	2,11	1,23	.69	
RD3	Was Deutschland jetzt braucht, ist ...	2,50	1,31	.67	
Chauvinismus		8,55	3,19		.83
CH1	Wir sollten endlich wieder Mut zu ...	3,07	1,22	.61	
CH2	Was unser Land heute braucht, ist ...	2,79	1,23	.72	
CH3	Das oberste Ziel der deutschen ...	2,69	1,23	.72	
Ausländerfeindlichkeit		9,08	3,46		.87
AF1	Die Ausländer kommen nur hierher, um ...	3,08	1,26	.63	
AF2	Wenn Arbeitsplätze knapp werden, ...	2,96	1,31	.65	
AF3	Die Bundesrepublik ist durch die ...	3,03	1,31	.68	
Antisemitismus		6,81	3,20		.88
AS1	Auch heute noch ist der Einfluss der ...	2,37	1,21	.68	
AS2	Die Juden arbeiten mehr als andere ...	2,22	1,18	.72	
AS3	Die Juden haben einfach etwas ...	2,22	1,17	.72	
Sozialdarwinismus		6,39	2,89		.76
SD1	Wie in der Natur sollte sich in der ...	2,29	1,19	.64	
SD2	Eigentlich sind die Deutschen anderen ...	2,17	1,15	.70	
SD3	Es gibt wertvolles und unwertes ...	1,94	1,18	.57	
Verharmlosung des Nationalsozialismus		5,93	2,82		.79
NS1	Ohne Judenvernichtung würde man ...	1,99	1,15	.60	
NS2	Die Verbrechen des Nationalsozialismus...	1,91	1,08	.62	
NS3	Der Nationalsozialismus hatte auch ...	2,03	1,13	.67	
Gesamtskalenwert		43,33	15,16		.94

Anmerkungen: M = Mittelwert [Range 1–5 (Items); 18–90 (Skala)]; SD = Standardabweichung; r = part-whole korr. Trennschärfekoeffizient mit Gesamtskala; α = Interne Konsistenz. N = 9.011

Um die faktorielle Validität der sechs Dimensionen der Rechtsextremismus-Skala zu überprüfen, wurden sechs Faktoren vorgegeben und mittels einer Varimax-Rotation berechnet (s. Tab. 6.2.2). Werden die Datensätze der drei repräsentativen Untersuchungen zusammengeführt und nur die 18 Variablen betrachtet, die bei allen drei Studien verwendet wurden, bestätigt sich die sechsdimensionale Struktur des Fragebogens.

Tabelle 6.2.2
Darstellung der Dimensionalität des Rechtsextremismus-Fragebogens (kumulierte Stichprobe 2002–2006)

Item	Befürwortung einer rechtsautoritären Diktatur (RD)	Chauvinismus (CH)	Ausländerfeindlichkeit (AF)	Antisemitismus (AS)	Sozialdarwinismus (SD)	Verharmlosung des Nationalsozialismus (NS)
RD1	.74					
RD2	.67					
RD3	.61					
CH1		.76				
CH2		.68				
CH3		.67				
AF1			.80			
AF2			.81			
AF3			.77			
AS1				.79		
AS2				.77		
AS3				.73		
SD1					.52	
SD2					.63	
SD3					.78	
NS1						.66
NS2						.69
NS3						.72

Zudem wurde die Korrelation der einzelnen Dimensionen untereinander untersucht. Alle Dimensionen sind signifikant positiv miteinander korreliert (s. Tab. 6.2.3).

Tabelle 6.2.3
Korrelation der Dimensionen des Rechtsextremismus-Fragebogens (kumulierte Stichprobe 2002–2006)

Dimension	Befürwortung einer rechtsautoritären Diktatur	Chauvinismus	Ausländerfeindlichkeit	Antisemitismus	Sozialdarwinismus	Verharmlosung des Nationalsozialismus
Befürwortung einer rechtsautoritären Diktatur						
Chauvinismus	.62**					
Ausländerfeindlichkeit	.53**	.67**				
Antisemitismus	.56**	.62**	.59**			
Sozialdarwinismus	.66**	.63**	.53**	.63**		
Verharmlosung des Nationalsozialismus	.66**	.56**	.47**	.66**	.65**	

** $p < .01$

6.3 Validierung

Tabelle 6.3.1 gibt die korrelativen Beziehungen zwischen der Rechtsextremismus-Skala und den anderen eingesetzten Fragebogen-Skalen für die Erhebung von 2006 ($N = 4.872$) an (Decker, Brähler & Geissler 2006). Die höchste Korrelation ergab sich zwischen dem Rechtsextremismus- und dem Autoritarismus-Fragebogen.

Auch mit einer Kreuzvalidierung des Fragebogens anhand der kumulierten Stichprobe aus den Erhebungen der Jahre 2008, 2010 und 2012 lassen sich die Werte reproduzieren. Dies gilt auch für den internen Konsistenzkoeffizienten ($\alpha = .94$) (s. Tab. 6.3.2).

Tabelle 6.3.1
Korrelationen zwischen der Rechtsextremismus-Skala und anderen Skalen (Erhebung 2006)

	Rechtsextremismus
Soziale Dominanzorientierung	.39**
Sexismus	.30**
Autoritarismus	.51**
Gewaltbereitschaft	.35**

** $p < .01$

6.4 Fazit

Die Struktur des Rechtsextremismus-Konzepts, das den »Mitte«-Studien zugrunde liegt, hat sich in der vorliegenden Untersuchung zum Zusammenhang der Items mit dem Faktor Rechtsextremismus bestätigt. Der interne Konsistenzkoeffizient Cronbachs Alpha ist bei beiden kumulierten Stichproben sehr hoch. Darüber hinaus konnte auch die sechsdimensionale Struktur des Fragebogens bestätigt werden und es zeigte sich, dass die Items im hohen Maße zum Gesamtwert beitragen.

In der repräsentative Stichprobe von 2006 wurden weitere Fragebögen zur politischen Einstellung und verwandter Konzepte eingesetzt. Wir konnten zeigen, dass Personen mit einer manifest rechtsextremen Einstellung auch eher autoritäre Ansichten befürworten. Dies kann als Hinweis auf den Einfluss der Persönlichkeit und das Fortbestehen gewaltvoller sozialisatorischer Erfahrungen auf die Entstehung der antidemokratischen Einstellung gewertet werden. In leichter Abwandlung einer Überlegung von Herbert Marcuse zur veränderten Sozialisation, haben wir die Formulierung vom »Veralten des Autoritären Charakters« eingeführt/vorgeschlagen (Decker et al. 2010; Marcuse 1963).

Die Korrelation des Fragebogens zur Rechtsextremen Einstellung zur sozialen Dominanzorientierung belegen auch diesen engen Zusammenhang. Hinsichtlich des Sexismus zeigt sich ein klares Bild: Sexistische Einstellungen gehen häufiger mit einer stärkeren rechtsextremen Einstellung einher.

Tabelle 6.3.2
Deskriptive Statistik des Fragebogens zur rechtsextremen Einstellung (kumulierte Stichprobe 2008–2012)

Item		M	SD	r	α
Befürwortung einer rechtsautoritären Diktatur		6,05	2,84		.76
RD1	Im nationalen Interesse ist unter ...	1,81	1,01	.52	
RD2	Wir sollten einen Führer haben, der ...	1,91	1,15	.67	
RD3	Was Deutschland jetzt braucht, ist ...	2,33	1,26	.67	
Chauvinismus		8,36	3,21		.83
CH1	Wir sollten endlich wieder Mut zu ...	3,00	1,25	.59	
CH2	Was unser Land heute braucht, ist ...	2,73	1,25	.71	
CH3	Das oberste Ziel der deutschen ...	2,62	1,22	.73	
Ausländerfeindlichkeit		8,66	3,52		.88
AF1	Die Ausländer kommen nur hierher, um ...	2,95	1,27	.67	
AF2	Wenn Arbeitsplätze knapp werden, ...	2,81	1,32	.69	
AF3	Die Bundesrepublik ist durch die ...	2,90	1,32	.70	
Antisemitismus		6,62	3,25		.89
AS1	Auch heute noch ist der Einfluss der ...	2,32	1,21	.70	
AS2	Die Juden arbeiten mehr als andere ...	2,14	1,19	.74	
AS3	Die Juden haben einfach etwas ...	2,16	1,18	.74	
Sozialdarwinismus		6,09	2,84		.75
SD1	Wie in der Natur sollte sich in der ...	2,12	1,17	.65	
SD2	Eigentlich sind die Deutschen andere ...	2,13	1,17	.70	
SD3	Es gibt wertvolles und unwertes ...	1,83	1,14	.54	
Verharmlosung des Nationalsozialismus		5,69	2,74		.80
NS1	Ohne Judenvernichtung würde man ...	1,90	1,09	.62	
NS2	Die Verbrechen des Nationalsozialismus...	1,82	1,04	.62	
NS3	Der Nationalsozialismus hatte auch ...	1,98	1,11	.68	
Gesamtskalenwert		41,44	15,13		.94

Anmerkungen: M = Mittelwert [Range 1–5 (Items); 18–90 (Skala)]; SD = Standardabweichung; r = part-whole korr. Trennschärfekoeffizient mit Gesamtskala; α = Interne Konsistenz. N = 7.048

Die Dimensionalität des Fragebogens wurde von uns auch an anderer Stelle in einer konfirmatorischen Überprüfung der Validität und Reliabilität bestätigt. Dort schlagen wir vor, von einem »Rechtsextremismus-Syndrom« zu sprechen, welches sich aus einer Neo-NS-Ideologie und Ethnozentrismus zusammensetzt. In die Neo-NS-Ideologie gehen die Dimensionen Diktaturbefürwortung, Soziadarwinismus, NS-Verharmlosung und Antisemitismus ein, während die Ethnozentrismus-Dimension sich aus Ausländerfeindlichkeit und Chauvinismus zusammensetzt (Heyder & Decker 2011).

Obwohl sich aus den vorliegenden Daten ein geeigneter Cut-Off-Wert für rechtsextreme Einstellungen nicht direkt ableiten lässt, empfehlen wir für diejenigen Anwender des Fragebogens, die bei Gruppenuntersuchungen an einem solchen Schwellwert interessiert sind, den Wert von 63. Dieser ergibt sich, wenn alle 18 Items im Mittel mit einer Zustimmung von 3.5 versehen werden. Darüber hinaus empfehlen wir für Gruppenuntersuchungen einen Cut-Off-Wert für die einzelnen Dimensionen von > 12, der sich ergibt, wenn im Mittel mit einer Zustimmung von 4 (»stimme Aussage zu«) geantwortet wird. Für die individual-diagnostische Einschätzung können diese Grenzwerte nicht empfohlen werden.

Literatur

Aberson, C. L., Healy, M. & Romero, V. (2000). Ingroup bias and self-esteem: A meta-analysis. Personality and Social Psychology Review 4, 157–173.
Adorno, T. W. (1950). Types and Syndroms. In: Adorno, T. W., Frenkel-Brunswik, E., Levinson, D. J. & Sandford, R. N. (Hrsg.). The Authoritarian Personality, 744–783. New York: Harpor.
Adorno, T. W. (1955a). Schuld und Abwehr. In: Pollock, F. (Hrsg.). Gruppenexperiment, 278–428. Frankfurt/M.: Europäische Verlagsanstalt.
Adorno, T. W. (1955b). Zum Verhältnis von Soziologie und Psychologie. In: Tiedemann, R. (Hrsg.). Theodor W. Adorno – Gesammelte Schriften Bd. 8, 42–85. Frankfurt/M.: Suhrkamp.
Adorno, T. W. (1959). Was bedeutet: Aufarbeitung der Vergangenheit? In: Tiedemann, R. (Hrsg.). Theodor W. Adorno – Gesammelte Schriften Bd. 10.2, 555–572. Frankfurt/M.: Suhrkamp.
Adorno, T. W., Frenkel-Brunswik, E., Levinson, D. J. & Sandford, R. N. (Hrsg.) (1950). The Authoritarian Personality. New York: Harper.
Allport, G. W. (1958). Die Natur des Vorurteils. Köln: Kiepenheuer & Witsch (1971).
Amnå, E. (2010). New Forms of Citizen Participation: Normative Implications. Baden-Baden: Nomos.
Altemeyer, B. (1988). Enemies of Freedom. Understanding Right-Wing Authoritarianism. San Fransico: Jossey-Bass.
Arzheimer, K. (2002). Politikverdrossenheit. Bedeutung, Verwendung und empirische Relevanz eines politikwissenschaftlichen Begriffes. Wiesbaden: Westdeutscher Verlag.
Asbrock, F., Sibley, C. G. & Duckitt, J. (2010). Right-wing authoritarianism and social dominance orientation and the dimensions of generalized prejudice: A longitudinal test. European Journal of Personality 24, 324–340.
Badura, B., Ducki, A., Schröder, H., Klose, J. & Meyer, M. (Hrsg.) (2012). Fehlzeiten-Report 2012. Schwerpunktthema: Gesundheit in der flexiblen Arbeitswelt: Chancen nutzen, Risiken minimieren. Berlin: Springer.
Barnes, S. H. , M. Kaase, Allerbeck, K. R., Farah, B. G., Heunks, F., Inglehart, R., Jennings, M. K., Klingemann, H. D., Marsh, A. & Rosenmayr L. (1979). Political Action: Mass Participation in Five Western Democracies. Beverly Hills, CA: Sage.

Literatur

Beck, U. (1986). Risikogesellschaft. Auf dem Weg in eine andere Moderne. Frankfurt/M.: Suhrkamp.
Beck, U. (1996). Das Zeitalter der Nebenfolgen und die Politisierung der Moderne. In: Beck, U., Giddens, A. & Lash, S. (Hrsg.). Reflexive Modernisierung. Eine Kontroverse, 19–112. Frankfurt/M.: Suhrkamp.
Bell, D. (1985). Die nachindustrielle Gesellschaft. Frankfurt/M.: Campus.
Benjamin, W. (1921). Kapitalismus als Religion. In: Tiedemann, R. & Schweppenhäuser, H. (Hrsg.). Gesammelte Schriften, Bd. 7, 100–103. Frankfurt/M.: Suhrkamp (1991).
Benz, W. (2011). Die Protokolle der Weisen von Zion. Die Legende von der jüdischen Weltverschwörung. München: C. H. Beck.
Bergeron, L., Furet, F. & Koselleck, R. (1969). Das Zeitalter der europäischen Revolution 1780–1848. Fischer: Reinbek.
Bergmann, W. & Erb, R. (1986). Kommunikationslatenz, Moral und öffentliche Meinung. Theoretische Überlegungen zum Antisemitismus in der Bundesrepublik Deutschland. Kölner Zeitschrift für Soziologie und Sozialpsychologie, 223–246.
Bergmann, W. & Wetzel, J. (2003). Manifestations of anti-Semitism in the European Union. Synthesis Report on behalf of the European Monitoring Centre on Racism and Xenophobia. In: Retrieved November 28, from http://www.hagalil.com/antisemitismus/europa/eu-studie.htm
Bielefeld, U. (1998). Das Konzept des Fremden und die Wirklichkeit des Imaginären. In: Ders. (Hrsg.). Das Eigene und das Fremde. Neuer Rassismus in der alten Welt?, 97–128. Hamburg: Hamburger Edition.
Bloch, E. (Hrsg.) (1975). Experimentum Mundi – Frage, Kategorien des Herausbringens, Praxis. Frankfurt/M.: Suhrkamp.
Bohleber, W. (1992). Nationalismus, Fremdenhaß und Antisemitismus. Psychoanalytische Überlegungen. Psyche – Z psychoanal 46, 689–709.
Brähler, E., Kiess, J., Schubert, C. & Kiess, W. (2012). Gesund und gebildet. Voraussetzungen für eine moderne Gesellschaft. Göttingen: Vandenhoeck & Ruprecht.
Brady, H. E. (1999). Political Participation. In: Robinson, J. P. Shaver, P. R. & Wrightsman, L. S. (Hrsg.). Measures of Political Attitudes. San Diego: Academic Press.
Brinkmann, U., Dörre, K., Röbenack, S., Kraemer, K. & Speidel, F. (2006). Prekäre Arbeit. Ursachen, Ausmaß, soziale Folgen und subjektive Verarbeitungsformen unsicherer Beschäftigungsverhältnisse. Bonn: Friedrich-Ebert-Stiftung.
Bröckling, U. (2004). Empowerment. In: Bröckling, U., Krasmann, S. & Lemke, T. (Hrsg.). Glossar der Gegenwart, 55–62. Frankfurt/M.: Suhrkamp.
Bröckling, U. (2007). Das Unternehmerische Selbst. Soziologie einer Subjektivierungsform. Frankfurt/M.: Suhrkamp.
Bröckling, U., Krasmann, S. & Lemke, T. (Hrsg.) (2000). Gouvernementalität der Gegenwart. Studien zur Ökonomisierung des Sozialen. Frankfurt/M.: Suhrkamp.
Bruder, M., Haffke, P., Neave, N., Nouripanah, N. & Imhoff, R. (2012). Measuring Individual Differences in Conspiracy Mentality Across Cultures: The Conspiracy Beliefs Questionnaire (CBQ). Manuscript in preparation.
Buchstein, H. (2011). Einleitung Gegenwart. In: Massing, P., Breit, G. & Buchstein, H. (Hrsg.). Demokratietheorien. Von der Antike bis zur Gegenwart, 199–207. Bonn: Bundeszentrale für politische Bildung.
Castel, R. (2000). Die Metamorphosen der sozialen Frage. Eine Chronik der Lohnarbeit. Konstanz: UVK.
Castel, R. & Dörre, K. (2009). Prekarität, Abstieg, Ausgrenzung. Die soziale Frage am Beginn des 21. Jahrhunderts. Frankfurt/M.: Campus Verlag.

Castells, M. (2001). Das Informationszeitalter. Band 1: Der Aufstieg der Netzwerkgesellschaft. Opladen: Leske + Budrich.
Christie, R. & Jahoda, M. (Hrsg.) (1954). Studies in the scope and method of »The authoritarian personality«. New York: Free Press.
Claussen, D. (1992). Die antisemitische Alltagsreligion. Hinweise für eine psychoanalytisch aufgeklärte Gesellschaftskritik. In: Bohleber, W. & Kafka, J. S. (Hrsg.). Antisemitismus, 163–170. Bielefeld: Aisthesis Verlag.
Claussen, D. (1994). Was heißt Rassismus? Darmstadt: Wissenschaftliche Buchgesellschaft.
Cohrs, C., Dimitrova, D., Kalchevska, T., Kleinke, S., Tomova, I., Vasileva, M. & Moschner, B. (2005). Ist patriotischer Nationalstolz wünschenswert? Zeitschrift für Sozialpsychologie 35, 201–215.
Cohrs, J. C. & Ibler, S. (2009). Authoritarianism, threat, and prejudice: An analysis of mediation and moderation. Basic and Applied Social Psychology 31, 81–94.
Crouch, C. (2008). Postdemokratie. Bonn: Bundeszentrale für politische Bildung.
Dahrendorf, R. (1957). Soziale Klassen und Klassenkonflikte in der industriellen Gesellschaft. Stuttgart: Enke.
Dangschat, J. S. (1998). Klassenstrukturen im Nach-Fordismus. In: Berger, P. A. & Vester, M. (Hrsg.). Alte Ungleichheiten – Neue Spaltungen, 49–87. Opladen: Leske und Buderich.
Davenport, T. H. & Beck, J. C. (2000). Getting the Attention You Need. Harvard Bussines Review 78, 118–126.
Debord, G. (1967). Die Gesellschaft des Spektakels. Berlin: Edition Tiamat (1996).
Decker, O. (2004). Der Prothesengott. Subjektivität und Transplantationsmedizin. Gießen: Psychosozial.
Decker, O. (2010a). Die Mitte – das gesellschaftliche Zentrum und sein Rand. In: Decker, O., Weißmann, M., Kiess, J. & Brähler, E. (Hrsg.). Die Mitte in der Krise, 41–58. Springe: zu Klampen (2012).
Decker, O. (2010b): Das Veralten des Autoritären Charakters. In: Decker, O., Weißmann, M., Kiess, J. & Brähler, E. (Hrsg.). Die Mitte in der Krise, 29–40. Springe: zu Klampen (2012).
Decker, O. (2011). Der Warenkörper. Zur Sozialpsychologie der Medizin. Springe: zu Klampen.
Decker, O. & Brähler, E. (2000). Antisemitismus und Autoritarismus im vereinten Deutschland. Psychosozial 24, 31–51.
Decker, O. & Brähler, E. (2005). Rechtsextreme Einstellungen in Deutschland. Aus Politik und Zeitgeschehen 42, 8–17.
Decker, O. & Brähler, E. (2008). Bewegung in der Mitte. Rechtsextreme Einstellung in Deutschland 2008. Berlin: FES.
Decker, O. & Brähler, E. (2010). Antiamerikanismus, Globalisierung, Antikapitalismus, Islamfeindschaft und rechtsextreme Einstellung. In: Decker, O., Weißmann, M., Kiess, J. & Brähler, E. (Hrsg.). Die Mitte in der Krise. Rechtsextreme Einstellung in Deutschland, 122–134. Springe: zu Klampen (2012).
Decker, O., Brähler, E. & Geissler, N. (2006). Vom Rand zur Mitte. Rechtsextreme Einstellung und ihre Einflussfaktoren in Deutschland. Berlin: FES.
Decker, O. & Grave, T. (2011). Überwacht oder überwach? Von einigen biopolitischen zu einigen heilsökonomischen Aspekten von eHealth. Leviathan 38, 191–209.
Decker, O., Grave, T., Rothe, K., Weißmann, M., Kiess, J. & Brähler, E. (2012a). Erinnerte Erziehungserfahrung und Erziehungsideale über die Generationen. Befunde aus Gruppendiskussionen und Repräsentativerhebungen. Jahrbuch für Pädagogik, 267–301.

Literatur

Decker, O., Kiess, J. & Brähler, E. (2012). Die Mitte im Umbruch. Rechtsextreme Einstellung in Deutschland 2012. Bonn: Dietz-Verlag.
Decker, O., Kiess, J., Weißmann, M. & Brähler, E. (Hrsg.) (2010). Die Mitte in der Krise. Springe: zu Klampen (2012).
Decker, O., Niedermayer, O. & Brähler, E. (2003). Rechtsextreme Einstellungen in Deutschland. Ergebnisse einer repräsentativen Erhebung. Zeitschrift für Psychotraumatologie und Psychologische Medizin 1, 65–77.
Decker, O., Rothe, K., Weissmann, M., Geissler, N. & Brähler, E. (2008). Ein Blick in die Mitte. Zur Entstehung rechtsextremer und demokratischer Einstellungen. Berlin: FES.
Decker, O., Rothe, K., Weißmann, M., Kiess, J. & Brähler, E. (eingereicht). Economic Prosperity as »Narcissistic Stuffing«: A Missing Link Between Political Attitudes and Rightwing Authoritarianism. Journal of Conflict and Violence.
Decker, O., Schilling, B., Kiess, J. & Brähler, E. (2012b). Islamfeindschaft und Islamkritik. In: Decker, O., Kiess, J. & Brähler, E. (Hrsg.). Die Mitte im Umbruch – Rechtsextreme Einstellung in Deutschland 2012, 86–101. Bonn: Dietz.
Deth, J. W. van (2009). Politische Partizipation. In: Kaina, V. & Römmele, A. (Hrsg.). Politische Soziologie. Ein Studienbuch, 141–161. Wiesbaden: VS-Verlag.
Deutschmann, C. (1999). Die Verheißung des Kapitalismus. Zur religiösen Natur des Kapitalismus. Frankfurt/M.: Campus.
Dörre, K. (2010). Génération précaire – ein europäisches Phänomen? In: Busch, M., Jeskow, J. & Stutz, R. (Hrsg.). Zwischen Prekarisierung und Protest. Die Lebenslagen und Generationsbilder von Jugendlichen in Ost und West, 39–73. Bielefeld: Transcript Verlag.
Dubiel, H. (1986). Autonomie oder Anomie. Zum Streit über den nachliberalen Sozialcharakter. Soziale Welt Sonderband 4: Die Moderne – Kontinuitäten und Zäsuren, 263–281.
Duckitt, J. (1989). Authoritarianism and group identification: A new view of an old construct. Political Psychology, 63–84.
Durkheim, E. (1897). Der Selbstmord. Frankfurt/M.: Suhrkamp.
Ehrenberg, A. (1998). Das erschöpfte Selbst. Depression und Gesellschaft in der Gegenwart. Frankfurt/M.: Suhrkamp (2008).
Endrikat, K. (2003). Ganz normaler Sexismus. Reizende Einschnürung in ein Rollenkorsett. In: Heitmeyer, W. (Hrsg.). Deutsche Zustände – Folge 2, 120–144. Frankfurt/M.: Suhrkamp.
Ericson, R. V. (2007). Crime in an Insecure World. Cambridge: Polity Press.
Expertenkreis Antisemitismus (2011). Antisemitismus in Deutschland. Erscheinungsformen, Bedingungen, Präventionsansätze. Bericht des unabhängigen Expertenkreises Antisemitismus. Berlin.
Fach, W. (2000). Staatskörperkultur. Ein Traktat über den »schlanken Staat«. In: Bröckling, U., Krasmann, S. & Lemke, T. (Hrsg.). Gouvernementalität der Gegenwart. Studien zur Ökonomisierung des Sozialen, 110–130. Frankfurt/M.: Suhrkamp.
Fach, W. (2004). Partizipation. In: Bröckling, U., Krasmann, S. & Lemke, T. (Hrsg.). Glossar der Gegenwart, 197–203. Frankfurt/M.: Suhrkamp.
Fahrenberg, J. & Steiner, J. M. (2004). Adorno und der Autoritäre Charakter. Kölner Zeitschrift für Soziologie und Sozialpsychologie 56, 127–152.
Falter, J. W., Lohmöller, J.-B., De Rijke, J., Link, A. & Schumann, S. (1983). Arbeitslosigkeit und Nationalsozialismus. Eine empirische Analyse des Beitrags der Massenerwerbslosigkeit zu den Wahlerfolgen der NSDAP 1932 und 1933. Kölner Zeitschrift für Soziologie und Sozialpsychologie 35, 525–554.
Fiske, S. T. (2003). Five core social motives, plus or minus five. In: Spencer, S. J., Fein, S.,

Zanna, M. P. & Olson, J. (Hrsg.). Motivated social perception: The Ontario symposium, 233-246. Mahwah, N. J.: Lawrence Erlbaum Associates.
Franck, G. (1989). Die neue Währung: Aufmerksamkeit. Zum Einfluß der Hochtechnik auf Zeit und Geld. Merkur – Deutsche Zeitschrift für europäisches Denken 43, 688-701.
Freud, S. (1919). Das Unheimliche. In: Freud, A. (Hrsg.). Sigmund Freud – Gesammelte Werke Bd. XII, 227-278. Frankfurt/M.: Fischer.
Freud, S. (1921). Massenpsychologie und Ich-Analyse. In: Freud, A. (Hrsg.). Sigmund Freud – Gesammelte Werke Bd. XIII, 71-161. Frankfurt/M.: Fischer.
Freud, S. (1927). Die Zukunft einer Illusion. In: Freud, A. (Hrsg.). Sigmund Freud – Gesammelte Werke Bd. XIV, 325-380. Frankfurt/M.: Fischer.
Freud, S. (1930). Das Unbehagen in der Kultur. In: Freud, A. (Hrsg.). Sigmund Freud – Gesammelte Werke Bd. XIV, 419-506. Frankfurt/M.: Fischer.
Fritsche, I., Cohrs, C., Kessler, T. & Bauer, J. (2012). Global warming is breeding social conflict: The subtle impact of climate change threat on authoritarian tendencies. Journal of Environmental Psychology 32, 1-10.
Fritsche, I., Jonas, E., Ablasser, C., Beyer, M., Kuban, J., Manger, A.-M. & Schultz, M. (2013). The power of we: Evidence for group-based control restoration. Journal of Experimental Social Psychology 49, 19-32.
Fritsche, I., Jonas, E. & Fankhänel, T. (2009). The role of control motivation in mortality salience effects on ingroup support and defense. Journal of Personality and Social Psychology 95, 524-541.
Fritsche, I., Jonas, E. & Kessler, T. (2011). Collective Reactions to Threat: Implications for Intergroup Conflict and for Solving Societal Crises. Social Issues and Policy Review 5, 105-140.
Fromm, E. (1936). Studien über Autorität und Familie. Sozialpsychologischer Teil. In: Ders. (Hrsg.). Gesamtausgabe Bd. 1, 139-187. Stuttgart: Deutsche Verlagsanstalt.
Fromm, E. (1941). Furcht vor der Freiheit. In: Ders. (Hrsg.). Gesamtausgabe Bd. 1, 217-394. Stuttgart: Deutsche Verlagsanstalt.
Fuchs, M. (2003). Rechtsextremismus von Jugendlichen. Kölner Zeitschrift für Soziologie und Sozialpsychologie 55, 654-678.
Gabriel, O. W. & Völkl, K. (2005). Politische und soziale Partizipation. In: Gabriel, O. W. & Holtmann, E. (Hrsg.). Handbuch Politisches System der Bundesrepublik Deutschland, 3. Aufl., 523-573. München: Oldenbourg.
Garland, D. (2001). Kultur der Kontrolle. Verbrechensbekämpfung und soziale Ordnung in der Gegenwart. Frankfurt/M.: Campus (2008).
Gesis (2009). Datenhandbuch ALLBUS 1980-2008, Studien-Nr. 4570. Köln und Mannheim: GESIS, 69-82.
Giddens, A. (1994). Leben in einer posttraditionalen Gesellschaft. In: Beck, U., Giddens, A. & Lash, S. (Hrsg.). Reflexive Modernisierung. Eine Kontroverse, Frankfurt/M.: Suhrkamp (1996).
Gosa, T. L. (2011). Counterknowledge, racial paranoia, and the cultic milieu: Decoding hip hop conspiracy theory. Poetics 39, 187-204.
Grabka, M. M. & Frick, J. R. (2008). Schrumpfende Mittelschicht – Anzeichen einer dauerhaften Polarisierung der verfügbaren Einkommen? DIW – Wochenbericht 75, 101-108.
Greenberg, J., Solomon, S. & Pyszczynski, T. (1997). Terror Management Theory and Self-Esteem: Evidence that increased Self-Esteem reduces Mortality Salience Effects. Journal of Personality and Social Psychology 72, 24-36.
Groenemeyer, A. (2010). Wege der Sicherheitsgesellschaft. Transformationen der Konstruktion und Regulierung von Unsicherheiten. In: Ders. (Hrsg.). Wege der Sicherheitsgesellschaft, 7-19. Wiesbaden: VS-Verlag.

Literatur

Gumbrecht, H. U. (1978). Modernität, Moderne. In: Brunner, O., Conze, W. & Koselleck, R. (Hrsg.). Geschichtliche Grundbegriffe. Historisches Lexikon zur politisch-sozialen Sprache in Deutschland. Band 4, 93-131. Stuttgart: Klett-Cotta.
Habermas, J. (1962). Strukturwandel der Öffentlichkeit. Frankfurt/M.: Suhrkamp (1990).
Habermas, J. (1973). Legitimationsprobleme im Spätkapitalismus. Frankfurt/M.: Fischer (1979).
Habermas, J. (1990). Vorwort zur Neuauflage. In: Ders. (Hrsg.). Strukturwandel der Öffentlichkeit, 11-53. Frankfurt/M.: Suhrkamp.
Hadjar, A. & Becker, R. (2009). Bildungsexpansion und politisches Engagement – Unkonventionelle politische Partizipation im Zeitverlauf. In: Bode, I. & Evers, A. A. (Hrsg.). Bürgergesellschaft als Projekt. Eine Bestandsaufnahme zur Entwicklung und Förderung zivilgesellschaftlicher Potenziale in Deutschland, 101-124. Wiesbaden: VS-Verlag.
Haury, T. (2002). Antisemitismus von links. Kommunistische Ideologie, Nationalismus und Antizionismus in der frühen DDR. Hamburg: Hamburger Edition.
Heitmeyer, W. (1987). Rechtsextremistische Orientierungen bei Jugendlichen. Empirische Ergebnisse und Erklärungsmuster einer Untersuchung zur politischen Sozialisation. Weinheim: Juventa.
Heitmeyer, W. (2010). Krisen – Gesellschaftliche Auswirkungen, individuelle Verarbeitung und Folgen für die Gruppenbezogene Menschenfeindlichkeit. In: Ders. (Hrsg.). Deutsche Zustände. Folge 8, 13-48. Frankfurt/M.: Suhrkamp.
Heitmeyer, W. (2012). Rechtsextremismus und gesellschaftliche Selbstentlastung. Aus Politik und Zeitgeschehen 18-19, 22-27.
Heyder, A. & Decker, O. (2011). Rechtsextremismus – Überzeugung, Einstellung, Ideologie oder Syndrom? Eine theoriegeleitete empirische Überprüfung mit repräsentativen Daten. In: Langenohl, A. & Schraten, J. (Hrsg.). (Un-)Gleichzeitigkeiten: Die demokratische Frage im 21. Jahrhundert, 189-222. Marburg: Metropolis.
Hirsch, J. (1980). Der Sicherheitsstaat. Das ›Modell Deutschland‹, seine Krise und die neuen sozialen Bewegungen. Frankfurt/M.: EVA.
Hirsch, J. & Roth, R. (1986). Das neue Gesicht des Kapitalismus. Vom Fordismus zum Post-Fordismus. Hamburg: VSA.
Hirsch, J. & Wissel, J. (2010). Transnationalisierung der Klassenverhältnisse. In: Thien, H.-G. N. (Hrsg.). Klassen im Postfordismus, Münster: Westfälisches Dampfboot.
Hogg, M. A. (2007). Uncertainty-identity theory. In: Zanna, M. P. (Hrsg.). Advances in experimental social psychology, 69-126. San Diego: Elsevier Academic Press.
Hopf, C. (1993). Rechtsextremismus und Beziehungserfahrung. Zeitschrift für Soziologie 22, 449-463.
Horkheimer, M. (1936a). Autorität und Familie. In: Schmid Noerr, G. (Hrsg.). Max Horkheimer – Gesammelte Schriften Bd. 3 – Schriften 1931-1936, 336-417. Frankfurt/M.: Fischer.
Horkheimer, M. (1936b). Vorwort (zu den Studien über Autorität und Familie). In: Schmid Noerr, G. (Hrsg.). Max Horkheimer – Gesammelte Schriften Bd. 3 – Schriften 1931-1936, 329-336. Frankfurt/M.: Fischer.
Horkheimer, M. (1947). Zur Kritik der instrumentellen Vernunft. In: Schmid Noerr, G. (Hrsg.). Max Horkheimer – Gesammelte Schriften Bd. 6, 21-186. Frankfurt/M.: Fischer.
Horkheimer, M. & Adorno, T. W. (1944). Dialektik der Aufklärung. In: Tiedemann, R. (Hrsg.). Theodor W. Adorno – Gesammelte Schriften Bd. 3, Frankfurt/M.: Suhrkamp.
Horkheimer, M., Fromm, E. & Marcuse, H. (1936). Studien über Autorität und Familie. Springe: zu Klampen (Reprint der Originalauflage, 1987).

Hüpping, S. (2006). Anomia. Unsicher in der Orientierung, sicher in der Abwertung. In: Heitmeyer, W. (Hrsg.). Deutsche Zustände, Folge 4, 86–100. Frankfurt/M.: Suhrkamp.
Imhoff, R. (2010). Zwei Formen des modernen Antisemitismus? Eine Skala zur Messung primären und sekundären Antisemitismus. Conflict and Communication Online 9.
Imhoff, R. & Banse, R. (2009). Ongoing victim suffering increases prejudice: The case of secondary anti-Semitism. Psychological Science 20, 1443–1447.
Imhoff, R. & Bruder, M. (2012). Speaking (Un-)Truth to Power: Conspiracy Mentality as a Generalized Political Attitude. Manuscript submitted for publication.
Imhoff, R. & Recker, J. (2012). Differentiating Islamophobia: Introducing a new scale to measure Islamoprejudice and Secular Islam Critique. Political Psychology in Print.
Imhoff, R., Seyle, C. & Newman, M. (2012). Golden calves and golden bulls: SDO, anticapitalism, and anti-Semitism. Manuscript submitted for publication.
Inglehart, R. (1977). The Silent Revolution: Changing Values and Political Styles among Western Publics. Princeton: Princeton University Press.
Inglehart, R. (1987). Extremist political positions and perceptions of conspiracy: Even paranoids have real enemies. In: Graumann, C. F. & Moscovici, S. (Hrsg.). Changing conceptions of conspiracy, 231–244. New York: Springer.
Jonas, E. & Fritsche, I. (2005). Terror Management Theorie und deutsche Symbole. Diffenzielle Reaktionen Ost- und Westdeutscher. Zeitschrift für Sozialpsychologie 36, 143–155.
Jörke, D. (2006). Warum Postdemokratie? In: Pickel, G. & Pickel, S. (Hrsg.). Demokratisierung im internationalen Vergleich. Neue Erkenntnisse und Perspektiven, 21–32. Wiesbaden: VS-Verlag.
Jost, J. T., Glaser, J., Kruglanski, A. W. & Sulloway, F. J. (2003). Political convervatism as Motivated Social Cognition. Psychological Bulletin 129, 339–375.
Kaufmann, F. X. (1986). Religion und Modernität. Soziale Welt Sonderband 4: Die Moderne Kontinuitäten und Zäsuren, 283–307.
Kaschuba, W. (2004). Die Überwindung der Distanz. Zeit und Raum in der europäischen Moderne. Frankfurt/M.: Fischer.
Kay, A., C., Gaucher, D., Napier, J. L., Callan, M. J. & Laurin, K. (2008). God and the government: Testing a compensatory control mechanism for the support of external systems. Journal of Personality and Social Psychology 95, 18–35.
Kay, A. C., Whitson, J., Gaucher, D. & Galinsky, A. D. (2009). Compensatory control: In the mind, in our institutions, in the heavens. Current Directions in Psychological Science 18, 264–268.
Kern, L. (1976). Probleme der postindustriellen Gesellschaft. Köln: Kiepenheuer & Witsch.
Kessler, T. & Fritsche, I. (2011). Ethnocentrism. In: Christie, D. (Hrsg.). The encyclopaedia of peace psychology, 425-429. Malden: Wiley-Blackwell.
Kiess, J. (2011). Rechtsextrem – extremistisch – demokratisch – wie denn nun? Der prekäre Begriff »Rechtsextremismus« in der Einstellungsforschung. In: Buck, E., Dölemeyer, A., Erxleben, P., Kausch, S., Mehrer, A., Rodatz, M., Schubert, F. & Wiedemann, G. (Hrsg.). Ordnung.Macht.Extremismus, 240–260. Wiesbaden: VS-Verlag.
Kiess, J., Decker, O. & Brähler, E. (2012). Rechtsextreme Einstellungen in Deutschland 2012. In: Decker, O., Kiess, J. & Brähler, E. (Hrsg.). Die Mitte im Umbruch – Rechtsextreme Einstellungen in Deutschland 2012, 24–55. Bonn: Dietz.
Kofta, M. & Sedek, M. (2005). Conspiracy stereotypes of Jews during systematic transformation in Poland. International Journal of Sociology 35, 40–64.
Kohl, K. H. (2003). Die Macht der Dinge. Geschichte und Theorie sakraler Objekte. München: Beck.

Literatur

Kölsch, J. (2000). Politik und Gedächtnis. Zur Soziologie funktionaler Kultivierung von Erinnerung.

Kreckel, R. (1998). Klassentheorie am Ende der Klassengesellschaft. In: Berger, P. A. & Vester, M. (Hrsg.). Alte Ungleichheiten – Neue Spaltungen. Opladen: Leske und Buderich.

Kreindler, S. A. (2005). A Dual Group Processes Model of Individual Differences in Prejudice. Personality and Social Psychology Review 9, 90–107.

Kruglanski, A. W., Pierro, A., Mannetti, L. & De Grada, E. (2006). Groups as epistemic providers: Need for closure and the unfolding of group-centrism. Psychological Review 113, 84–100.

Lakin, J. L., Chartrand, T. L. & Arkin, R. M. (2008). I am too just like you: Nonconscious mimicry as an automatic behavioral response to social exclusion. Psychological Science 19, 816–822.

Lancker, W. V. (2012). The European world of temporary employment. European Societies 14, 83–111.

Lau, C. (1991). Gesellschaftsdiagnose ohne Entwicklungstheorie. In: Glatzer, W. (Hrsg.). Die Modernisierung moderner Gesellschaften – Ergänzungsband. Frankfurt/M.: Suhrkamp.

Leibfried, S. & Zürn, M. (2006). Transformationen des Staates? Frankfurt/M.: Suhrkamp.

Leibold, J., Thörner, S., Gosen, S. & Schmidt, P. (2012). Mehr oder weniger erwünscht? Entwicklungen und Akzeptanz von Vorurteilen gegenüber Muslimen und Juden. In: Heitmeyer, W. (Hrsg.). Deutsche Zustände. Folge 10, 177–198. Frankfurt/M.: Suhrkamp.

Lenhardt, G. & Offe, C. (1977). Politisch-soziologische Erklärungsansätze für Funktionen und Innovationsprozesse der Sozialpolitik. Kölner Zeitschrift für Soziologie und Sozialpsychologie, Sonderheft 19, 98–127.

Liepitz, A. (1991). Die Beziehungen zwischen Kapital und Arbeit am Vorabend des 21. Jahrhunderts. Leviathan 19, 78–101.

Luhmann, N. (1973). Weltzeit und Systemgeschichte. Über Beziehungen zwischen Zeithorizonten und sozialen Strukturen gesellschaftlicher Systeme. Kölner Zeitschrift für Soziologie und Sozialpsychologie Sonderheft 16, Soziologie und Sozialgeschichte, 81–115.

Mandel, E. (1972). Der Spätkapitalismus. Frankfurt/M.: Suhrkamp.

Mansel, J., Christ, O. & Heitmeyer, W. (2012). Der Effekt der Prekarisierung auf fremdenfeindliche Einstellungen. Ergebnisse aus einem Drei-Wellen-Panel und zehn jährlichen Surveys. In: Heitmeyer, W. (Hrsg.). Deutsche Zustände Folge 10, 105–128. Berlin: Suhrkamp.

Marcuse, H. (1963). Das Veralten der Psychoanalyse. In: Ders. (Hrsg.). Schriften Bd. 8, Springe: zu Klampen (2004).

Marx, K. (1844). Zur Kritik der Hegelschen Rechtsphilosophie. Einleitung. Karl-Marx/Friedrich-Engels-Werke Bd. 1, 378–391. Berlin: Dietz.

Marx, K. (1867). Das Kapital. Kritik der politischen Ökonomie. Erster Band. Karl-Marx/Friedrich-Engels-Werke Bd. 23, Berlin: Dietz.

Marx, K. & Engels, F. (1848). Manifest der Kommunistischen Partei. Karl-Marx/Friedrich-Engels-Werke Bd. 4, Berlin: Dietz.

McGregor, I., Nail, P. R., Marigold, D. C. & Kang, S.-J. (2005). Defensive pride and consensus: Strength in imaginary numbers. Journal of Personality and Social Psychology 89, 978–996.

Merton, R. K. (1964). Anomie, Anomia, and Social Interaction. Contexts of Deviant Behavior. In: Clinard, M. B. (Hrsg.). Anomie and Deviant Behavior. A Discussion and Critique, 213–244. New York: The Freepress.

Meyer, K. (2011). Kritik der Postdemokratie. Leviathan 39, 21-38.
Milbrath, L. W. (1965). Political Participation: How and Why Do People Get Involved in Politics? Chicago: Rand McNally.
Milbrath, L. W. (1981). Political Participation. In: Samuel L. Long (Hrsg.). The Handbook of Political Behavior, Vol. 4, 197-240. New York & London: Plenum Press.
Morgenthaler, F. (1974). Die Stellung der Perversionen in Metapsychologie und Technik. Psyche – Zeitschrift für Psychoanalyse und ihre Anwendungen 28, 1077-1088.
Moscovici, S. (1987). The conspiracy mentality. In: Graumann, C. F. & Moscovici, S. (Hrsg.). Changing conceptions of conspiracy, 151-169. New York: Springer.
Müller-Jentsch, W. (2006). Kapitalismus ohne Gewerkschaften. In: Brinkmann, U., Krenn, K. & Schief, S. (Hrsg.). Endspiel des kooperativen Kapitalismus? Institutioneller Wandel unter den Bedingungen des marktzentrierten Paradigmas, 169-180. Wiesbaden: VS-Verlag.
Müller-Jentsch, W. (2007). Strukturwandel der industriellen Beziehungen. »Industrial citizenship« zwischen Markt und Regulierung. Wiesbaden: VS-Verlag.
Münch, R. (1991). Dialektik der Kommunikationsgesellschaft. Frankfurt/M.: Suhrkamp.
Münch, R. & Schmidt, J. (2005). Medien und sozialer Wandel. In: Jäckel, M. (Hrsg.). Lehrbuch der Mediensoziologie. Opladen: VS-Verlag.
Neller, K., van Deth, J. W. (2006). Politisches Engagement in Europa. Aus Politik und Zeitgeschehen 30-31, 30-38.
Nollmann, G. (2011). Manuel Castells: Kultur, Technologie und Informationsgesellschaft. In: Moebius, S. & Quadflieg, D. (Hrsg.). Kultur. Theorien der Gegenwart, 635-644. Wiesbaden: VS-Verlag.
Oesterreich, D. (2000). Autoritäre Persönlichkeit und Sozialisation im Elternhaus: Theoretische Überlegungen und empirische Ergebnisse. In: Rippl, S., Seipel, Chr. & Kindervater, A. (Hrsg.). Autoritarismus: Kontroversen und Ansätze der aktuellen Autoritarismusforschung. Opladen: Leske + Buderich.
Offe, C. (1972). Strukturprobleme des kapitalistischen Staates. Frankfurt/M.: Suhrkamp.
Offe, C. (1986). Die Utopie der Null-Option. Modernität und Modernisierung als politische Gütekritierien. Soziale Welt Sonderband 4 – Die Moderne – Kontinuitäten und Zäsuren, 97-118.
Offe, C. (1995). New Social Movements: Challenging the Boundaries of Institutional Politics. Social Research 52, 817-868.
Opp, K.-D. (2004). Warum meinen Leute, sie sollten sich politisch engagieren? Einige Hypothesen über die Entstehung von Normen politischen Engagements und ihre empirische Überprüfung. In: Diekmann, A. & Voss, T. (Hrsg.). Rational-Choice-Theorie in den Sozialwissenschaften. Anwendungen und Probleme, 247-270. München: Oldenbourg.
Paulhus, D. L. & Van Selst, M. (1990). The Spheres of Control scale: Ten years of research. Personality and Individual Differences 11, 1029-1036.
Pettigrew, T. F. (1986). The intergroup contact hypothesis reconsidered. In: Hewstone, M. & Brown, R. (Hrsg.). Contact and conflict in intergroup encounters, 169-195. Oxford: Blackwell.
Pettigrew, T. F., Wagner, U. & Christ, O. (2011). Population ratios and prejudice: Modelling both contact and threat effects. Journal of Ethnic and Migration Studies 36, 635-650.
Pietz, W. (1987). The Problem of the Fetish II. Res – Journal of Anthropology and Aesthetics 13, 23-46.
Pittman, T. S. & Zeigler, K. R. (2007). Basic human needs. In: Kruglanski, A. W. & Higgins, E. T. (Hrsg.). Social psychology: Handbook of basic principles, 473-489. New York: Guilford Press.

Literatur

Polanyi, K. (1944). The Great Transformation. Boston: Beacon Press (2001).
Popper, K. (1958). Die offene Gesellschaft und ihre Feinde. Band II. Bern: Francke.
Postone, M. (1982). Nationalsozialismus und Antisemitismus. Ein theoretischer Versuch. In: Diner, D. (Hrsg.). Zivilisationsbruch. Denken nach Auschwitz, 242–254. Frankfurt/M.: Fischer (1988).
Postone, M. (1986). Anti-Semitism and National Socialism. In: Rabinbach, A. & Zipes, J. (Hrsg.). Germans and Jews since the Holocaust – the changing situation in West Germany, 302–314. New York: Holmes & Meier.
Preacher, K. J. & Hayes, A. F. (2008). Asymptotic and resampling strategies for assessing and comparing indirect effects in multiple mediator models. Behavior Research Methods 40, 879–891.
Rippl, S. & Seipel, C. (2002). Ökonomische Lage, Bildungsniveau und Fremdenfeindlichkeit. Die Bedeutung von Autoritarismus und Anomie: ein theorie-integrierendes Modell. In: Klaus, B., Daniel, F. Ü. & John, H. (Hrsg.). Jugendgewalt und Rechtsextremismus. Soziologische und psychologische Analysen in internationaler Perspektive, 79–92. Weinheim: Juventa.
Rosa, H. (2005). Beschleunigung. Die Veränderung der Zeitstrukturen in der Moderne. Frankfurt/M.: Suhrkamp.
Scharpf, F. W. (1999). Regieren in Europa: effektiv und demokratisch. Frankfurt/M.: Campus.
Schenk, M. & Wolf, M. (2006). Die digitale Spaltung der Gesellschaft: Zur politikorientierten Nutzung des Internet und der traditionellen Medien in den sozialen Milieus. In: Imhof, K., Blum, R., Bonfadelli, H. & Jarren, O. (Hrsg.). Demokratie in der Mediengesellschaft, 239–260. Wiesbaden: VS-Verlag.
Scherr, A. (1999). Die Konstruktion von Fremdheit in sozialen Prozessen. Überlegungen zur Kritik und Weiterentwicklung interkultureller Pädagogik. In: Kiesel, D., Messerschmiedt, A. & Scherr, A. (Hrsg.). Die Erfindung der Fremdheit. Zur Kontroverse um Gleichheit und Differenz im Sozialstaat, 49–65. Frankfurt/M.: Brandes & Apsel.
Schlueter, E., Schmidt, P. & Wagner, U. (2008). Disentangling the causal relations of perceived group threat and outgroup derogation: Cross-national evidence from German and Russian panel surveys. European Sociological Review 24, 567–581.
Schmidt, P., Stephan, K. & Herrmann, A. (1995). Entwicklung einer Kurzskala zur Messung von Autoritarismus. In: Lederer, G. & Schmidt, P. (Hrsg.). Autoritarismus und Gesellschaft. Trendanalysen und vergleichende Jugenduntersuchungen 1945–1993, 221–227. Opladen: Leske + Buderich.
Schmidt, S., Strauß, B., Höger, D. & Brähler, E. (2004). Die Adult Attachment Scale (AAS). Teststatistische Prüfung und Normierung der deutschen Version. Psychotherapie, Pschosomatik, Medizinische Psychologie 54, 376–383.
Schubert, T. W. & Otten, S. (2002). Overlap of Self, Ingroup, and Outgroup: Pictorial Measures of Self-Categorization. Self and Identity 1, 353–376.
Schulten, T. (2011). Europäischer Tarifbericht des WSI 2010/2011. WSI Mitteilungen 7/2011, 355–362.
Six, B. (1997). Autoritarismusforschung. Zwischen Tradition und Emanzipation. Gruppendynamik 28, 223–238.
Sommer, G., Stellmacher, J. & Brähler, E. (2003). Menschenrechte: Wissen, Wichtigkeit und Einsatzbereitschaft – Ergebnisse einer repräsentativen Befragung in Deutschland. Verhaltenstherapie und Psychosoziale Praxis 35, 361–373.
Stangor, C. & Thompson, E. P. (2002). Needs for Cognitive Economy and Self-enhancement as unique Predictors of Intergroup Attitudes. European Journal of Social Psychology 32, 563–575.

Steiner, J. M. & Fahrenberg, J. (1970). Die Ausprägung autoritärer Einstellung bei ehemaligen Angehörigen der SS und der Wehrmacht – Eine Fragebogenstudie. Kölner Zeitschrift für Soziologie und Sozialpsychologie 22, 551–566.
Stellmacher, J. & Petzel, T. (2005). Authoritarianism as a group phenomenon. Political Psychology 26, 245–274.
Stummvoll, G. (2003). Kriminalprävention in der reflexiven Moderne. Wien: Institut für höhere Studien.
Sullivan, D., Landau, M. J. & Rothschild, Z. K. (2010). An existential function of enemyship: Evidence that people attribute influence to personal and political enemies to compensate for threats to control. Journal of Personality and Social Psychology 98, 434–494.
Sumner, W. G. (1906). Folkways. A study of the sociological importance of usages, manners, customs, mores, and morals. New York: Dover Publications.
Swami, V., Chamorro-Premuzic, T. & Furnham, A. (2010). Unanswered questions: A preliminary investigation of personality and individual difference predictors of 9/11 conspiracist beliefs. Applied Cognitive Psychology 24, 49–61.
Tajfel, H. & Turner, J. C. (1979). An integrative Theory of Intergroup Conflicts. In: Austin, G. W. & Worchel, S. (Hrsg.). The Social Psychology of Intergroup Relations, Monterey: Books/Cole.
Türcke, C. (1998). Das Altern der Kritik. Musik & Ästhetik 5, 79–97.
Türcke, C. (2000). Vorlust – Virtualität – Enteignung. Forum Kritische Psychologie 42, 53–65.
Türcke, C. (2002). Erregte Gesellschaft. München: Beck.
Türcke, C. (2003). Fundamentalismus – maskierter Nihilismus. Springe: zu Klampen.
Türcke, C. (2006). Heimat. Eine Rehabilitierung. Springe: zu Klampen.
Türcke, C. (2012). Hyperaktiv! Kritik der Aufmerksamkeitsdefizitkultur. München: Beck.
Turner, J. C., Hogg, M., Oakes, P., Reicher, S. & Wetherell, M. (1987). Rediscovering the social group: A self-categorization theory. Oxford: Blackwell.
Ulbrich-Herrmann, M. (1998). Lebensstile Jugendlicher und Gewalt. Münster: Lit-Verlag.
Ullrich, P., Decker, O., Kiess, J. & Brähler, E. (2012). Judenfeindschaft – Alte Vorurteile und moderner Antisemitismus. In: Decker, O., Kiess, J. & Brähler, E. (Hrsg.). Die Mitte im Umbruch – Rechtsextreme Einstellung in Deutschland 2012, 68–65. Bonn: Dietz.
Verba, S. & Nie, N. H. (1972). Participation in America. New York: Harper & Row.
Verba, S., Nie, N. H. & Kim, J. (1978). Participation and Political Equality. A Seven Nation Comparison. Cambridge: Cambridge University Press.
Verba, S., Schlozman, K. & Brady, H. E. (1995). Voice and Equality. Civic Voluntarism in American Politics. Cambridge: Harvard University Press.
Vobruba, G. (Hrsg.) (1983). »Wir sitzen alle in einem Boot«. Gemeinschaftsrhetorik in der Krise. Frankfurt/M.: Campus.
Vobruba, G. (1990). Lohnarbeitszentrierte Sozialpolitik in der Krise der Lohnarbeit. In: Ders. (Hrsg.). Strukturwandel der Sozialpolitik, Frankfurt/M.: Suhrkamp.
Vobruba, G. (2006). Entkopplung von Arbeit und Einkommen. Das Grundeinkommen in der Arbeitsgesellschaft. Wiesbaden: VS-Verlag.
Wagner, U., Christ, O., Pettigrew, T. F., Stellmacher, J. & Wolf, C. (2006). Prejudice and minority proportion: Contact instead of threat effects. Social Psychology Quarterly 69, 380–390.
Waldenfels, B. (1990). Der Stachel des Fremden. Frankfurt/M.: Suhrkamp.
Weber, M. (1920). Die protestantische Ethik und der Geist des Kapitalismus. In: Ders. (Hrsg.). Gesammelte Aufsätze zur Religionssoziologie I. Tübingen: Mohr.
Weins, C. (2011). Gruppenbedrohung oder Kontakt? Ausländeranteile, Arbeitslosigkeit

und Vorurteile in Deutschland. Kölner Zeitschrift für Soziologie und Sozialpsychologie 63, 481–499.
Weißmann, M., Bergelt, D. & Krüger, T. (2010). Arbeit als Sinnstiftung in prekären Lebenslagen in Ostdeutschland. In: Pickel, G. & Sammet, K. (Hrsg.). Religion und Religiosität in Deutschland im vereinigten Deutschland. Zwanzig Jahre nach dem Umbruch. Wiesbaden: VS-Verlag.
Whitley, B. R. (1999). Right-wing authoritarianism, social dominance orientation, and prejudice. Journal of Personality and Social Psychology 77, 126–134.
Whitson, J. A. & Galinsky, A. D. (2008). Lacking control increases illusory pattern perception. Science 322, 115–117.
Willke, G. (1999). Die Zukunft unserer Arbeit. Frankfurt/M.: Campus.
Winkler, J., Jaschke, H.-G. & Falter, J. W. (1996). Stand und Perspektiven der Forschung. In: Falter, J. W., Jaschke, H.-G. & Winkler, J. R. (Hrsg.). Rechtsextremismus. Ergebnisse und Perspektiven der Forschung, 9–21. Opladen: Leske + Buderich.
Winkler, J. R. (2005). Persönlichkeit und Rechtsextremismus. In: Schumann, S. (Hrsg.). Persönlichkeit. Eine vergessene Größe der empirischen Sozialforschung, 221–241. Wiesbaden: VS-Verlag.
Wissel, J. (2007). Die Transnationalisierung von Herrschaftsverhältnissen. Zur Aktualität von Nicos Poulantzas' Staatstheorie. Baden-Baden: Nomos.
Wohlrab-Sahr, M. (2007). Die Sinnstruktur von Weltsichten und die Haltung gegenüber muslimischen Migranten. Soziale Welt, Sonderband, 155–178.
Wood, M., Douglas, K. M. & Sutton, R. M. (in press). Dead and alive: Beliefs in contradictory conspiracy theories. Social Psychology and Personality Science.
Zapf, W. (1998). Modernisierung und Transformation. In: Schäfers, B. & Zapf, W. (Hrsg.). Handwörterbuch zur Gesellschaft Deutschlands, 472–482. Opladen: Leske & Budrich.
Zick, A. (1996). Die Konflikttheorie der Theorie sozialer Identität. In: Bonacker, T. (Hrsg.). Sozialwissenschaftliche Konflikttheorien. Eine Einführung, 409–426. Wiesbaden: VS-Verlag.
Zick, A., Küpper, B. & Hövermann, A. (2011). Die Abwertung der Anderen. Eine europäische Zustandsbeschreibung zu Intoleranz, Vorurteilen und Diskriminierung. Berlin: FES.
Zok, K. & Dammasch, H. (2012). Flexible Arbeitswelt: Ergebnisse einer Beschäftigtenbefragung. In: Badura, B., Ducki, A., Schröder, H., Klose, J. & Meyer, M. (Hrsg.). Fehlzeiten-Report 2012. Schwerpunktthema: Gesundheit in der flexiblen Arbeitswelt: Chancen nutzen, Risiken minimieren, 39–52. Berlin: Springer.

Autorinnen und Autoren

Prof. Dr. rer. biol. hum. habil. Elmar Brähler studierte Mathematik und Physik in Gießen, promovierte 1976 zum Dr. rer. biol. hum. in Ulm und habilitierte 1980 in Medizinischer Psychologie in Gießen. Von 1969 bis 1994 war er an der Psychosomatischen Klinik in Gießen bei Prof. Dr. Horst-Eberhard Richter tätig. Seit 1994 ist er an der Universität Leipzig Leiter der Abteilung für Medizinische Psychologie und Medizinische Soziologie. Er ist seit 2010 Mitglied des Hochschulrates der Universität Leipzig und seit 2011 Mitglied des Rates für Sozial- und Wirtschaftsdaten. Seine Tätigkeitsschwerpunkte sind Migrantenforschung, Psychoonkologie, geschlechtsspezifische Aspekte von Gesundheit und Krankheit, Altersforschung und Psychodiagnostik. Letzte Veröffentlichung im Psychosozial-Verlag: »Innenansichten der Transformation. 25 Jahre Sächsische Längsschnittstudie (1987–2012)« (Hrsg. Berth, Brähler, Zenger & Stöbel-Richter).

PD Dr. phil. Oliver Decker, Studium der Psychologie, Soziologie und Philosophie an der Freien Universität Berlin, nach dem Abschluss zum Diplom-Psychologen 1997 wissenschaftlicher Angestellter an der Medizinischen Fakultät der Universität Leipzig, 2003 Promotion an Universität Kassel zum Doktor der Philosophie, 2010 Habilitation an der Leibniz Universität Hannover. Seit 2010 ist er Vertretungsprofessor für Sozial- und Organisationspsychologie an der Universität Siegen, seit 2012 Honorary Fellow am Department for Psychosocial Studies, Birkbeck College

Autorinnen und Autoren

der University of London. Er ist u.a. seit 1997 Gründungsherausgeber der Zeitschrift »Psychoanalyse – Texte zur Sozialforschung« und Mit-Herausgeber der Zeitschrift »Psychotherapie & Sozialwissenschaft«. Er leitet seit 2002 mit Elmar Brähler die »Mitte«-Studien zum Rechtsextremismus. Im Rahmen dieser Studien erschien auch im Herbst 2012 »Die Mitte in der Krise« im zu Klampen Verlag (Springe). 2014 wird der Routledge Verlag (New York) seine Monographie »Commodified Bodies – Social Psychology of Market and Medicine« veröffentlichen.

JANINE DEPPE, 2004–2011 Studium der Psychologie und interkulturellen Wirtschaftskommunikation an der Universität Bielefeld und der Friedrich-Schiller-Universität Jena. Abschluss als Diplom-Psychologin 2011 in Jena, Thema der Diplomarbeit »Kontrollrestauration im Kontext organisationalen Wandels«. Seit 2012 Doktorandin und wissenschaftliche Mitarbeiterin im DFG-Projekt »Kontrollmotivation und kollektive Identität: Testung eines Modells gruppenbasierter Kontrollrestauration« am Lehrstuhl für Sozialpsychologie, Universität Leipzig. Forschungsinteressen: Soziale Kognition und Motivation in Intergruppenprozessen, Wahrnehmung alltagsweltlicher Bedrohung, Soziale Normen und kollektive Identität.

Prof. Dr. phil. IMMO FRITSCHE ist Professor für Sozialpsychologie an der Universität Leipzig (seit 2011). In Forschung und Lehre befasst er sich mit Intergruppenbeziehungen und sozialer Identität, den Motiven sozialen Denkens und Handelns sowie der Sozialpsychologie der Umweltkrise. Fritsche habilitierte 2009 an der Universität Jena zu den Effekten von Bedrohung auf Gruppenverhalten. Promoviert wurde er im Jahr 2002 an der Universität Magdeburg (zu Rechtfertigungsprozessen umweltschädigenden Verhaltens) nach dem Studium der Diplom-Psychologie an der Universität Potsdam.

Dr. NORMAN GEISSLER beendete sein Psychologiestudium 2002 in Potsdam. Er promovierte 2008 an der Universität Gießen bei Prof. Brunstein und Prof. Krahé. Er arbeitete von September 2006 bis zum März 2008 an der Abteilung für Medizinische Psychologie und Medizinische Soziologie an der Universität Leipzig. In dieser Zeit war Dr. Geißler an den Studien »Vom Rand zur Mitte« und »Ein Blick in die Mitte« beteiligt. Seit 2008 arbeitet er im Bereich der computerassistierten Chirurgie. Aktuell ist er

Gruppenleiter in einem Projekt zur Förderung der pädagogisch-didaktischen und technologischen Kompetenz für Chirurgen an der HTWK Leipzig.

Prof. Dr. rer. nat. habil. ANDREAS HINZ studierte Mathematik in Leipzig, promovierte 1987 auf dem Gebiet der Wahrnehmungspsychologie und habilitierte 1999 in Psychophysiologie/Medizinischer Psychologie in Leipzig. Seit 2006 ist er außerplanmäßiger Professor. Er arbeitet an der Abteilung für Medizinische Psychologie und Medizinische Soziologie der Universität Leipzig. Seine Forschungsschwerpunkte sind gesundheitsbezogene Lebensqualität, Normierung psychologischer Fragebögen, Urteilsprozesse und Response-Shift-Phänomene, Sozialschicht und Gesundheit sowie Psychoonkologie.

Dr. ROLAND IMHOFF ist Juniorprofessor für Social Cognition an der Universität zu Köln. Nach seiner Promotion zu Themen der Repräsentation von und emotionalen Reaktion auf Deutsche Geschichte mit spezifischem Fokus auf die Prozesse von Schuld und Abwehr, beschäftigt er sich momentan mit prozessualen Erklärungsansätzen von sekundärem Antisemitismus, Verschwörungstheorien, visuelle Stereotypenkodierung sowie dem Einfluss sexuellen Interesses und sexueller Erregung auf Aufmerksamkeits- und Entscheidungsprozesse.

JOHANNES KIESS, M.A., studierte Politikwissenschaft, Philosophie und Soziologie an der Universität Leipzig sowie Middle East Studies an der Ben-Gurion Universität des Negev, Beer Sheva, Israel. Derzeit ist er wissenschaftlicher Mitarbeiter an der Universität Leipzig und promoviert am Institut für Soziologie zum Thema »Die Europäische Union als Konfliktrahmen. Auswirkungen der Europäischen Integration auf die Aushandlungsbedingungen von Verteilungskonflikten«. Er ist Mitherausgeber der Zeitschrift »Powision« und wirkte bereits an drei vorangegangenen »Mitte«-Studien mit. Zu seinen Interessenschwerpunkten zählen neben der Rechtsextremismusforschung die Europasoziologie und die Politische Theorie.

Psychosozial-Verlag

Hendrik Berth, Elmar Brähler, Markus Zenger, Yve Stöbel-Richter (Hg.)
Innenansichten der Transformation
25 Jahre Sächsische Längsschnittstudie (1987–2012)

Es ist die einzige Erhebung, die über einen derart langen Zeitraum hinweg das Erleben der deutschen Einheit bei einer großen Gruppe Ostdeutscher verfolgt.

Der vorliegende Band enthält die aktuellsten Forschungsbefunde und zieht Bilanz, indem er die zentralen Forschungsfragen und -ergebnisse der zurückliegenden zweieinhalb Jahrzehnte exemplarisch widerspiegelt: die Transformation Ostdeutschlands aus sozialwissenschaftlicher Perspektive, die Identitätsentwicklung, die wechselvollen Einschätzungen des Wiedervereinigungsprozesses, die Veränderungen politischer und gesellschaftlicher Einstellungen, das psychische Erleben von Arbeitslosigkeit, Partnerschaft und Familiengründung.

2012 · 360 Seiten · Broschur
ISBN 978-3-8379-2227-1

Mit 25 Erhebungswellen in den Jahren 1987 bis 2012 zählt die Sächsische Längsschnittstudie zu den weltweit am längsten bestehenden sozialwissenschaftlichen Untersuchungen.

Mit Beiträgen von Gustav Wilhelm Bathke, Hendrik Berth, Elmar Brähler, Stephanie Drössler, Anja Fleischmann, Peter Förster, Walter Friedrich, Ralf Kuhnke, Rolf Ludwig, Uta Schlegel, Wilfried Schubarth, Kurt Starke, Yve Stöbel-Richter, Juliane Ulbricht und Markus Zenger

Walltorstr. 10 · 35390 Gießen · Tel. 0641-96 99 78-18 · Fax 0641-96 99 78-19
bestellung@psychosozial-verlag.de · www.psychosozial-verlag.de

Psychosozial-Verlag

Markus Brunner, Jan Lohl, Rolf Pohl,
Marc Schwietring, Sebastian Winter (Hg.)
Politische Psychologie heute?
**Themen, Theorien und Perspektiven
der psychoanalytischen Sozialforschung**

objektiven Irrationalität« (Adorno) nachzuspüren, gehört seit ihren Anfängen zu den zentralen Aufgaben der psychoanalytisch orientierten Politischen Psychologie.

Die aufgrund dessen gegründete »Arbeitsgemeinschaft Politische Psychologie« organisierte 2009 die Tagung »Politische Psychologie heute?«, die in diesem Band dokumentiert ist. Diskutiert werden die Bedeutung der politisch-psychologischen Traditionen für die Gegenwart sowie die Möglichkeiten, neuere theoretische und methodische Ansätze aufzugreifen, neue Anwendungsgebiete zu erschließen und somit die Politische Psychologie voranzutreiben.

2012 · 371 Seiten · Broschur
ISBN 978-3-8379-2118-2

Gesellschaftspolitisch brisante Phänomene wie Antisemitismus, Rechtsextremismus und Jugendgewalt sind ohne eine Analyse ihrer unbewussten Dynamiken nicht zu verstehen.

Den »subjektiven Bedingungen der

Mit Beiträgen von Karola Brede, Gudrun Brockhaus, Markus Brunner, Hans-Joachim Busch, Guido Follert, Lilli Gast, Isabelle Hannemann, Anke Kerschgens, Christine Kirchhoff, Hans-Dieter König, Julia König, Alfred Krovoza, Jan Lohl, Mihri Özdogan, Rolf Pohl, Samuel Salzborn, Christoph H. Schwarz, Marc Schwietring, Greta Wagner, Sebastian Winter und Michael Zander

Psychosozial-Verlag

Thomas Auchter
Brennende Zeiten
Zur Psychoanalyse sozialer und politischer Konflikte

Thomas Auchter, kurz nach dem Zweiten Weltkrieg als Sohn eines der ersten nach der Nazizeit in Deutschland ausgebildeten Psychoanalytiker geboren, untersuchte zeitlebens die psychosoziodynamischen Hintergründe brennender politischer Probleme.

Im vorliegenden Band richtet er einen psychoanalytischen Blick auf die ungezählten äußeren und inneren Brandherde, die nach dem Zweiten Weltkrieg immer wieder aufflackern und nie ihre destruktive Kraft verloren haben. In den hier versammelten Arbeiten aus den letzten 35 Jahren setzt er sich mit nach wie vor aktuellen Themen auseinander, unter anderem mit Antiautoritärer Erziehung, Fundamentalismus, Jugendgewalt, Selbstmordattentätern, Traumatisierungen durch Kriegshandlungen, Fremdenfeindlichkeit und Antisemitismus.

2012 · 525 Seiten · Broschur
ISBN 978-3-8379-2184-7

Unser privates und professionelles Sein und Handeln ist, beabsichtigt oder nicht, immer auch politisch und von geschichtlichen Zusammenhängen geprägt.

Sonja Grabowsky
»Meine Identität ist die Zerrissenheit«
»Halbjüdinnen« und »Halbjuden« im Nationalsozialismus

Die Verfolgerinnen und Verfolger der in der NS-Zeit als »halbjüdisch« klassifizierten Personen sprachen ihnen eine vollwertige Zugehörigkeit zur »deutschen Volksgemeinschaft« ab. Sie wurden aufgrund der rassistischen Klassifizierung, die sehr reale Auswirkungen auf ihr tägliches Leben hatte, in einen Zustand zwischen gesellschaftlicher Exklusion und Inklusion gebracht. Ihr Dasein »dazwischen« war auch nach 1945 keineswegs beendet und hat noch immer enorme Auswirkungen auf die Stigmatisierten. Die vorliegende Studie untersucht diese Erfahrungen des Hin- und Hergerissenseins ehemaliger »Halbjüdinnen« und »Halbjuden« und ihre individuellen Ambivalenzen, die sie bis heute prägen.

2012 · 266 Seiten · Broschur
ISBN 978-3-8379-2203-5

Fremdzuschreibungen auf Menschen prägen das Selbstbild und die Identität der Betroffenen und sind nachhaltig wirkmächtig.

Gertraud Schlesinger-Kipp

Kindheit im Krieg und Nationalsozialismus

PsychoanalytikerInnen erinnern sich

2012 · 376 Seiten · Broschur
ISBN 978-3-8379-2200-4

Als Teil der interdisziplinären Erforschung des kulturellen Gedächtnisses untersucht die Autorin Erinnerungsprozesse von Psychoanalytikerinnen und Psychoanalytikern, die zwischen 1930 und 1945 geboren wurden.

Mithilfe von Fragebögen sammelt sie die Erinnerungen von 200 »Kriegskindern« an ihr Aufwachsen im Nationalsozialismus. Ein unerwartetes Ergebnis ihrer Studie ist, dass 60 Prozent der Befragten traumatische Erlebnisse angeben. Es gibt signifikante Alters- und Geschlechtsunterschiede und die eigene Psychoanalyse war bei der Verarbeitung dieser Kindheit unterschiedlich nützlich.

Mit zehn Personen dieser Gruppe führt Schlesinger-Kipp anschließend vertiefende Interviews, um der »narrativen Wahrheit« näher zu kommen. Ausgehend von dem Konzept der »Nachträglichkeit« untersucht sie den Einfluss des späteren Bewusstwerdens der kollektiven deutschen Schuld sowie die Auswirkungen der nationalsozialistischen Erziehungsideale auf die individuellen Erinnerungen an die Kindheit.

Milton Keynes UK
Ingram Content Group UK Ltd.
UKHW040642061023
430068UK00001B/40